내 친구가 돼줘서
정말 고마워

명대사·방송언어와 함께하는 핫 스피치 스토리텔링
내 친구가 돼줘서 정말 고마워

초판 1쇄 인쇄	2024년 10월 23일
초판 1쇄 발행	2024년 11월 12일

신고번호	제313-2010-376호
등록번호	105-91-58839
지은이	이종국
발행처	보민출판사
발행인	김국환
기획	김선희
편집	조예슬
디자인	김민정
ISBN	979-11-6957-238-5 03330
주소	경기도 파주시 해올로 11, 우미린더퍼스트@ 상가 2동 109호
전화	070-8615-7449
사이트	www.bominbook.com

- 가격은 뒤표지에 있으며, 파본은 구입하신 서점에서 교환해드립니다.
- 이 책은 저작권법에 의하여 보호를 받는 저작물이므로 무단 전재와 복사를 금합니다.

명대사 · 방송언어와 함께하는
핫 스피치 스토리텔링

내 친구가 돼줘서 정말 고마워

中峴 이종국 지음

모두에게 사랑받을 필요는 없어.
곁에 좋은 사람 몇 명만 있으면 되는 거야.

보민출판사

추천사

　명대사란 사람의 마음을 움직이는 말이다. 우리는 무심하게 살아가다가 어느 날 문득 본 영화 속 배우들의 평범한 대사 한마디에 가슴을 후벼팔 때가 있다. 그래서 때론 목 놓아 눈물을 흘리고, 혹은 괜스레 기분이 좋아져 빙긋빙긋 웃고 있는 자신을 발견하게 되기도 한다. 그건 분명 우리 자신도 모르는 사이 자신이 처한 어떤 현실을 이겨내게 해주는 삶의 에너지를 얻게 되는 것이 아닐까? 정말 세상을 살다 보면 왜 이렇게 우리의 인생에는 망설여지는 일이 많은지 모르겠다. 무언가를 결정하고, 그것을 실천하는 데까지 참 많은 고민과 걱정들이 따라다닌다. 망설임은 용기의 가장 큰 적이다. 망설이다 보면 미루게 되고, 미루다 보면 놓치게 되고, 결국 후회하게 된다. 하지만 용기에는 많은 시간이 필요하지 않다. 이 책은 영화를 좋아하는 사람이라면 누구나 알고 있는 영화 속 가장 인상 깊은 명대사를 뽑아 중요한 선택의 기로에서 보다 나은 결정을 하는 데에 도움을 줄 것이다.

특히 가족이 그리워지는 영화, 사랑에 대해 생각하게 하는 영화, 청춘을 노래하는 영화, 현실에서 벗어나고 싶을 때 보는 영화, 스릴을 맛볼 수 있는 영화, 인생의 고민을 날려버릴 수 있는 영화 등 다양한 영화를 통해 한 번쯤 만났을 인생의 가치가 담겨 있는 명대사들을 마음껏 누릴 수 있다. 처음부터 차근차근 읽어도 되고, 마음에 드는 부분만 찾아서 읽어도 된다. 읽다 보면 '그래, 이거야!' 하며 무릎을 치며 공감하게 되고, 뭉클하게 전해오는 감동을 느낄 수 있을 것이다. 또한 현실에서 멀어져가는 꿈같은 이야기를 붙잡고 있는 인물들의 대사를 통해 어른이 되어가는 길목에서 마음껏 울고 싶은 날 위로받을 수 있다. 평소에 감사한 분들에게 이 책을 선물해보자. 몸과 마음이 지친 현대인들을 위해 휴식과 치유를 제공하는 영화 속 명대사가, 전하는 이의 고마운 마음은 물론 영화 속 따뜻한 감동까지 전해줄 것이다.

2024년 10월

편집장 **김선희**

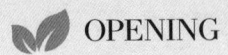 OPENING

　3년 전 처음 책을 내고 출판기념 북 콘서트를 열었었죠. 과연 몇 분이나 오실까? 걱정이 컸어요. 친구 하는 말이 '한 2~30명 오면 많이 오는 거야.' 그런데 이게 웬일? 200명이 넘는 많은 분들이 찾아주셨어요. 멀리 서울에서 그리고 오래전 고향 친구까지… 한 분 한 분이 눈물겹도록 고마웠습니다. 그래서 그때 다하지 못한 말, 바로 이 책의 제목입니다. '내 친구가 돼줘서 정말 고마워.' 집필은 3년 정도 걸렸고요. OCN을 비롯한 우리나라 영화채널에서 최근 3년 동안 방송된 영화들, 그리고 일부는 넷플릭스 등을 참고해서 생활 속 명대사 700여 개를 추렸습니다. 또한 그중 224개는 우리가 스피치할 때 활용할 수 있는 스토리텔링을 담았습니다.

　이 책의 컨셉은 크게 3가지입니다. 그 첫째는 선물입니다. 요즘 책 보는 사람 그리 많지 않잖아요. 그 대신 선물은 좋아들 합니다. 이 책은 읽는 게 아니고 '선물하면 좋은' 그런 책입니다. 읽지 말고 선물하세요. 소중한 친구, 다정한 이웃 그리고 그동안 고마웠던 분들께 마음을 담아 선물하시면 됩니다. 두 번째 컨셉은 사랑입니다. 젊은 연인들끼리는 서로에게 숫자로만 사랑의 언어를 주고받을 수 있습니다. 회색 동그란

원 안에 들어 있는 숫자, 예를 들면 364번은 "당신 마음을 내 마음보다 더 소중히 여길 거예요"라는 메시지입니다. 둘이서만 교신할 수 있는 사랑과 비밀의 책입니다. 세 번째는 스피치입니다. 모든 문장은 방송언어 수준의 구어체로 쓰여졌습니다. 아나운서와 기자생활을 통해 배운 스피치 기법이 담겨 있습니다. 특히 200개가 넘는 스토리텔링은 언제 어디서나 사람들을 만나서 얘기할 수 있는 감동적인 소재가 많습니다. 그걸 자신의 스피치 재산으로 활용만 하시면 됩니다.

끝으로 영화에도 청불, 청소년 관람불가가 있듯이 이 책에도 일부 19금이 포함돼 있음을 밝힙니다. 이 점 여러분의 너그러운 이해를 구합니다. 이 책이 나오기까지 많은 분들이 애써주셨습니다. 우선 충남대 석사과정 이정원 양이 집필 마무리를 많이 도와주셨습니다. 이 책의 제목을 이쁘게 써주신 캘리 작가 이화선 대표께도 깊은 감사를 드립니다. 그리고 보민출판사의 김선희 편집장님과 김국환 대표님께도 고마움을 전합니다. 아울러 그동안 조용히 힘을 실어준 집사람과 딸 수지, 아들 윰의 보이지 않는 지원도 큰 힘이 됐습니다. 또한 집필하는 동안 종종 찾아와 걷기 운동과 자전거 라이딩으로 체력단련을 함께 해준 두 친구 윤구와 종현에게도 꾸벅 진심을 담습니다.

"내 친구가 돼줘서 정말 고마워."

2024년 10월

中峴 **이종국**

목차

추천사 • 4
OPENING • 6

제1장. 사랑과 우정 • 10
제2장. 연애와 결혼 • 48
제3장. 가정과 행복 • 84
제4장. 사업과 성공 • 122
제5장. 시련과 극복 • 160
제6장. 건강과 장수 • 200
제7장. 인생과 철학 • 240
제8장. 우주와 섭리 • 278

CLOSING • 307

제1장
사랑과 우정

널 만난 건 내 인생 최고의 행운이었어.
고마워 내 인생에 나타나 줘서.

 가능하다면 세상을 지키고 싶어. 그래 넌 세상을 지켜. 난 너를 지킬게.

- 소년 시절의 너 / Better Days(2020)

왕따를 당한 소녀, 그리고 외로운 소년이 서로의 상처를 보듬으며 가장 소중한 존재로 키워가죠. 청춘 로맨스 영화.

그레고리 맨큐 비교우위

그레고리 맨큐(Gregory Mankiw), 미국의 경제학자죠. 하버드대 경제학과 교수이자 백악관 경제자문위원회의 의장을 역임했던 세계적인 석학 중의 한 인물입니다. 얼마 전 한국에 와서 EBS 위대한 수업에 출연해 첫 강의를 했습니다. 맨큐는 이 강의에서 키워드 2개를 제시했어요. 첫 번째는 비교우위, 즉 내가 남들보다 잘하는 일에 승부를 걸라는 것이었죠. 자신은 수학교수나 법학교수를 하려 했지만, 경제학에 자신이 생겨 경제학 교수가 됐다네요. 결론은 직업을 선택할 땐 자신의 비교우위를 찾아가라는 거죠. 두 번째 키워드는 매몰비용, 의사결정에 따라 지불한 비용 중 회수할 수 없는 비용은 포기하라는 거였어요. 다 맞는 얘기죠. 지나간 일에 연연하지 말라는 괴테의 가르침과 맥락을 같이 합니다. 경제학 교과서의 아버지답습니다. 그래요, 나만의 비교우위로 세상을 정복해 보세요.

 가요. 빨리 가요. 지혜롭게 천천히. 급히 가면 넘어지는 법이죠.

- 로미오와 줄리엣 / Romeo and Juliet(1968)

이탈리아 정열의 도시 베로나를 배경으로 세기의 연인처럼 로미오와 줄리엣의 사랑이 시작되죠. 그러나 그 결말은?

최고의 남편감 BMW

한때 50대 이상의 주부들을 대상으로 설문조사를 했답니다. 우리나라 최고의 남편감이 누구냐? 조사 결과 '송해'로 나왔답니다. 그 이유는 첫째, 90이 넘도록 돈을 벌어오고 둘째, 전국 팔도 특산품을 집에 갖고 들어오며 셋째, 일주일에 3~4일은 집을 비운다. 50대 이상 주부들이 볼 때 정말 최고의 남편감인가 봅니다. 그리고 송해 선생의 또 다른 장점은 스스로 건강관리를 잘했다는 것도 포함시켜야 되겠죠. BMW 아시죠? 열심히 걷는 게 최고 보약! 불가리아 속담엔 "혓바닥을 미끄럽게 하기보다는 발바닥을 미끄럽게 하는 편이 낫다"라는 말이 있고요. 사자성어로는 와사보생, 누우면 죽고 걸으면 산다는 뜻이죠. 밀양 조참봉 고사에는 '보행이 신약'이라고 강조하고 있습니다. 송해 선생이 우리에게 남겨준 가르침 BMW, 대중교통 이용하기, 그리고 걷기는 건강비결의 신의 한 수입니다.

 그는 나의 인연이었죠. 당신이 그리워하고 있는 그는 내 마음속에 살아있어요.

- 러브레터 / Love Letter(1995)

동명소설을 영화로 만든 일본판 레전드급 러브 스토리. 첫사랑이 숨진 설원을 향해 '잘 지내시나요. 난 잘 지내요.' 감동

난징시 좋은 친구들

가장 많이 다녀온 도시, 난징입니다. 아이들, 딸 아들이 난징으로 유학을 가면서 10차례 이상 다녀온 것 같습니다. 그리고 좋은 친구들도 좀 만났죠. 우선 난징시청 외사과에 근무하는 황보조휘, 한국통입니다. 우리나라에 와서 2년 동안 교환근무를 해서 우리말도 아주 잘하죠. 우아한 중국 여인입니다. 위포, 난징시에서 개발사업을 주도하고 있는 CEO. 양징리, 다방면에서 수출업무를 관장하고 있는 CEO. 그리고 루오종신, 난징시에 빌딩 몇 채를 소유하고 있는 젊은 재벌이죠. 리징리, 태극권의 달인이면서 우리말을 제법 하는 미인입니다. 이들 중 일부는 서울과 대전을 찾아 다시 만나기도 했습니다. 이참에 중국 속담 하나 전할게요. 군자보구 십년불만, 군자의 복수는 10년이 걸려도 늦지 않다. 이런 뜻입니다. 그래서 중국 사람들은 은혜도 잊지 않고 꼭 갚는 성향이 있어요. 중국 친구들 만나면 그런 경험을 하게 되죠.

 기적은 어디에나 있어요. 주변의 선함도 기적이고요.
기적은 사랑입니다.

- 미라클 프롬 헤븐 / Miracles From Heaven(2016)

평범한 가정의 한 부부와 세 딸, 그중 둘째 딸이 병명도 알 수 없는 불치병에 걸리죠. 고목나무에서 떨어지면서 기적이…

90대 할아버지 범칙금

속도위반을 한 96세 노령의 할아버지가 재판정에 섰습니다. 판사는 그에게 스쿨존 범칙금을 내야 한다고 말합니다. 할아버지는 항변을 하지요. "나는 그렇게 빨리 달리지 않는다. 운전을 느리게 한다. 그리고 운전도 할 때만 한다. 그리고 그날은 내 아들 병원 가는 날이었다. 내 아들은 장애인이고 암에 걸렸다. 2주에 한 번 피검사를 한다." 판사가 묻습니다. 아들은 몇 살이냐고. 그가 답합니다. 63살. 아들을 병원에 데려다주는 날이었던 거죠. 이에 판사가 평결을 내립니다. "당신은 그 나이에 아들을 케어하시는군요. 당신은 좋은 사람입니다. 당신은 미국이 어떤 나라인가를 보여주고 있습니다. 범칙금은 안 내도 됩니다. 행운을 빕니다. 신의 축복이 함께하길요." 짧지만 여운을 주는 한 장면입니다. 우리나라도 이런 현상, 90대 노부모가 60대 아들을 케어하는 장면, 충분히 연출될 수 있겠죠. 판사의 평결도 멋지고요.

 남녀관계의 사랑은 상어와 같아요. 계속 전진하지 않으면 끝장나는 거죠.

- 애니 홀 / Annie Hall(1977)

사랑을 주제로 한 미국의 로맨틱 코미디 영화, 특히 젊은 남녀의 심리적 갈등을 잘 그려내고 있다는 평입니다.

20대들에게 꿈과 용기를

이번엔 20대들이 힘들었을 때 삶의 지표가 돼준 글귀를 누군가가 잘 정리를 해놨네요. 음미할 만해요. 소개할게요. ① 후회하기 싫으면 그렇게 살지 말고, 그렇게 살 거면 후회하지 마라. ② 인생은 곱셈이다. 어떤 찬스가 와도 내가 제로이면 아무런 의미가 없다. ③ 내 안에 빛이 있으면 스스로 빛나는 법이다. ④ 네가 모든 사람을 사랑할 수 없듯이 모든 사람이 너를 사랑할 수 없다. ⑤ 꿈에 눈이 멀어라. 시시한 현상 따윈 보이지 않게. ⑥ 상황은 사람을 구속하지 않는다. 단지 그 사람의 됨됨이를 보여줄 뿐이다. ⑦ 사랑하는 것은 용기지만 사랑받는 것은 능력이다. ⑧ 나는 신발이 없다고 울적해했다. 거리에서 발이 없는 사람을 만나기 전까지. ⑨ 조급해하지 마라. 멈추기엔 너무 이르다. ⑩ 꿈은 이루어진다. 이루어질 가능성이 없었다면 애초에 자연이 우리를 꿈꾸게 하지도 않았을 것이다. 좋은 글 감사해요.

 널 만난 건 내 인생 최고의 행운이었어. 고마워, 내 인생에 나타나 줘서.

- 여름날 우리 / My Love(2021)

우리나라 영화 '너의 결혼식'을 중국에서 리메이크한 영화. 첫사랑의 감동이 잔잔히 묻어나죠. 사랑은 도대체 뭘까요?

꿈속의 소녀 사랑 이야기

어느 날 꿈을 꿨어요. 예쁜 소녀 둘이서 저한테 와요. 그리고 키가 좀 더 큰 소녀가 딱지처럼 접은 연애편지(?)를 건네줘요. 전체 글을 다 볼 수는 없었지만 한 가지 이 말은 생각이 나요. "사랑이란 함께 있지 않아도 같은 방향을 보고 있는 거래요." 꿈을 깨고 나서 잠시 생각에 잠겼죠. 무엇을 암시하는 걸까? 사춘기도 없었던 것처럼 살아온 지난 과거를 반추해봤거든요. 그래도 꿈에 그리던 상상의 소녀를 만난다는 설렘은 있었죠. 누구나 다 이런 사랑에 대한 그리움 그런 대목은 하나쯤 있잖아요. 황순원의 소나기, 도스토옙스키의 별, 순수, 지고지순한 사랑. 그런데 나이 들어보니까 이젠 시절 인연에 기댈 수밖에… 사랑도 우정도 억지 부려서는 안 돼요. 순리대로 사는 거죠. 그리고 그때가 오면 최선을 다하는 거, 그게 좋은 것 같아요. 꿈속에서 그 소녀가 건네준 편지, 그리고 사랑에 대한 그 얘기가 한참 동안 맴돕니다. 예쁜 사랑 나누세요!

 난 사랑에 빠지고 말 거에요. 당신의 머릿속에서 휴가를 보내고 싶어요.

- 시작은 키스! / Delicacy(2012)

청춘 로맨스 영화죠. 사랑과 우정, 성장과 역경을 극복해가는 모습들이 잘 묘사된 프랑스 영화. 청춘들의 사랑 이야깁니다.

피와 땀과 노고와 눈물

윈스턴 처칠. 영국의 유명한 정치인이자 2차 세계대전 당시 수상을 지냈죠. 그가 당시에 의회에서 한 명연설이 하나 있습니다. "I've nothing to offer but blood, toil, tears and sweat." 바로 이 대목 때문에 더욱 유명세를 탔지요. 처칠은 이 연설에서 영국 국민들에게 4개의 단어를 요구했습니다. 2차 세계대전에서 승리를 하려면 피와 땀과 노고 그리고 눈물을 각오해야 한다는 것이었죠. 그렇다면 이 네 개의 단어들은 어디에서 왔을까? 제 추론입니다만 처칠이 첫사랑과 처음 관계를 맺을 때, 처음에는 피가 났겠죠. 물론 땀도 많이 나고 그만큼 수고도 했을 거예요. 그리고 나서 눈물을 보이지 않았을까요? 그냥 웃자고 지어낸 얘기니까 피식 웃고 마세요. 그래도 이 한마디는 하고 싶어요. 아마도 자주 듣던 얘기예요. 피땀 흘린 노력은 결코 배신하지 않는다. 진천 선수촌에도 이런 얘긴 많이 나돌고 있습니다.

 누굴 떠나보내는 건 정말 힘들어요. 사람이나 짐승이나 큰 구멍을 남기니까요.

- 그리움과 함께 사는 법 / I'll See You In My Dreams(2015)

나이 드신 어른들의 조용한 사랑을 그린 영화였어요. 스피드 데이팅이란 말이 언급됐고요. 잔잔한 이별 등등…

민중시인 신경림 타계

가난하다고 해서 사랑을 모르겠는가 / 내 볼에 와닿던 네 입술의 뜨거움 / 사랑한다고 사랑한다고 속삭이던 네 숨결 / 돌아서는 내 등 뒤에 터지던 네 울음 / 가난하다고 해서 왜 모르겠는가 / 가난하기 때문에 / 이 모든 것을 버려야 한다는 것을 / 지난 5월 88세의 일기로 삶을 마감한 민중시인 신경림. 그의 시 '가난한 사랑 노래'입니다. 충북 충주에서 태어난 신경림 시인은 첫 시집 '농무'를 시작으로 수많은 시집과 시론, 시평론집을 펴냈죠. 특히 시인은 민초들의 한과 슬픔, 굴곡진 인생사들을 질박하고 친근한 생활언어로 시 안에 담아냈습니다. 문학평론가들은 그를 '우리 시대의 두보'라고 평하기도 했고요. 호불호 없이 후배들을 두루 사랑한 그의 인품도 널리 회자되고 있습니다. 충청북도는 시인 신경림을 기리기 위해 충주시 노은면에 그의 기념관을 건립할 계획인 것으로 알려졌습니다. 삼가 애도를 표합니다.

 모두에게 사랑받을 필요는 없어. 곁에 좋은 사람 몇 명만 있으면 되는 거야.

- 위대한 쇼맨 / The Greatest Showman(2017)

쇼 비즈니스 창시자 P. T. 바넘의 실제 이야기를 다룬 영화. This is me! 우리는 누구나 특별하다. 꿈의 무대 뮤지컬 영화.

친한 친구 판별법

우연히 밴드에서 만난 글이 있어요. 살면서 반드시 만나야 할 사람과 피해야 할 사람이 있답니다. 반드시 만나야 할 사람은 ① 내일을 이야기하고 새로운 기술을 개발하는 사람 ② 확신에 찬 말을 하는 사람 ③ 작은 일도 소중히 하는 사람 ④ 독서와 사색을 즐기는 사람 ⑤ 언제나 밝게 웃고 부지런한 사람 - 이런 사람들은 반드시 만나라고 조언합니다. 반대로 만나선 안 될 사람은 ① 필요할 때만 부르는 사람 ② 단점만 지적하고 장점엔 인색한 사람 ③ 공동체 질서를 파괴하고 과거에 집착하는 사람 ④ 대접받고 은혜를 저버리는 사람 ⑤ 365일 자기과시형인 사람 - 이런 사람은 피하라고 하네요. 물론 사람을 차별해선 안 되지요. 하지만 속앓이하면서 만날 필요는 없겠죠? 주변에 내가 만나본 사람들 한번 쭈욱 살펴보세요. 그리고 판단해보세요. 진정한 친구는 누구일까요? 그리고 버려야 할 카드는 누구일까요?

 물어보고 싶은 게 하나 있는데 물어봐도 될지 모르겠어요. 나 어때요?

- 무간도 / Infernal Affairs(2003)

홍콩 느와르 작품 가운데 높은 점수를 받은 영화죠. 위의 대사를 접하면서 재미있는 개그 한번 해볼 거예요.

아재개그 스님 공중부양

어느 날 유튜브를 보다가 우연히 알게 됐어요. 아재개근 아니 아재개그구나. KBS 개그콘서트에서 맹활약했던 개그맨이 맞짱 개그 대결을 펼치더라고요. 순간 조금 재미있었어요. 우리도 함께 해보실래요? 문제 나갑니다. ① 스님이 공중부양을 한다. 이를 6글자로 줄이면 뭘까요? ② 발이 유명하고 인기가 대단히 많다. 4자로 줄이면? ③ 비가 한 시간 동안 내리면? ④ 외국 관광객이 제일 무서워하는 한국 음식은? ⑤ 가는 말이 고우면 오는 말은? ⑥ 작은 배를 다른 말로 하면? ⑦ 수박이 한 통에 5천 원 하면 두통엔? ⑧ 러브호텔을 순우리말로 15자로 늘리면? 정답입니다. 순서에 무관하니까 골라보세요. 바리스타. 어중이떠중이. 장모님뼈다귀감자탕. 추적60분. 쉽새끼. 컴. 조선 사람 들어오고 일본 놈은 나가라. 게보린. 어떠세요? 피식하셨죠? 19금 이해해주세요.

 부탁 하나만 할게요. 지금 이 사람이 나의 마지막 사랑이 될 수 있게 해주세요.

- 새해 전야 / New Year Blues(2021)

사랑하는 남녀 네 커플의 로맨스를 부드러운 터치로 감성을 자극하는 영화예요. 사랑 나눔은 늘 훈훈했으면 좋겠죠?

사랑을 미루지 마세요

톨스토이 우화집에 나오는 얘기라네요. 톨스토이가 어느 날 여행을 하게 됩니다. 여행 중에 한 숙소에 들렀는데 그 집엔 몸이 아픈 예쁜 딸아이가 하나 있었죠. 그 딸아이는 톨스토이가 갖고 있었던 빨간 가방이 너무나 좋아 보였어요. 그래서 그 가방을 갖고 싶다며 톨스토이를 졸라댑니다. "이 가방엔 짐이 들어 있고 여행 중이라 지금은 줄 수 없다. 여행을 마치고 돌아가는 길에 그때 주겠다." 톨스토이는 약속했죠. 그리고 며칠 뒤 여행을 마친 톨스토이는 약속대로 그 숙소를 찾아갑니다. 그런데 그 딸아이의 엄마가 나와 말합니다. "내 딸아이는 당신이 떠나고 난 뒤에 바로 죽었다"라고. 톨스토이는 그 딸아이의 무덤을 찾아갑니다. 그리곤 비석에 이런 글을 새겨놓죠. "사랑을 미루지 마라." 그래요, 세월은 사람을 기다려주지 않습니다. 사랑을 아끼지 마세요. 미루지도 말고요. 지금 당장 하세요. 오늘 사랑할 일을 내일로 미루면 오늘이 서운해합니다.

 사람에겐 누구나 양면성이 있대요. 사랑한다면 이 모든 걸 다 받아들여야죠.

- 투어리스트 / The Tourist(2010)

기차 안에서 우연히 만난 미모의 여인 그리고 계속되는 추격전, 그리고 금고 속 7억 4천 4백만 파운드의 수표 궁금하시죠?

참나무와 노란 손수건

뉴욕에서 플로리다로 가는 버스 안, 앞좌석에 한 남자가 무표정하게 앉아 있습니다. 승객들은 다들 떠들고 재미있게 놀다가 이 무표정한 남자가 궁금해졌습니다. 그중 한 여인이 이 남자에게 다가와 말을 건넵니다. 이 남자는 한참 만에 자신의 속사정을 얘기하죠. 그의 이름은 빙고, 지난 4년 동안 뉴욕의 교도소에서 옥살이를 하고 이제 막 출소해 집으로 가는 길이다. 감옥에 있는 동안 부인한테 편지를 보냈다. '나를 기다릴 수 없거나 혼자 사는 게 고생된다면 나를 잊고 재혼해도 좋다. 그러나 나를 용서하고 다시 받아들일 생각이 있다면 마을 어귀 오래된 참나무에 노란 손수건을 매달아 놓아라.' 버스는 이제 이 남자의 집을 향해 달립니다. 산모퉁이를 돌자, 마을 어귀 참나무에는 수백 장의 노란 손수건이 펄럭입니다. 'Tie a Yellow ribbon round the old oak tree'라는 노래는 이 글을 배경으로 만들어져 세계적인 히트곡이 된 겁니다.

 사람은 말이야, 자기가 생각한 만큼만 사랑받게 돼 있어. 그걸 알아야 돼.

- 월 플라워 / The Perks of Being a Wallflower(2013)

어릴 적 트라우마로 어려움을 겪고 있는 청년이 이를 극복하고 세상 밖으로 나온다는 스토리를 담고 있죠. 내용이 감동적입니다.

스티브 잡스 Stay Hungry

SNS를 통해 많은 사람들과 만날 수 있죠. 싱가폴의 한 친구는 가슴에 타투문자를 새겼더라고요. Keep Hungry, 헝그리 정신을 잃지 말고 굳건히 싸워내라, 뭐 그 정도의 뜻이겠죠. 스티브 잡스의 명연설이 연상되더라고요. "Stay Hungry, Stay Foolish." 스탠포드 대학 졸업식에서 학생들에게 한 연설의 마지막 부분입니다. 스티브 잡스의 삶의 철학이기도 하고요. 배고픔을 갖고 지식과 경험에 대한 탐구를 멈추지 말라. 그리고 어리석음을 안고 자신의 생각과 꿈을 펼쳐나가는 성장의 동력으로 삼으라는 얘기겠죠. 스티브 잡스 본인 자신도 그런 정신으로 살았다며 졸업생들에게 새로운 시작을 하는 만큼 "Stay Hungry, Stay Foolish." 정신으로 살아남으라고 당부했습니다. 우리나라도 1960~1970년대 그야말로 헝그리 정신으로 살아냈고, 선진국 반열에 올라서는 국부를 일궈낸 거, 자랑스럽습니다.

 사랑은 서로에게 상처를 주는 게 아니야. 서로를 지켜주며 간격을 유지하는 거야.

- 러브레터 / Love Letter(1995)

홋카이도 오타루의 설원을 배경으로 영상미와 완성도가 높았던 영화. 언급된 사랑의 간격은 어느 정도일까요?

사랑의 거리 30cm

'사랑의 거리', '아름다운 거리감' 혹시 들어보셨나요? 사랑하는 사람을 만났을 때 그 거리는 어느 정도 유지해야 할까요? 우선 엄마와 아기의 사랑의 거리는 30cm라고 합니다. 아기가 태어나서 약 3개월까지는 수정체 조절이 잘 안 돼서 30cm 거리에 있는 사물만이 가장 선명하게 보이기 때문입니다. 그래서 흔히들 남녀 사이에서도 사랑의 거리는 30cm라고 슬며시 말하고는 합니다. 그런데 어느 책 제목에 '사랑의 거리 1.435m'라고 나와 있더라고요. 1.435m는 기차의 레일 있죠, 그 레일 사이의 거리거든요. 결국은 적당한 거리를 유지해야 한다는 뜻이겠죠. 대인관계도 마찬가지죠. 아름다운 거리감을 갖고 있어야 해요. 불경에도 나와요. '사랑은 불과 같아서 너무 가까이하면 불에 타죽고 너무 멀리하면 얼어서 죽는다.' 그래도 30cm가 최고죠?

사랑을 잘하는 사람은 기도도 잘한단다. 사람이나 새나 동물도 마찬가지야.

- 아웃 오브 아프리카 / Out Of Africa(1986)

아프리카 케냐를 배경으로 펼쳐지는 감동의 명작이었죠. 인생은 상실의 연속이고 내 소유인 것은 없다는 진리를 가르칩니다.

정신봉 마음 잡도리

앙천간기, 하늘을 우러러 간절히 기도하라. 간절한 소망은 반드시 이루어진다. 모험 없이는 감동도 없다. 영속 불변 동반 감응 존배, 영원히 변치 않고 함께 가며 감사히 응하고 존중과 배려하는 것 - 사랑, Carpe Diem. 수시안거, 모든 신체 기능을 최적화하라. OK - 긍정의 힘. 산이 있어 오르고 하늘이 있어 기도한다. 보시. 가족 사랑 무한 책임. 따지지 마라. No Vision No Action, 비전이 없으면 행동하지 마라. Don't worry Be happy And That's the way it is. 제가 예전에 사무실에서 늘 지니고 있었던 정신봉이 있어요. 향나무인데 껍질을 벗기면 하얀 속살이 나오죠. 굵기는 지름이 3cm, 길이는 45cm 정도 되거든요. 거기에 새겨 쓴 글들이랍니다. 지난 시절 마음 잡도리에 도움이 됐던 것 같아요. 이젠 이 정신봉도 없앨 때가 됐네요. 그래도 감사한 소품이었어요. "그동안 고마웠어. 감사해. 이젠 안녕 바이 바이."

사랑하고 사랑하고 또 사랑합니다. 단 하루라도 당신과 떨어져 있고 싶지 않습니다.

– 오만과 편견 / Pride & Prejudice(2006)

오래된 고전소설을 영화로 만들었죠. 운명은 사랑을 따라 변하는 걸까요? 사랑, 참으로 위대한 단어 중 하나죠.

전국 3대 빵집 성심당

올해 나이 68, 곧 일흔을 바라보는 빵집이 있습니다. 대전 성심당, 전국 3대 빵집 가운데 하나죠. 튀김 소보로와 부추빵은 대전 시민은 물론 전국구 인기 상품입니다. 1956년 대전에서 문을 연 성심당은 '평생을 나누며 살겠다'라는 창업주의 뜻을 받들어 70년 가까운 제빵의 역사를 지금까지 지켜오고 있죠. 특히 현 임영진 대표는 빵은 사랑으로 만드는 것이라며 700여 명 직원들의 근평도 '사랑'이란 항목으로 점수를 매긴답니다. 웃으면서 사랑과 정성을 담아야만 빵이 제맛이 난다는 거죠. 그래서인지 직원들의 표정을 보면 모두 싱글벙글 웃는 얼굴들입니다. 그리고 사내 커플도 많이 탄생했고요. 6·25 한국전쟁 때 피난 내려와 거제, 진해를 거쳐 대전에 둥지를 튼 ㈜로쏘 성심당. 명문 제빵의 역사는 오늘도 사랑이란 이름으로 전국 각 가정의 식탁 위에 오르고 있습니다. 사랑을 드시는 겁니다.

 '사랑해'라는 말은 살면서 가장 중요한 말이에요. 사랑해라고 말하는 데 겁먹지 말아요.

- 아듀 / Bye Bye Morons(2020)

유쾌한 코미디, 그러면서 모성애를 그려낸 프랑스 영화! 이 영화 보면서 살짝 감동했죠. 그리고 최고의 명대사죠.

모성애 애틋한 응원

30년 전에 잃어버린 아들을 찾아 나선 엄마, 그리고 숫기가 없는 아들에게 용기를 내게끔, 그래서 사랑을 쟁취하게끔 도움을 줍니다. 바로 저 위의 명대사죠. 영화에선 아들은 잘 성장해서 엘리트 사원이 됩니다. 그리고 흠모하는 여인도 생겼고요. 그러나 사랑한다고 시를 쓰곤 모두 구겨버리고 맙니다. 이를 지켜본 엄마는 맹인과 컴퓨터 전문가, 친구들을 동원해 작전을 폅니다. 아들이 근무하는 사무실 건물이 모두 정전이 되게 만들고요. 모든 직원들이 다 빠져나간 가운데 아들과 흠모하는 여인, 2명만이 같은 엘리베이터 안에 갇힙니다. 이때 엄마가 아들에게 문자를 보냅니다. '사랑해라고 말해. 겁먹지 말고.' 아들은 용기를 내서 사랑을 고백합니다. 결국 엄마 덕분에 아들은 사랑을 이루게 된다는 블랙 코미디 영화였어요. 내용이야 그렇고 그렇다 치더라도 한 어머니의 애틋한 자녀 사랑은 세상 어디에나 다 똑같구나 하는 생각을 했습니다.

 세상에서 가치 있는 건 딱 두 가지뿐이야. 사랑 그리고 따뜻하고 맛있는 저녁.

- 딜리셔스 : 프렌치 레스토랑의 시작 / Delicious(2022)

요리 영화가 아닌 음식 영화. 어떻게 해서 프렌치 레스토랑이 탄생하게 되었는지, 실화도 아니지만 그럴 듯해요.

백종원의 음식철학

더본 코리아 대표이사 백종원, 방송인이자 요리연구가, 학교 법인 예덕학원 이사장, 충남 예산 출신이시죠. 개인적으로는 그의 부친 백승탁 전 충남교육감을 더 기억합니다. 백종원 대표는 방송을 통해 어떻게 하면 장사를 잘할 수 있는지? 그 의문에 해답을 구하려고 많은 노력을 했죠. "가게라는 건 손님에게 음식도 주지만 기운을 주는 곳이에요. 그러니 항상 웃으며 장사해야 해요." "음식은 기본에 충실해야 해요. 기본을 충분히 익힌 뒤에 응용을 해야지 기본이 안 된 상태에선 안 돼요." 그의 음식 사랑은 기본 철학을 강조하고 있어요. 그리고 음식의 맛도 중요하지만, 손님을 대하는 태도 또한 중시하고 있지요. 우리네 사람살이도 서로에게 좋은 기운을 주고받아야 해요. 물론 정감 있는 교류는 기본이고요. 사람마다 맛과 멋이 있어요. 그리고 기운도 있어요. 오늘은 그 좋은 기운, 받아가세요.

 언젠가는 떠날 사람한테 너무 정 주지 마. 안 그러면 네가 너무 마음 아파할 테니까.

- 셰인 / Shane(1953)

아주 오래된 정통 서부극. 동명의 소설을 영화로 제작했으며, 단순 떠돌이 무법자가 신세 진 마을에서 적들을 소탕한다는 내용.

가수 현미 3정의 여인

지난해 4월엔 밤안개의 주인공 가수 현미 씨가 자택서 쓰러져 밤하늘의 별이 됐어요. 향년 85세. 그녀의 팬들이 많이 아쉬워했지요. 1938년 평양 출신으로 6·25 한국전쟁 때 월남한 이산가족이었어요. 20살 무렵에 미 8군 쇼 무대에 오르면서 가수의 길을 걷게 되죠. 데뷔곡은 '밤안개' 그리고 '보고 싶은 얼굴', '떠날 때는 말없이' 등 수많은 히트곡을 남겼어요. 가수 현미를 3정의 여인이라고 해요. 처음 결혼한 작곡가 이봉조와 헤어질 때 "우리의 인연은 여기까지"라며 흔쾌히 헤어졌어요. 긍정의 여인, 백화점에서 20년 넘게 현미의 파워 노래 교실을 진행. 열정의 여인, 4년 동안 병석에 있던 동갑내기 친구 엄앵란을 데리고 나가 식사를 하는 등등 - 다정의 여인이래요. "무던하게 살기" "되도록이면 많이 이해하기" "남 앞에서 울지 않기" 이 세 가지는 현미 선생의 생활철학이었답니다.

 여자의 사랑을 얻지 못하는 건 남자 탓이죠. 여자의 잘못이 아니에요.

- 페인티드 베일 / The Painted Veil(2007)

윌리엄 서머셋 모옴의 소설 '인생의 베일'을 원작으로 하고 있어요. 잔잔한 감동, 선을 넘지 않는 불륜도 그려졌죠.

편지 400통 우편배달부

이런 얘기 들어보셨나요. 타이완 어느 시골 마을에 처녀, 총각이 살았어요. 둘은 열렬히 사랑했지만 직장이 너무 멀어 만날 수는 없었죠. 그래서 총각은 하루가 멀다 하고 사랑의 편지를 보냅니다. 2년 넘게 400여 통의 편지를 보낸 겁니다. 그리고 2년 뒤 그 처녀는 결혼했습니다. 누구랑 결혼했을까요? 편지를 보낸 그 총각이 아니었어요. 400통의 편지를 전해준 우편배달부와 결혼을 한 겁니다. 편지의 힘보다는 만남의 힘이 훨씬 강했던 거죠. 이를 심리학에선 단순노출효과 이론, 즉 호감 이론이라고 합니다. 자주 보고 자주 만나면 어느새 정이 든다는 얘기죠. 그래요, 얼굴 마주 보고 밥도 같이 먹어야 정이 생기는 거죠. 백 번 통화하고 문자 하는 거보다 한 번 만나 식사하는 게 훨씬 낫다는 겁니다. 자, 오늘은 누굴 만나 식사도 하고, 커피도 한 잔 나누실 건가요? 밥정을 나누는 시간, 좋은 시간입니다.

 우리가 살면서 배워야 할 세상에서 가장 위대한 일은 사랑하고 또 사랑받는 일이지.

- 물랑루즈 / Moulin Rouge(2001)

영화 제목 물랑루즈, 빨간 풍차. 프랑스 파리 몽마르트르 언덕 아래에 있는 댄스 공연장. 캉캉춤으로 유명한 곳이죠.

엄마는 널 사랑해

아무튼 위의 명대사, 세상에서 제일 멋진 대사 가운데 하나입니다. 이런 얘기 들으신 적 있으신지요. 지난 2008년 중국 쓰촨성에서 규모 8.0의 대지진이 발생했어요. 이 지진으로 8만 명이 사망하고 37만여 명이 부상당했죠. 그런데 진앙지인 웬촨에서 구조작업 중 구조대가 한 여인의 시신을 발견합니다. 이 여인은 웅크린 채 무언가를 껴안고 있었죠. 자세히 보니 그녀의 어린아이였어요. 잠들어 있었고 아이는 살아있었던 겁니다. 전혀 다친 곳도 없었고요. 어린아이를 감싼 담요 안에서 휴대전화가 나왔는데 이런 메시지가 남아 있었어요. "나의 너무나 사랑스런 아가야, 네가 만약 살아남게 된다면 이것만은 꼭 기억해주렴. 엄마는 너를 사랑한단다." 그 엄청난 참사 현장에서 아기를 살려낸 모성애, 그 위대한 사랑 앞에서 우린 누구나 다 숙연해집니다. 우리들의 어머니, 그 사랑입니다.

 우린 다시 만날 거야. 못 산다고 주눅 든 년 있으면 잘 살 때까지 못살게 굴 거야.

- 써니 / Sunny(2011)

1980년대 여고 시절의 우정을 코믹하게 풀어낸 영화 써니, 지금 다시 봐도 재미있을 거예요. 친구, 평생 소중한 재산이죠.

친구들 별명

친한 친구들이 있죠? 나이 들어서 친구들 이름 부르는 것도 이젠 조심스러워져요. 손주들까지 있는 친구들의 이름을 마구 부를 수도 없는 노릇이죠. 그래서 친구들 별명을 지어서 부르기로 했죠. 고교 동창 절친 4명이 있어요. 대전에 있는 친구는 골프도 싱글이고 낚시, 당구 등 재능이 많아요. 그런데 항상 규정을 준수하죠. 그래서 미스터 원리원칙, 미원으로 부르기로 했어요. 서울에 두 명이 있는데 한 친구는 삼성그룹에서 임원까지 하고 정년 했죠. 늘 점잖고 행동거지에 허점이 1도 없어요. 그래서 미스터 바른 생활, 미바로 정했어요. 또 다른 한 친구는 국내에서 알아주는 부인과 전문의죠. 수술이건 뭐든 철두철미하게 일을 해요. 미스터 철두철미, 미철로 부릅니다. 저는요? 가장 멋있는 걸로 정했죠. 뭐냐고요, 미검입니다. 미스터 검이불루. 아버님께서 가르쳐 주신 겁니다. 검소하되 누추하지 마라. ㅎㅎㅎ

 우울한 건 매력 없어. 사랑을 받고 싶으면 그럴 자격을 갖춰야 해. 그게 첫 번째 규칙이야.

- 카사노바 / Casanova(2006)

18세기 베니스 최고의 남자, 수많은 여인들의 정조를 유린. 바티칸 교황청에서 체포령을 내리기도 했죠. 카사노바는 누구?

마지막 시험문제

직원들에게 대우가 좋기로 소문난 외국계 기업이 신입사원 채용공고를 냈습니다. 지원자 중 1·2차 필기시험과 면접을 거쳐 최종 예비 합격자 5명을 발표했죠. 인사부장은 3일 이내에 최종합격자를 알려주겠다고 통보했고요. 다섯 명의 예비 합격자 중 유일한 여성 지원자는 이틀 뒤 회사로부터 이메일을 받습니다. "지원에 감사드립니다. 안타깝게도 채용되지 않았습니다. 귀하처럼 유능한 인재를 모시지 못한 점 애석하게 생각합니다." 이런 내용이었어요. 그녀는 마음은 아팠지만, 진심 어린 위로에 짧은 감사의 이메일을 회사로 보냈습니다. "부족한 저를 최종 5인에 예비 합격시킨 걸로 만족합니다. 앞으로도 귀사의 무궁한 발전을 기원하며 감사의 마음을 간직하겠습니다." 그런데 3일째 되는 날 그녀는 최종 합격됐다는 통보를 받습니다. 불합격 통지 이메일은 인성을 보기 위한 마지막 시험이었던 것입니다. 최종 5명 중 그녀만 유일하게 감사메일 답장을 보낸 겁니다.

 전공이 뭐예요? 심장요. 심장전문의요? 아니요. 사랑할 때만요.

- 남과 여 : 여전히 찬란한 / The Best Years Of A Life(2020)

위의 대사 내용 참 재미있죠. 이런 유머가 필요한데 우리 동양권에선 좀 힘든 건 사실입니다. 찰리 채플린이 떠오릅니다.

찰리 채플린 명언

찰리 채플린, 한 시대를 풍미했던 영국 출신 최고의 희극인이었죠. 88세의 일기로 세상을 떠났지만, 그가 남긴 어록은 많은 감동을 줍니다. "거울은 나의 가장 친한 친구다. 내가 눈물을 흘릴 때 절대 웃지 않기 때문이다." 어느 분이 채플린 명언을 잘 정리해놨더군요. ① 인생은 해파리에게조차 아름답고 장엄하다. ② 나는 비를 맞으며 걷기를 좋아한다. 어느 누구도 내가 우는 걸 볼 수 없으니까. ③ 이 세상에서 영원한 것은 아무것도 없다. 우리들의 문제도 마찬가지다. ④ 영원히 살 것처럼 꿈꾸고 오늘 죽을 것처럼 살아라. ⑤ 제대로 웃으려면 고통을 참아야 한다. 나아가 고통을 즐길 줄 알아야 한다. ⑥ 당신의 영혼까지 사랑하는 사람만이 당신의 육체를 소유할 수 있다. ⑦ 인생은 가까이서 보면 비극, 멀리서 보면 희극이다. ⑧ 완벽한 사랑은 표현할 수 없다. 모든 좌절 가운데서도 가장 아름답다. ⑨ 우리에겐 지식보다 친절함과 따뜻함이 필요하다. 구구절절 옳습니다.

 전하는 치료제가 아니라 사랑이 필요해요. 사랑, 기분 좋은 감동, 웃음… 아주 많이요.

- 스펜서 / Spencer(2022)

영국 왕실의 다이애나비를 그린 영화였죠. 비운의 황태자비는 영국 국민들의 애도 속에 유명을 달리했어요.

사색예감 천재 여류시인

그런데 여기 우리와 동시대를 살다 간 천재 여류시인이 있어요. 소설도 쓰고 그림도 그렸던 김○주. 그녀의 짧지만 긴 얘기를 전합니다. 몇 해 전 영혼 시집「사색예감」을 출간하면서 후배의 소개로 이 천재시인을 알게 됐죠. 이 시집은 한쪽 면엔 한글로, 다른 쪽 페이지엔 영어로 시가 수록돼 있어요. 그리고 작가가 직접 그린 그림들도 시집에 삽화로 들어가 있고요. 재능이 참 많은 분이었어요. 이 천재작가는 또 삼국지를 여성의 관점에서 재해석해 책을 썼어요. 총 7권 기획해서 6권까지 쓰고 마지막 1권은 쓰질 못하고 얼마 전 암으로 생을 마감합니다. 영어와 중국어, 일본어로 삼국지를 공부한 천재작가, 어린 시절부터 한 달에 평균 50권을 읽었다는 독서광, 문학소녀, 그녀의 짧은 인생에 천재적인 삶을 녹아낸 시집「사색예감」, 영혼을 울리는 그녀의 시어들이 감동으로 여울집니다.

 진정한 친구는 좋을 때만 함께 하는 게 아니야. 그리고 우린 지금 네 곁에 있잖아.

- 보르도 우정여행 / Little White Lies 2(2020)

이 영화는 친구 4명이 보르도 지방을 여행하면서 우정과 인간관계의 통찰을 다룬 내용을 담고 있죠. 친구, 소중한 겁니다.

아버님의 가르침

초등학교 시절 아버님께선 이런 말씀을 해주셨죠. "아무리 힘들게 살아도 친구가 밥 두 번 사면 반드시 한 끼는 네가 사라." 그런데 제가 회사를 다니면서 그 반대로 했던 것 같아요. 남이 한 번 살 때 제가 두 번은 산 것 같거든요. 그래서 아직은 친구가 좀 있습니다. 요즘 SNS를 달구고 있는 것 가운데 하나, 성공하려면 손절해야 하는 친구들이 있다네요. 이런 친구들요. ① 어려울 때 외면하는 사람 ② 잘해줘도 고마움을 모르는 사람 ③ 만날 때마다 기운 빠지게 하는 사람 ④ 남을 욕하는 사람 ⑤ 자기주장만 고집하는 사람 ⑥ 자기 자랑만 늘어놓는 사람 ⑦ 남을 이용하기만 하는 사람 ⑧ 열등감 속에 남을 괴롭히는 사람 ⑨ 얻어먹기만 하는 사람 ⑩ 자신이 필요할 때만 나를 찾는 사람 ⑪ 부정적인 기운을 풍기는 사람 ⑫ 피해의식이 아주 강한 사람. 네, 이런 부류의 사람들은 안 만나는 게 좋겠죠. 혹시 나는 이런 사람은 아닌지 함께 반성해봐도 좋을 것 같네요.

충분히 강해지면 그이에게 말할 거예요. 천국 같은 사랑을 할 준비가 돼 있다고.

- 시절인연 / Finding Mr. Right(2014)

사랑에도 때가 필요하겠죠. 천국 같은 사랑을 위해 주인공은 때를 기다립니다. 그리곤 해피엔딩으로 막을 내리죠.

영화 제목과 네이밍

오늘은 영화 제목에 관한 이야기입니다. 탕웨이가 주연으로 나온 영화 '시절인연', 이 영화의 원제는 'Finding Mr. Right'죠. 직역하자면 '미스터 바른 생활 찾기' 이 정도 되겠죠. 그렇지만 불교 용어인 '시절인연'이라고 했어요. 궁금증을 자아내지요. 제목을 참 잘 붙였구나. 그런 생각을 했어요. '우편배달부는 벨을 두 번 누른다(The Postman Always Rings Twice).' 그러나 이 영화에선 우편배달부가 전혀 나오지 않습니다. 직역을 했는데요. 사실은 '건달은 늘 여자를 꼬신다'가 맞습니다. 007영화 '살인장면' 원제는 'A View To A Kill' 사실 이것도 죽여주는 풍경, 끝내주게 아름다운 풍경이란 뜻에 가깝고요. 'Dressed To Kill'이란 영화도 그냥 원제를 썼는데요. 굳이 우리말로 하자면 죽여주는 옷매무새, 간지 작살 정도로 해석이 됩니다. 아무튼 네이밍이 중요한데 영화 제목이야 두말할 나위가 없겠죠. 누군가에게 공감되는 네이밍, 연구과제입니다.

 프로이드가 말했지. 사랑하고 일하라. 일하고 사랑하라. 그것이 바로 인생이라고.

- 인턴 / The Intern(2015)

경험은 결코 늦지 않는다는 교훈을 남기고 있죠. 인턴, 이 영화에서 로버트 드니로의 연기가 중후하게 묻어나옵니다.

로버트 드니로 인생조언

미국의 한 유튜브 방송에서 80대인 로버트 드니로에게 묻습니다. "만일 젊은 시절로 돌아갈 수 있다면 당신에게 가장 해주고 싶은 말은 무엇입니까?" 로버트 드니로는 손주에게 말해준 적이 있다며 다음과 같이 말합니다. ① 항상 침착해야 해. 일이 잘 풀리고 있을 때는 더더욱 차분해져야 해. ② 네가 최고라고 생각하면서 세상이 다 네 것처럼 굴지 말아야 해. ③ 늘 스스로를 경계해야 해. 왜냐하면 내가 지금껏 그런 삶을 너무 많이 봐왔어. 사람들은 올라갔다가도 다시 내려와. 다가왔다가도 떠나가지. ④ 평정심을 가져야 해. 그게 내 삶에 좋은 것들을 취하면서 앞으로 나아가기만 하는 거야. 신중하고 조심스럽게. 네가 가진 모든 것들에 감사하면서 말이야. 이건 정말 중요한 거야. ⑤ 절대로 너 자신을 과도하게 내세우지 마. 네가 다 해냈다고 착각하면서 말이야. 세상에 그런 건 없어. 누구나 언제든 바뀔 수 있어. 여러분은 어떠세요. 스스로 겸손해지시나요? 겸손의 미덕 한번 챙겨보시죠.

129 그거 알아요? 여자는 비밀이 생기면 누군가 한 사람한테는 꼭 털어놓는대요. - 지금 사랑하는 사람과 살고 있습니까 / Love Now(2007)

130 그냥 저 사랑하시면 돼요. 밀질 것 없잖아요. 제가 더 사랑하는데. - 남과 여 / A Man And A Woman(2016)

131 그녀는 내 존재의 이유, 내 세상의 전부, 내 삶의 모든 순간을 그녀에게 바칠 거야. - 나를 사로잡은 그대 / Beautiful Beloved(2021)

132 그녀한테 사랑한다고 말해봐요. 믿든 안 믿든. 진실은 통하니까. - 타임 투 러브 / Play It Cool(2014)

133 그래, 누군가를 마음속에서 지울 수는 있겠지. 하지만 사랑은 결코 지워지지 않아. - 이터널 선샤인 / Eternal Sunshine Of The Spotless Mind(2004)

134 남녀가 만나면 누군가는 상처를 입게 돼요. 왜 그래야만 하죠? - 500일의 썸머 / 500 Days Of Summer(2010)

135 남녀관계에 있어 사랑할 땐 좋든 싫든 상대방에 대해 다 받아들여야 해. - 너를 만난 여름 / My Best Summer(2019)

136 남자들은 왜 다들 여자 누드에 집착하는 거죠? 특히 가슴에 말이에요. - 노팅 힐 / Notting Hill(1999)

137 남자들을 대할 땐 한편으론 차갑게 굴고 다른 한편으론 야하게 흥분시켜야 해요. - 어글리 트루스 / The Ugly Truth(2009)

138 내가 당신을 사랑한다고 해서 나를 당신 맘대로 휘두르진 마세요. - 프로비넌스 / Provenance(2017)

139 내가 어디서 봤는데 만약 누군가의 그림자를 밟으면 그 사람은 멀리 떠나지 않는대. - 안녕, 나의 소울 메이트 / Soul Mate (2017)

140 내 남은 생에 언제 무슨 일이 생길지라도 난 지금 행복해. 널 사랑하니까. - 사랑의 블랙홀 / Groundhog Day(1993)

141 너희는 아주 중요한 걸 잊고 있어. 남녀의 사랑이 서로 일치하기란 어려운 거야. - 노팅 힐 / Notting Hill(1999)

142 눈이 마주치는 순간 불꽃이 일었지. 그 불꽃 속에서 내 심장은 녹아버렸어. - 나를 사로잡은 그대 / Beautiful Beloved(2021)

143 다가갈 순 없어요. 그래서 좋아하는 사람 발자국이라도 따라 걷고 싶은 심정. 그런 심정 알아요? - 미녀는 괴로워 / 200 Pounds Beauty(2006)

144 다른 여자들이 하는 말 신경 쓰지 말아요. 잘난 척하느라 한 열 배는 부풀릴걸요. - 엠마뉴엘 / Emmanuelle(1994)

145 단순한 섹스 파트너가 아니야. 주말여행을 같이 하는 건 진정으로 사랑한다는 거야. - 브리짓 존스의 일기 / Bridget Jone's Diary(2001)

146 당신은 너무 완벽해요. 내 마음이 아파도 당신을 사랑할 거예요. - 러브 액츄얼리 / Love Actually(2003)

147 당신은 사람이 너무 착해요. 너무 착한 남자는 여자들이 안 좋아해요. - 시절인연 / Finding Mr. Right(2014)

148 두 마리 토끼를 다 잡을 순 없지. 한쪽이 좋으면 다른 한쪽은 탈이 나거든. - 악마는 프라다를 입는다 / The Devil Wears Prada(2006)

149 두 사람이 죽도록 사랑해. 하지만 함께 할 수 없다면 그 한계는 어디쯤일까? - 멕시칸 / The Mexican(2001)

150 매일 아침 눈을 뜨면 떠오르는 게 있어요. 바로 당신이에요. - 헤리티지 오브 러브 / Heritage Of Love(2016)

151 몸이 무거우면 발자국이 깊은 법, 사랑에 빠지면 더 괴로울 뿐이야. - 시네마 천국 / Cinema Paradiso(1990)

152 바로 그거야. 네가 먼저 다가서지 않으면 평생 그런 친구는 사귀지 못해. - 굿 윌 헌팅 / Good Will Hunting(1997)

153 베지와 비주가 뭐야? 비주는 친구들끼리 뺨에 하는 거고, 베지는 연인들이 입술에 하는 거. - 섹스돌 / Sexdoll(2016)

154 사람들이 나를 질투해서 미안해요. 하지만 내가 잘 나가는 건 어쩔 수 없잖아요. - 퀸카로 살아남는 법 / Mean Girls(2004)

155 사랑에 국경은 없어요. 포기하지 말고 끝까지 헤엄쳐 나가세요. - 심야식당 2 / Midnight Dinner 2(2017)

156 사랑은 너 자신보다 상대가 필요로 하는 걸 먼저 해주는 거야. 누군가를 위해 기꺼이 녹아줄 수 있어? - 겨울왕국 / Frozen(2013)

157 사랑은 신분이나 지위를 따지지 않아. 여왕과 왕 역을 맡은 떠돌이 사이에도 불꽃이 일지. - 셰익스피어 인 러브 / Shakespeare in Love(1998)

158 사랑은 오래 참고 무례하지도 않고 성내지도 않으며… 쉬운 게 하나도 없네. - 페어 러브 / Fair Love(2010)

159 사랑을 표현하는 데 말과 글은 10%에 불과해요. 90%는 바디랭귀지로 하는 거죠. - 미스터 히치 : 당신을 위한 데이트 코치 / Hitch(2005)

160 사랑이란 둘 사이에 어색한 한순간이 깨질 때가 꼭 필요해. 그게 언젤까? - 화양연화 / In The Mood For Love(2000)

161 사랑해요. 처음 본 순간부터 알았어요. 말하기까지 너무 오래 걸려 미안해요. - 실버라이닝 플레이북 / Silver Linings Playbook(2013)

162 산을 옮길 만한 강한 힘이 있을지라도 사랑이 없다면 그건 아무것도 아니죠. - 미션 / The Mission(1986)

163 세상에는 두 종류의 러브 스토리가 있어. 여자가 떠나느냐, 남자가 떠나느냐. - 뉴욕의 가을 / Autumn In New York(2000)

164 세상에서 제일 슬픈 사랑이 어떤 사랑인지 아세요? 바로 외사랑이에요. - 산타 바바라 / Santa Barbara(2013)

165 세상이란 참 눈물 나게 비정해. 하지만 사는 게 아무리 힘들어도 당신을 사랑할 거야. - 제리 맥과이어 / Jerry Maguire(1997)

166 아무리 두 마리의 토끼를 쫓는다 해도 한 마리는 떨어져 나가. 그게 세상의 이치야. - 펜스 / Fences(2016)

167 아프리카, 아시아, 인도네시아를 거쳐 이제야 널 발견했어. 널 사랑해. - 파리에서의 마지막 탱고 / Last Tango In Paris(1996)

168 언제까지나 기다릴 거예요. 그것이 운명이라 해도. 운명을 넘어서… 영원히. - 가을의 전설 / Legends Of The Fall(1995)

169 여기선 모든 걸 커피로 결정해요. 커피가 달달하면 사랑도 이루어진대요. - 워터 디바이너 / The Water Diviner(2015)

170 여자에겐 사랑이 전부라고? 이 말에 신물이 나요. 그런데 너무 외로워요. - 작은 아씨들 / Little Women(1995)

171 예전에 그랬듯이 지금도 사랑하고 사랑하는 걸 멈추지 않으며 죽을 때까지 사랑할 거라고. - 연인 / The Lover(1992)

172 왜 전에는 당신처럼 예쁜 사람을 만난 적이 없던 걸까요? - 하우스 오브 구찌 / House Of Gucci(2022)

173 우정의 위대함은 서로 아무런 설명을 하지 않아도 된다는 거지. - 드라이빙 미스 데이지 / Driving Miss Daisy(1989)

174 운명으로 정해진 사람은 어떤 우여곡절을 겪는다 해도 결국엔 다 만나게 돼 있어. - 첨밀밀 / Comrades : Almost a Love Story(1997)

175 운명의 끈이 우릴 어디로 데려갈지 몰라요. 하지만 오직 당신하고만 함께 할 거예요. - 불멸의 여인 / Immortal Beloved(1994)

176 원숭이도 나무에서 떨어진 복숭아보다 직접 따먹는 걸 더 좋아한다잖아. - 너를 만난 여름 / My Best Summer(2019)

177 이 교복 어떻게 안 되나요. 아침에는 애 치마가 적도인데 저녁이면 북극까지 올라가요. - 러스트 스토리 / Lust Story(2018)

178 이대로 아무것도 사랑하지 않는다면 남은 내 인생에 후회와 미련만이 가득할 거야. - 시애틀의 잠 못 이루는 밤 / Sleepless In Seattle(1993)

179 이 배의 탑승권을 따낸 건 내 생애 최고의 행운이었어. 당신을 만났으니까. - 타이타닉 / Titanic(1998)

180 잊지 말아요. 전 단지 여자일 뿐, 한 남자 앞에 서서 사랑을 구하는… - 노팅 힐 / Notting Hill(1999)

181 자신을 사랑해주는 여자보다, 남자에게 더 매력적인 존재는 없지. - 사운드 오브 뮤직 / The Sound Of Music(1969)

182 잔소리 말고 무조건 웃어줘요. 남자들은 시각에 충실해요. 신세 한탄하지 말고. - 어글리 트루스 / The Ugly Truth(2009)

183 저놈이 뭘 훔쳐 갔는데요? 내 맘! 내 맘! 내 맘? 브래지어 이름인가? - 백치 애인 / A Foolish Lover(1992)

184 저 친구는 당신보다 훨씬 어려요. 여보세요, 여기선 멋있으면 다 오빠거든요. - 좋아해줘 / Like For Likes(2016)

185 정말 사랑한다면 좋아하는 사람 놓아줄 줄도 알아야 해요.
- 엽기적인 그녀 / My Sassy Girl(2001)

186 지나친 사랑은 모든 걸 잃고 거리를 두고 사랑하는 사람은 오래가는 법. - 알렉산더 / Alexander(2004)

187 진정한 사랑은 살면서 힘들 때 손을 잡아줄 그런 사람을 만나는 거야. - 첫눈에 반할 통계적 확률 / Love at First Sight(2023)

188 첫 만남부터 지금까지 우린 늘 타이밍이 안 맞았어. 인생이 장난을 치듯. - 여름날 우리 / My Love(2021)

189 평생 이런 느낌 처음이에요. 혼자가 아니라는 걸. 사랑해요, 정말 사랑해요. - 러브 앤 드럭스 / Love And Other Drugs(2011)

190 할 말이 있는데 지금 안 하면 잊어버릴 것 같아서. "미안하고 사랑해." - 당신은 몇 번째인가요? / What's Your Number?(2011)

제2장
연애와 결혼

내 인생을 행복으로 채워줄 사람,
그 사람은 당신뿐. 난 영원히 당신의 남자예요.

 거짓말을 하면 세 가지 징후가 나타나죠. 첫 번째는 동공이 커져요.

- 우리는 같은 꿈을 꾼다 / On Body And Soul(2017)

사랑에 서툰 여자, 사랑이 권태로운 남자, 그러나 그 둘은 밤마다 같은 꿈을 꿉니다. 독특한 설정의 헝가리판 러브 스토리.

스몰토크 빅토크

스몰토크, 빅토크란 말 들어보셨나요? 스피치를 가르치는 분들은 다 아시겠지만, 방송에서도 중요시하는 말들이죠. TJB 대전방송의 이남경(개명 전 이명숙) 아나운서는 최근 그의 저서인 「직장인 말하기의 모든 것」에서 스몰토크의 중요성을 강조하고 있습니다. "오늘 날씨 어때요?" 이런 날씨 얘기를 포함해 일상의 대화 속에 자연스럽게 등장하는 화젯거리, 즉 수다에 가깝죠. 반면 빅토크는 상대의 협조나 행동 변화 등 목적이 있는 대화를 뜻합니다. 그래서 스몰토크를 자신감 있게 잘하면 큰 협상인 빅토크도 강하다는 거죠. 실제로 본방을 앞두고 리허설을 할 때 스몰토크로 출연자들의 긴장을 많이 풀어줍니다. 그러면 출연자들도 본방송에서 자연스럽게 스피치를 이어 나가게 되지요. 참고로 처음 대하는 사람, 또는 청중 앞에서 얼음 깨기라 하죠. 아이스 브레이킹, 이 또한 스몰토크지만 매우 중요합니다. 그래서 언제든지 스피치를 하기 전엔 반드시 얼음 깨기를 해야 합니다.

 결혼은 생활이고 책임이야. 서로 이해하고 양보하고 또 속고 속아주고.

- 물 위를 걷는 여자 / The Woman Who Walks On Water(1990)

신달자 님의 동명소설을 영화화한 작품이죠. 원작소설과는 약간의 차이는 있지만 남녀 삼각관계의 묘한 여운을 남깁니다.

퀴블러 로스 인생수업

"적어도 단 한 번은 너의 삶에 열광하라." 호스피스 운동의 선구자인 엘리자베스 퀴블러 로스가 지은 책「인생수업」에서 역설한 얘깁니다. 이 책엔 이런 얘기가 나오죠. 어느 신혼부부가 기분 좋은 여름날, 저녁을 먹고 숲으로 산책을 나섭니다. 이때 저 멀리서 꽥꽥하는 소리가 들려오죠. 아내는 그 소리가 닭이라 하고, 남편은 거위라고 우깁니다. 서로 한참을 우기며 다투다가 아내가 울상이 되자 남편이 포기를 합니다. 그리곤 화해하고 다시 숲길을 걷습니다. 그것이 거위든 닭이든 무슨 상관이에요. 저녁 먹고 즐겁게 산책만 잘하면 되는 거잖아요. 그런데 가만히 101동에서 1101동까지 각 가정을 들여다보면 사는 건 별 차이가 없는데 대수롭지 않은 걸 갖고 싸우곤 하죠. 부부싸움, 아무리 칼로 물 베기라 하지만 시간 낭비, 마음 낭비 안 좋은 거예요. 니체가 말합니다. "사소한 일에 화내지 마라." 정말이지 하찮은 일에 목숨 걸 필요는 없어요.

 나는 사람들의 장점을 보려고 노력해요. 누구나 다 매력적인 부분은 한둘은 있잖아요.

- 클로이 / Chloe(2009)

남편의 외도를 의심한 나머지 매력적인 젊은 여성을 시켜 남편을 유혹해 달라며 남편을 시험에 들게 하면서 영화가 시작.

유단취장 성호 이익

장점 발견자(Good Finder)가 되라는 말 자주 듣습니다. 여기 한 일화가 있습니다. 조선시대 실학자 성호 이익 선생. 성호 선생의 집에 감나무가 두 그루 있었습니다. 한 그루는 대봉시, 그런데 일 년에 겨우 서너 개 열립니다. 다른 하나는 많이 열리지만, 땡감 나무였죠. 성호 선생은 마당에 그늘지는 감나무라서 둘 중 어느 것을 베어버릴까? 톱을 들고 앞마당을 서성입니다. 그때 마침 부인이 그 모습을 보고 한마디 합니다. "비록 서너 개라도 대봉시는 제사상에 올리면 그만이고 땡감은 곶감을 만들면 너무 맛이 좋잖아요." 부인은 두 감나무의 장점만 본 것입니다. 성호 선생은 톱을 도로 창고에 갖다 놓으며 '유단취장'이라는 말을 남깁니다. 비록 단점이 있다 해도 장점을 취하라는 얘기죠. 모든 사물엔 양면이 있고, 그 양면을 두루 받아들이는 자세, '통섭'입니다. 보자기 정신이기도 하지요. 모든 걸 감싸주는 보자기, 제가 좋아하는 것 중에 하나입니다. 유단취장, 통섭 함께 하시죠.

 남자가 할 말 다 하면 강단 있는 거고, 여자가 할 말 다 하면 드센 거니?

- 좋아해줘 / Like For Likes(2016)

서로 다른 캐릭터 세 커플이 SNS를 통해 사랑을 경험하며 스토리가 전개되는 옴니버스 방식의 로맨스 영화. 볼만합니다.

호우호마 장자 천도편

호우호마(呼牛呼馬), 소로 부르든 말로 부르든 자기가 한 말의 시비는 남이 어찌 평하든 내버려두고 자기는 관계하지 아니한다는 뜻이죠. 장자 천도편에 나오는 얘깁니다. 어느 날 사성기라는 사람이 노자를 찾아옵니다. 그는 노자를 보자마자 대뜸 "선생님의 고귀한 명성과는 달리 너무 꾀죄죄하니 선비라 여길 수 없을 정도입니다"라고 말하죠. 다음날 다시 노자를 찾은 사성기는 "어제 당신을 몹시 비방했는데 이제 내 마음엔 아무것도 없습니다. 무슨 까닭일까요?"라고 묻죠. 이에 노자가 답합니다. "어제 그대가 나를 소라고 불렀다면 나는 소라고 답했을 것이고, 말이라 불렀으면 말이라 답했을 것이오." 그렇습니다. 일상에서 본의 아니게 비난을 받거나 구설수에 오를 수도 있어요. 악플에 시달리기도 하지요. 그래도 상처받거나 원망하지 마세요. 시간이 지나면 괜찮아져요. 호우호마, 군자답게 잘 이겨내세요. 응원합니다.

 내가 장담하건대 넌 제대로 된 사랑 못해. 왜냐고? 아무것도 포기하지 않으니까.

- 모럴 센스 / Love and Leashes(2022)

아주 특별한 개인들의 일탈과 회복을 담은 영화죠. 네이버 웹툰의 원작을 가져왔고요. 현대적 연애기법을 보여줍니다.

염일방일 사마광

두 마리 토끼를 잡으려다 한 마리도 못 잡고 다 놓치거든요. 생각나는 고사성어가 있어요. 염일방일, 하나를 잡으려면 다른 하나는 놓아줘야 한다는 뜻이에요. 이 얘기는 중국 송나라 시절로 거슬러 올라가요. 당시 정치가였던 사마광의 어릴 적 일화니까요. 어느 날 큰 물독에 어린아이가 빠졌어요. 그 아이를 구하기 위해 동네 어른들은 사다리와 동아줄을 가져왔지만 여의치 않았죠. 물에 빠진 아이는 죽을 지경이었고요. 이때 사마광이 돌멩이를 던져 물독을 깨뜨립니다. 물론 아이도 구했고요. 아이를 구하기 위해서는 장독 하나는 깨뜨려도 괜찮다. 큰 것을 얻기 위해서는 작은 것 하나는 포기해야 한다는 교훈이에요. 여러분은 어떠세요? 지금 포기해야 할 그 무엇이 있다면 과감하게 포기하세요. 그래야만 보다 큰 목표를 이룰 수 있을 테니까요. 고집도 중요하지만, 때론 현명한 포기도 할 줄 알아야 합니다.

 내가 푹 빠질 그런 남자는 없을까? 마법 같으면서 낭만적인 만남.

- 더 세인트 / The Saint(2016)

절망이 일상이 된 현실에서 삶의 목적이 무엇인지? 그 답을 갈구하는 내용을 담고 있어요. 유럽도 어려운가 봐요.

바람피우는 유부녀 특징

유튜브에서 조회수 50만을 넘긴 19금 얘기 좀 할까 합니다. 바람 잘 피우는 유부녀들의 특징을 분석한 내용인데요. 연애 심리학에서도 더러 다루는 모양입니다. 그 특징 첫 번째는요. 남편과의 잠자리에서 만족하지 못한다는 겁니다. 썩 높지 않은 성적 만족도 때문에 바람을 핀다는 거죠. 두 번째는 성적으로 개방적이고 스킨십에도 적극적이라네요. 이성의 스킨십에 대한 거부감이 없고, 성적 개방성이 높다는 겁니다. 세 번째 특징은 성욕이 넘치고 잠자리에 진심이래요. 침대의 주도권을 잡고 있으며 강력한 잠자리를 원하는 경향이 있답니다. 네 번째는 거짓말을 자주 한다는 거예요. 당연히 남편한테는 거짓말을 할 거고요. 상대가 듣기 좋아하는 말을 할 줄 아는 여자랍니다. 다섯 번째는 과거에 바람을 피운 경험이 있다는 거. 과거의 경험이 있어 충동 제어 능력이 떨어진다는 거죠. 여섯 번째는 자기도취적인 성향이 강하다. 자기애가 넘쳐 모두에게 사랑받으려 한다네요. 참고만 하세요.

 내가 품위 있어 보인다고 했죠? 품위가 어디서 나오는 줄 아세요? 자부심이에요.

- 헤어질 결심 / Decision To Leave(2022)

산에서 벌어진 변사사건, 사망자의 아내와 수사를 맡은 형사. 그 둘 사이에 짙어만 가는 의심과 깊어지는 관심. 몰입도가 필요.

아비투스 인간의 품격

도리스 메르틴이 쓴 「아비투스」를 만나보셨나요. 부제는 '품격을 결정하는 최상층에 오를 준비'랍니다. 저자는 이 책에서 최상층에 오르기 위해서는 7가지 자본이 충족돼야 한다고 말합니다. 첫 번째는 심리자본 - 낙관주의 열정, 상상력, 끈기, 잠재력, 실현 능력 등 심리적 안정감이 필수적이겠죠. 두 번째는 문화자본입니다. 선망과 존중받는 코드, 몸에 밴 고급문화, 탁월한 사교술 등이 요구되고요. 세 번째는 지식자본 - 졸업장, 학위, 전문지식, 자격증 등 어떤 일을 해낼 수 있는 능력이 우수해야 되겠죠. 네 번째는 경제자본 - 소득, 현금자산, 부동산, 주식, 연금, 보험, 상속재산까지 포함됩니다. 다섯 번째는 신체자본 - 매력적이고 건강하고 활기찬 외형적 가치를 말합니다. 여섯 번째는 언어자본입니다. 유창한 언변, 객관적으로 주제를 설명할 수 있는 능력이겠죠. 끝으로 일곱 번째 사회자본입니다. 사회생활, 가족, 인맥, 멘토, 동료 등이 얼마나 훌륭한가예요. 부자 되세요.

 내 인생을 행복으로 채워줄 사람, 그 사람은 당신뿐. 난 영원히 당신의 남자예요.

- 첫 키스만 50번째 / 50 First Dates(2004)

단기 기억상실증에 걸린 여인과 노련한 작업남과의 사랑. 남녀 간의 아름다운 로맨스와 코미디가 잘 배합된 영화죠.

하버드 행복론

하버드대 성공학 수업을 소개한 '성공하려면 하버드처럼'이란 책, 이 책에서 주장하는 성공과 행복의 7가지 절대 법칙을 알아볼 게요. 절대 법칙 1 - 가장 중요한 일은 가장 먼저 하라 : 주어진 시간을 가장 중요한 일에 먼저 배분하자는 거죠. 절대 법칙 2 - 남들이 뭐라 하던 자기 길을 가라 : 흔들리지 말고 끝까지 의지를 관철하라는 거죠. 절대 법칙 3 - 생각을 열면 천당, 열지 않으면 지옥이다 : 오픈 마인드, 긍정적 사고는 당연한 얘기죠. 절대 법칙 4 - 내려놓을 수 없는 것은 없다 : 살면서 지치게 하는 무거운 짐을 내려놔야죠. 절대 법칙 5 - 즐거운 척하면 진짜 즐거워진다 : 이것은 100% 공감, 행동심리학의 기본입니다. 절대 법칙 6 - 과거·미래가 아닌 현재에 집중하라 : 과거는 지나간 파도입니다. 미래는 신에게 맡기세요. 절대 법칙 7 - 다른 사람보다 하나 더 생각하라 : 다른 사람의 발자국을 따라가면 나만의 족적이 없습니다. 내 발자국을 새겨야죠.

 네가 키스할 준비가 돼 있어도 절대 하지 마. 서두르면 일을 그르치거든.

- 이달의 점원 / Employee of the Month(2006)

최우수 사원에게 가장 섹시한 점원과 하룻밤을 보내게 해주겠다면 어떻게 하시겠습니까? 유쾌한 코미디 영화입니다.

키스의 종류

오늘은 키스에 관한 얘기를 조금 해볼까 해요. 누구나 다 좋아하는 단어(?)일까요? 플라톤은 키스에 대해 이렇게 정의를 내립니다. '영혼이 육체를 떠나가는 순간의 경험!' 곱씹어 봐야겠네요. 그런데 키스의 종류도 엄청 많네요. 가볍게 입술만 맞대는 버드 키스가 있고요. 드라마에서 볼 수 있는 45° 각도의 크로스 키스. 좀 더 입술을 밀착시켜 미끄러지듯 입술을 자극하는 슬라이딩 키스, 모두 아직은 입술이 열리기 전 단계랍니다. 입술 사이에 상대의 입술을 지그시 무는 건 햄버거 키스고요. 슬라이딩에서 한 단계 업그레이드된, 입술을 부드럽게 빨아들이는 레드 슬라이딩 키스, 상대방의 입술과 혀를 빨아들이는 인사이드 키스, 상대의 혀를 살짝 깨무는 이팅 키스, 상대의 입술 전체를 덮어버리는 건 와이드 스페이스 키스고요. 혀로 상대방을 탐닉하는 건 프렌치 키스랍니다. 좋은 사람 만나시면 멋진 키스 한번 해보세요.

 누군가가 말했지. 평생 여자를 조심하라고. 남자보다 더 위험하니까.

- 알렉산더 / Alexander(2004)

거대한 스케일, 드라마틱한 서사, 역사의 판도를 바꾼 위대한 정복자 알렉산더의 흥망을 그린 블록버스터 영화죠.

한국 여인의 신기

근데 한국 여인은 누구나 다 신기가 있다네요. 나이 40이 되면 무당 수준이고요. 50이 되면 신녀, 60은 귀신, 70이 넘으면 마고 할미의 염력을 갖고 있어 직녀성과 직거래를 한답니다. 남자의 속내를 훤히 꿰뚫어 본다는 거죠. 그러니까 여생을 편안히 보내려면 여자를 울리거나 속여서는 안 된다는 겁니다. 항상 두려워하고 사랑하고 공경하라고 조언하네요. 모든 남자는 여자가 낳았고, 여자의 보살핌 속에서 평생을 살잖아요. 그리고 남자가 여자보다 10년 먼저 죽거든요. 이런 이치를 깨닫지 못한다면 남자 나이 100살이 돼도 철부지일 뿐이랍니다. 여러분은 어떻게 생각하세요. 여자! 함께하고 있는 여자에게 정성을 다하세요. 그러면 없던 복도 생겨날 거예요. 남녀문제, 정답은 없지만 조화로운 관계를 유지하는 거, 매우 중요합니다.

 똑바로 앉아. 담에 커서 등이 구부정하면 매력 없어. 그럼 남자들이 싫어해.

- 올드 / Old(2021)

외딴섬 리조트 비밀의 해변… 제약회사의 거대한 음모가 파헤쳐집니다. 아침엔 아이, 오후엔 어른, 저녁에 노인… 미스터리 호러.

매력적인 사람 되기

사람은 누구나 다 남들 앞에서 매력적으로 보이길 원하죠. 한 유튜버가 매력적인 사람이 되려면 5가지 습관을 가져야 한다며 정리를 잘해놨더군요. 그 첫 번째는 경청과 공감입니다. 남의 말을 잘 듣고 함께 공감해주는 거죠. 이건 사실 스피치의 기본이기도 합니다. 두 번째는 쉼 없이 배우는 자세, 늘 새로운 지식과 경험을 쌓는 데 게을리해선 안 됩니다. 세 번째는 감사하는 마음, 정말 중요해요. 비록 작은 일이라도 진심을 담아서 "감사합니다"라고 말로 표현해야 합니다. 네 번째는 자신에 충실하기, 자기 자신의 건강은 물론 자기관리를 소홀히 해선 안 되겠죠. 다섯 번째는 긍정적인 태도입니다. 어려운 상황에서도 긍정 마인드를 유지하는 것, 매우 중요합니다. 사족을 하나 더 달자면 말을 할 때 오감을 만족하는 스피치를 하면 더욱 매력적인 사람이 됩니다. 눈에 보이게 말하라. 가슴으로 말하라. 한 번쯤 노력해보세요.

 말을 할 때 아래를 보면 거짓말을 하는 거고, 위를 보면 진실을 모른다는 거야.

- 오션스 일레븐 / Ocean's Eleven(2002)

인명을 해치지 말 것, 무고한 사람의 금품을 털지 말 것, 이판사판으로 게임에 임할 것, 대도 11명이 모여 라스베이거스 카지노를 텁니다.

상계사 주지 스님 말씀

상계사 주지 스님의 말씀이 한 때 SNS를 달궜죠. 사람들은 귀 때문에 망하는 사람보다 입 때문에 망하는 사람이 많다. 중요한 사실이다. ① 앞에서도 할 수 없는 말은 뒤에서도 하지 마라. 뒷말은 가장 나쁘다. 구시렁거리지 마라. ② 말을 독점하면 적이 많아진다. 적게 말하고 많이 들어라. 들을수록 내 편이 많아진다. ③ 목소리 톤이 높아질수록 뜻이 왜곡된다. 흥분하지 마라. 낮은 목소리가 힘이 있다. ④ 귀를 훔치지 말고 마음을 흔드는 말을 하라. 듣기 좋은 소리보다 마음에 남는 말을 하라. ⑤ 내가 하고 싶은 말보다 상대방이 듣고 싶은 말을 하라. 하기 쉬운 말보다 듣기 쉽게 얘기하라. ⑥ 칭찬에 발이 달려 있다면 험담에는 날개가 달려 있다. 나의 말은 반드시 전달된다. 허물은 덮고 칭찬은 자주 해라. ⑦ 뻔한 얘기보다 펀(Fun)한 얘기를 하라. 디즈니만큼 재미있게 하라. ⑧ 혀로만 말하지 말고 눈과 표정으로 하라. 비언어적 요소가 언어적 요소보다 힘이 있다. ⑨ 입술의 30초가 가슴의 30년이 된다. 나의 말 한마디가 누군가의 인생을 바꿀 수 있다. 참 좋은 말씀입니다.

 말이 너무 많잖아. 그러면 너도 모르게 네 생각이 탄로나. 은밀하게 해야지.

- 킬 샷 / Kill Shot(2008)

증인 보호 프로그램이 다뤄지죠. 하지만 숙련된 전문 킬러, 젊은 사이코패스의 킬러가 등장하며 살벌한 분위기가 연출됩니다.

입술의 30초 가슴의 30년

입술의 30초가 가슴의 30년이 된다는 말이 있어요. 그래요, 한 번 실수한 말이 상대방 가슴에 30년 비수로 꽂힐 수 있다는 얘깁니다. 그래서 말할 때는 신중히 해야 합니다. 올바른 소통을 위한 6가지 방법을 추천합니다. 첫째, 앞에서 할 수 없는 말은 뒤에서도 하지 마라. 뒷말은 가장 나쁘다. 구시렁거리지 마라. 두 번째, 말을 독점하면 적이 많아진다. 적게 말하고 많이 들어라. 들을수록 내 편이 많아진다. 세 번째, 목소리 톤이 높아질수록 뜻은 왜곡된다. 흥분하지 마라. 낮은 목소리가 힘이 있다. 네 번째, 귀를 훔치지 말고 가슴을 흔드는 말을 하라. 듣기 좋은 소리보다 마음에 남는 말을 하라. 다섯 번째 내가 하고 싶은 말보다 상대방이 듣고 싶을 말을 하라. 배려는 기본이다. 여섯 번째, 칭찬에 발이 달려 있다면 험담에는 날개가 달려 있다. 그러니 좋은 말만 해야 되겠죠. 거듭 강조하고 싶어요. 입술의 30초가 가슴의 30년 됩니다.

 많이 힘들지? 그래, 버스하고 여자는 떠나면 잡는 게 아니란다.

- 봄날은 간다 / One Fine Spring Day(2001)

남녀 간의 순수한 사랑을 정성껏 터치를 했고요. 강릉 현지 로케, 시골집, 대나무밭 등은 무척이나 정겹게 다가옵니다.

봄날은 간다, 손로원 선생

'봄날은 간다'라는 노래 아시나요? 우리나라에서 가장 아름다운 노랫말로 선정된 노래입니다. 1930년대 우리나라 가요계 작사 부문에서 양대 산맥으로 불리는 분이 두 분 계십니다. 한 분은 익히 알려진 반야월 선생, 다른 한 분은 좀 생소하죠. 손로원 선생이십니다. 바로 손로원 선생이 작사한 곡이 '봄날은 간다'입니다. 노랫말 함께 음미해보시죠. 연분홍 치마가 봄바람에 휘날리더라 / 오늘도 옷고름 씹어가며 / 산제비 넘나드는 성황당 길에 / 꽃이 피면 같이 웃고 꽃이 지면 같이 울던 / 알뜰한 그 맹세에 봄날은 간다 / 새파란 풀잎이 물에 떠서 흘러가더라 / 오늘도 꽃 편지 내던지며 / 청노새 찰랑대는 역마차 길에 / 별이 뜨면 서로 웃고 별이 지면 서로 울던 / 실없는 그 기약에 봄날은 간다 / 열아홉 시절은 황혼 속에 슬퍼지더라 / 오늘도 앙가슴 두드리며 뜬구름 흘러가는 신작로 길에 / 새가 날면 따라 웃고 새가 울면 따라 울던 / 얄궂은 그 노래에 봄날은 간다

 명품에 대해서는 제가 잘 알아요. 그런 것들로 인해 행복해지지는 않아요.

- 시절인연 / Finding Mr. Right(2014)

아픈 상처를 간직한 채 사랑을 이어가는 두 남녀의 시애틀 로맨스. 사랑도 때가 되어야만 이루어지는가 봐요. 강추합니다.

커피와 커피잔

오래전에 학업을 마치고 성공을 거둔 제자들이 노스승을 찾아옵니다. 감사의 뜻을 전하며 성공담도 얘길 나누죠. 그러면서 제자들은 성공은 했지만 행복하지는 않다며 불평을 토로합니다. 그러자 노스승은 커다란 주전자에 커피를 끓입니다. 그리고 금잔, 은잔, 크리스털잔, 종이잔 등 다양한 커피잔을 꺼내놓고 하나씩 골라잡으라고 말합니다. 제자들은 서로 좋은 잔을 차지하려고 안달이 납니다. 그러자 노스승은 말합니다. "너희들이 진정으로 원하는 건 커피가 아니냐? 그런데 커피잔에 너무 많이 신경을 쓰는 건 아닌지 한 번 돌아보라." 노스승의 말씀이 가슴에 와닿습니다. 우리가 원하는 것은 단지 '맛 좋은 커피'일 뿐인데 구태여 '비싼 잔'을 찾는 이유가 무엇인가? 우리나라가 명품 소비율이 꽤 높다죠? 언제부터 그렇게 명품을 갖기 시작했는지 모르지만, 우리의 사고, 인식, 행동양식, 사회를 바라보는 견해, 이제는 달라졌으면 합니다.

 물건을 뒤집어 보아라. 상품의 질이 좋은지 나쁜지 평가하려면 먼저 그 뒤를 보라 했다.

- 클레오파트라 / Cleopatra(1963)

기원전 48년 이집트를 배경으로 영화는 시작되죠. 어마무시한 스케일, 방대한 구성으로 대역사극을 펼쳐 보입니다. 장관이죠.

밤에 보는 꽃, 조명효과?

엊그제 저녁 만 보 수행하면서 느낀 겁니다. 공원 안에 영산홍 꽃이 야간 조명을 받아 더욱 곱게 빛나더라고요. '아하! 꽃은 밤에 보아야 더 이쁘구나.' 그런 생각이 들더라고요. 왜냐하면 조명은 꽃을 비추고 주변은 온통 어두우니까요. 이와 비슷한 경우도 있죠. 유명 셀럽들이 같이 사진을 찍을 때도 주인공만 활짝 웃게 하고 나머지는 모두 어색한 억지 표정을 짓잖아요. 아무튼 공원 산책길에서 언뜻 깨달은 밤이 주는 묘한 매력! 남자들이 왜 밤에 술집에 갈까요? 정답은 밤에 보는 꽃이 더 이쁘기 때문이겠죠. 너무 억지스러운 주장인가요? 그냥 억지로 이해해주세요. 아 참, 길거리 인터뷰할 때 기초화장만 하신 분들은 인터뷰를 거절합니다. 인터뷰이를 찾을 땐 곱게 메이크업하신 분들이 더 잘 응해줍니다. 초보 방송장이들은 참고하시고요. 앞으로도 좋은 방송 만들어주세요.

사람들은 열정이 있는 사람에게 매료되지, 자신이 잊고 있었던 걸 상기시켜 주거든.

- 라라랜드 / Lala Land(2016)

꿈을 꾸는 사람들을 위한 별들의 도시 '라라랜드'. 두 젊은 남녀의 꿈의 무대가 펼쳐지는 로맨스 뮤지컬, 인생 영화.

경찰서장의 후배사랑

우아한 노년, 정년 이후 삶의 모습, 누구나 선망하는 거죠. 세종경찰서장으로 2020년 6월에 정년 퇴임한 김정환 교수. 지금은 한국영상대에서 강의를 맡고 계십니다만 김 전 서장의 얘깁니다. 김 교수는 정년 퇴임 이후 지금까지 해마다 분기별로 제철 과일을 사서 세종시 관내 5개 지구대와 파출소 3곳에 전달해 오고 있답니다. 설과 추석 때는 부인과 함께 지역 관서를 직접 방문해 나눠주고 있고요. 정말 대단한 정성이고 감동입니다. 정년 이후에 이처럼 후배사랑에 나선 경찰서장 출신 선배들이 얼마나 될까요. 존경심을 담아 보냅니다. 김 교수는 "후배들에게 진 빚을 갚는 거다. 이렇게 하면 파출소 직원들이 역동적으로 움직일 거고, 나아가 시민들에게 고가의 치안 서비스로 이어질 것"이라며 겸손을 감추지 않았습니다. 김 교수는 지금도 세종시청 등 100여 곳에서 청렴 강의를 하고 있는 청렴교육 전문강사입니다.

 아십니까? 여인은 취하는 것이 아니라 마음을 함께 해야 한다는 것을.

- 어우동 : 주인 없는 꽃 / Lost Flower Eo Woo-Dong(2015)

조선시대 한 여인, 한이 서린 마음에 기녀가 됐고, 당시 사대부들을 농락한 희대의 여인으로 묘사돼 있죠. 과연 진실을 뭘까요?

어우동 섹스 스캔들

TV 영화채널에 자주 등장하는 영화 '어우동'. 그런데 정작 어우동에 대해 아는 사람은 별로 없어요. 어우동은 실제 인물이지요. 조선시대 1840년에 충북 음성에서 양반집 규수로 태어났습니다. 인물도 뛰어났지만 시·서화는 물론, 무용까지 두루 섭렵한 재원이었어요. 그 뒤 왕족인 태강수 이동과 결혼합니다. 그러나 남편인 이동이 기생과 바람이 나면서 이혼을 하죠. 둘 사이엔 딸 번좌가 있었는데 딸과 함께 길거리로 나앉게 돼요. 이후 어우동은 여종과 함께 기생 행세를 하며 당대 조정의 고위 관리들과 문란한 성관계를 가졌죠. 왕족은 물론 고관들도 상당수 연루됐어요. 조선시대 최고의 섹스 스캔들의 주인공이 된 거예요. 결국엔 조정에 체포돼 1880년 41살의 나이로 사형을 당합니다. 본명은 박구마, 어우동은 과연 누구였을까? 재조명합니다.

 아저씨, 라일락의 꽃말이 뭔 줄 아세요? 젊은 날의 추억이래요.

- 1번가의 기적 / Miracle On 1st Street(2007)

재개발에 등장하는 날건달, 동양 챔피언을 꿈꾸는 미모의 여성 복서가 맞붙죠. 재개발 구역 철거민들의 애환 그리고 코미디.

댕강나무 향기

"와우, 무슨 향이 이렇게 좋은 거야." "이거 어디서 나는 향기야!" 대전 한밭수목원 서원 입구로 들어서면 다들 한마디씩 합니다. 5월 초 댕강나무꽃이 수목원 입장객들에게 진한 향기를 선물합니다. 샤넬 N°5 못지않은 은은하면서도 오래 묻어나는 향이에요. 꽃잎은 그리 크진 않아요. 무리 지어 핀 모습은 거의 연분홍색이고요, 그 향은 맡아본 사람만이 알 수 있어요. 수목원 동원에 가면 미스킴 라일락을 만날 수 있는데 그 라일락보다도 향이 더 진해요. 대전 한밭수목원은 둔산 신시가지에 위치해 있는데 도심 속 수목원 중 전국 최대 규모입니다. 면적은 39만 ㎡, 동원과 서원으로 나누어져 있어요. 그리고 식재돼 있는 식물군은 2,000여 종이 넘습니다. 그래서 평일, 주말 구분 없이 산책을 즐기는 시민들이 참 많습니다. 위치는 KBS 대전방송총국 바로 옆 갑천변을 끼고 있어요. 대전에 오시는 분들은 한 번쯤 들러보세요.

 얘야, 내 말 믿어. 여자는 남자 말에 귀 기울일 때 가장 똑똑해 보이는 법이란다.

- 마이 원 앤드 온리 / My One And Only(2009)

바람둥이 남편을 버리고 두 아이를 데리고 새 남편을 찾는 한 여인의 이야기. 나의 오직 하나뿐인 그것은 무엇일까요?

경청 그리고 삼성가

경청이란 말 많이 들어보셨죠? 삼성맨들에겐 철학이죠. 삼성그룹 이병철 회장부터 시작해 이건희, 이재용 회장까지 3대째 대물림으로 이어지는 삼성 리더십의 근간입니다. '남의 말에 귀를 기울일 줄 아는 태도', 경청의 가르침입니다. 이런 일화가 있어요. 삼성그룹 창업주인 이병철 회장이 병실에 누웠을 때 기자들이 찾아와 질문을 합니다. "맹희, 창희, 건희 중 왜 3남인 건희를 후계자로 지명하셨어요?" 이병철 회장의 답은 짧았습니다. "건희는 듣는 귀가 있어서." 물론 창업주의 아들들인 만큼 맹희, 창희 모두 나무랄 데가 없었겠지만, 소통 능력이 강한 건희를 후계자로 삼았다는 얘기죠. 사실 스피치에서도 잘 듣는 사람이 말도 잘하는 법입니다. 하나님이 사람을 만들 때 귀는 2개, 입은 하나만 만들었어요. 두 번은 듣고 한 번만 말하면 되는 겁니다. 경청, 어찌 보면 성공의 비결이에요.

 여자는 남자의 꿈에 끌리는 거야. 꿈이 없는 남자는 머리 나쁜 남자보다 매력 없어.

- 하와이언 레시피 / Honokaa Boy(2012)

사람은 누군가와 만나기 위해 살아간다죠. 하와이 바닷가, 사람들이 있고, 요리가 있고, 스토리도 아기자기한 일본 영화죠.

부동산투자 미래가치

어느 날 잘 아는 후배가 갑자기 만나자는 연락이 와서 함께 식사를 하게 됐습니다. 자기가 갖고 있는 땅이 700평(2,100㎡) 있는데 카페 명소라는 겁니다. 선배가 발이 넓으니, 임자를 찾아줬으면 좋겠다는 거예요. 식사를 마치고 현장을 가봤습니다. 도로에 인접한 곳으로 앞으로는 하천이 흐르고, 뒤로는 산이 병풍처럼 둘러싸인 말 그대로 금계포란형(금닭이 알을 품고 있는 형국)이었어요. 시내에서도 가깝고요. 좋은 땅이더라고요. 갑자기 목원대 부동산학과 정재호 교수의 말이 생각났습니다. 부동산은 미래가치를 보고 투자하는 것이라고. 사람도 그래요. 특히 남녀관계는 미래가치를 보고 투자하는 게 옳아요. 하지만 현실은 그게 아니죠. 당장 눈앞에 보이는 것만 보고 승부를 걸잖아요. 정답은 없지만 그래도 젊은 친구들은 미래가치를 보는 그런 눈을 길렀으면 하는 생각이 좀 들었습니다.

 여자는 장난감 인형이 절대 아니야. 너의 미래야. 그러니 앞으로 잘 모셔라.

- 위험한 패밀리 / The Family(2014)

마피아 보스 가족이 어느 조용한 시골 마을로 들어가 새 삶을 시작합니다. 그러나 그게 뜻대로 되지 않죠. 청불 범죄 코미디.

아내 예찬론

'Happy Wife Happy Life', 어느 카페에 걸려 있던 글귀입니다. 아내가 행복하면 인생이 행복하다. 우리말로는 인명재처? 그래요, 맞습니다. 아내가 행복해야 삶이 행복하고, 남편이 편안해집니다. 남편의 운명은 아내의 손에 달려 있습니다. 칸트는 말합니다. "남편 된 사람은 아내의 행복이 자신의 전부라는 것을 행동으로 보여줘야 한다." 그래요, 아내는 남편의 전부입니다. 성공한 남편의 뒤에는 항상 그를 밀어준 아내가 있습니다. "가난한 사람은 좋은 아내를 얻고 싶어 하고, 나라가 혼란스러우면 훌륭한 재상을 바라는 법이다." 중국의 위나라 문후가 남긴 말입니다. "내가 재력이나 지위 때문에 마음고생하지 않고 지낸 것은 내 아내의 덕이다." 북송의 구양수가 한 말이고요. 그러니 아내를 잘 섬겨야 합니다. 어떤 친구가 묻습니다. "넌 아내를 사랑하니?" 친구가 답합니다. "아니, 안 사랑해. 아내를 숭배하지."

여자아이들은 자기가 얼마나 예쁜지 들으면서 커야 돼요. 사랑하는지도 알고.

- 마릴린 먼로와 함께한 일주일 / My Week With Marilyn(2011)

세기의 섹스 심벌 마릴린 먼로와 조감독 사이의 일주일간 영국 런던에서의 사랑을 담고 있죠. 실화를 바탕으로 제작.

마릴린 먼로 짧은 이야기

섹스 심벌의 아이콘, 금발의 백치미, 지구상에서 가장 유명했던 여배우 마릴린 먼로입니다. 최고의 스타 자리를 누렸지만 36세의 젊은 나이에 생을 마감했죠. 먼로는 사실 어린 시절을 너무 불우하게 지냈어요. 아빠는 누군지도 몰랐고, 엄마는 정신병원에 수용되죠. 어린 먼로는 고아원에서 자라 양부모 가정 11곳을 전전하면서 유년 시절을 보냅니다. 나이 16살에 고교 연극부 선배인 제임스 도허티와 결혼을 하죠. 도허티가 2차 대전 중 해병대에 입대하고 결국 나중에 헤어지죠. 뉴욕 양키스 조 디마지오와의 두 번째 결혼도 오래가지 못해요. 극작가 아서 밀러와 세 번째 결혼을 합니다만 또 파경을 맞습니다. 1962년 8월 5일 먼로는 36살의 젊은 나이를 지구상에 반납하죠. 먼로의 일대기를 보면서 먼로는 자신의 불우했던 어린 시절 때문에 무척이나 행복한 가정을 꾸미고 싶어 했었던 것 같아요. 그를 지켜주는 사람이 없었다는 게 큰 슬픔이었죠.

 인생이란 노력하는 사람에게 늘 우연이란 다리를 놓아주지.

- 엽기적인 그녀 / My Sassy Girl(2001)

영화 초반부터 시작이 엽기적인 설정이었죠. 한국 영화치곤 청춘 로맨스를 다룬 평점이 좋은 영화였고요. 둘이 보기 좋지요.

인생어록 인연과 인생

한때 SNS에 색소폰 소리와 함께 등장한 인생어록을 소개합니다. 세상은 노력 없이는 관계가 이루어지지 않는다. 사람의 관계란 우연히 만나 관심을 가지면 인연이 되고, 공을 들이면 필연이 된다. 우연은 10%, 노력이 90%이다. 아무리 좋은 인연도 노력 없이는 오래 갈 수 없고, 아무리 나쁜 인연도 서로 노력하면 좋은 인연이 된다. 〈중략〉 좋은 사람으로 만나 착한 사람으로 헤어져 그리운 사람으로 남아야 한다. 꼭 쥐고 있어야 내 것이 되는 인연은 진짜 인연이 아니다. 잠깐 놓았는데도 내 곁에 머무는 사람이 진짜 내 인연이다. 인생은 아무리 건강해도 세월을 못 당하고 늙어지면 죽는다. 예쁘다고 흔들고 다녀도 70이면 봐줄 사람 없고, 돈 많다 자랑해도 80이면 소용없다. 이빨이 성할 때 맛있는 것 많이 먹고, 걸을 수 있을 때 열심히 다니고, 베풀 수 있을 때 베풀고, 즐길 수 있을 때 마음껏 즐기고, 사랑할 수 있을 때 사랑하며 살아가는 게 행복의 길이다. 인생은 두 발로 걸을 수 있을 때까지가 인생이다.

 1년 전쯤 헤어졌어요. 괜찮은 남자인 줄 알았는데 페라리도 렌터카였어요.

- 파커 / Parker(2013)

킬링타임용 범죄 액션 스릴러. 마이애미 팜비치가 많이 노출됐고요. 횡재한 부동산 소개녀, 선함을 베푼 농부들, 인상적입니다.

연애의 기본규칙 SAFE

연애에도 기본규칙이 있다는 걸 배우셨나요? 우린 아직 정규교육과정 12년 동안 배우질 못했어요. 그런데 미국의 심리상담사들은 이렇게 말하고 있어요. SAFE 원칙! Secret(비밀) - 공개적으로 드러내 놓을 수 있는가? 연애할 때 어떤 비밀이 유지돼야 할 관계라면 사귀지 마라. Abusive(모욕) - 당신에게 상처를 주고, 어떤 식으로든 당신 또는 당신 주변을 비하하는 관계라면 사귀어선 안 된다. Feeling(감정) - 고통스러운 감정을 피하기 위해 관계를 유지하는가? 그 관계가 분위기 전환용이라면 오래가지 못한다. Empty(부족) - 당신이나 당신 주변에 대해 상대의 태도나 마음 씀씀이에 배려나 헌신이 없다면 더 이상 파트너가 아니다. 이 원칙이 보편타당한지는 상황에 따라 다르겠지만 요즘 젊은 친구들은 한 번쯤 대입해보세요. 사랑? 연애? 정답은 없지만 나만의 사랑규칙·연애규칙 챙겨보세요.

 첫눈에 반했다는 말이 있지. 그런데 우리는 솔직히 첫 몸에 반했어.

- 극적인 하룻밤 / A Dramatic Night(2015)

황윤정 작가의 동명희곡을 원작으로 하고 있고요. 19금 청불 로맨스 코미디입니다. '자고 싶었는데 잡고 싶었다.' 재미있죠.

롤스로이스 체위

19금입니다. 롤스로이스 체위 - 처음 듣는 생소한 용어죠. 1만 명의 여성과 해본 남자, 일본의 유명한 남성 AV 배우 시미켄입니다. 지난 20여 년 동안 9천 편이 넘는 성인물을 촬영했고, 관계를 가진 여배우 수가 무려 만 명이 넘는 거물급 배우랍니다. 최근엔 국내에서 유튜브 활동을 시작했는데 구독자 수가 70만이 넘습니다. 이 시미켄이 남녀 성관계 체위 중 최고라고 말하는 체위가 롤스로이스 체위랍니다. 후좌위 체위에서 남성이 여성의 어깨를 당겨 상반신을 완전히 젖히게 하는 자세랍니다. 왜 롤스로이스 체위라 네이밍했냐고요? 롤스로이스 차 보닛 앞쪽에 붙은 마스코트, 바로 환희의 여신상입니다. 이 환희의 여신상과 여성의 자세가 비슷하다 해서 그 이름을 따왔답니다. 인간의 3대 본능이 있죠. 식욕·성욕·수면욕 모두가 건강을 지키는 비결 속에 포함됩니다. 건전하게 생각해주세요.

227 결혼과 경매의 공통점이 있어. 내가 부른 값이 최고인지 아닌지 모른다는 거야. - 베스트 오퍼 / The Best Offer(2014)

228 결혼은 절대 하지 마. 기쁨은 잠시뿐이고 참아야 할 것들이 너무 많아. - 헤밍웨이 인 하바나 / Papa Hemingway in Cuba(2018)

229 고마워요. 당신, 당신은 제가 만난 세상 사람 통틀어서 최고 멋있어요. - 모럴 센스 / Love And Leashes(2022)

230 관상은 과학이라더니 정말 인상 드럽더라. 앞으로 조심해야겠어. - 빈틈없는 사이 / My Worst Neighbor(2023)

231 그거 알아요? 첫 데이트할 때 결혼할 줄 알았어요. 저를 실컷 웃겨줬거든요. - 세븐 / Seven(1995)

232 그녀는 섹시한 매력으로 무장한 굉장한 여자예요. 아주 기가 막힌 여자죠. - 나를 책임져, 알피 / Alfie(2004)

233 그녀와 섹스해서 좋은 게 아니에요. 그녀와 섹스하는 사이여서 좋은 거예요. - 오감도 / Five Senses Of Eros(2009)

234 그는 네게 최고의 선물을 줬어요. 그는 날 숙녀로 대해줬거든요. - 사랑도 흥정이 되나요 / How Much Do You Love Me(2006)

235 그를 좋아해. 날마다 그를 생각해. 잠자리에 들 때도, 아침에 일어나서도. - 폴링 인 러브 / Falling In Love(1987)

236 기다리지 말아요. 세상엔 외로운 사람들이 넘쳐나요. 먼저 손 내미는 게 두려워서. - 그린 북 / Green Book(2019)

237 꼭 오랫동안 사권 것처럼 느껴졌어요. 모든 게 편안하고 내 자신을 찾은 것처럼요. - 라스베가스를 떠나며 / Leaving Las Vegas(1996)

238 꿈속의 왕자를 찾을 생각 마. 이젠 주변의 현실적인 남자를 찾아야지. - 나를 사로잡은 그대 / Beautiful Beloved(2021)

239 나는 소시지, 너는 단무지. 그래 우리 오늘 한 떨기 김밥이 되어보자. - 내 생애 가장 아름다운 일주일 / All For Love(2005)

240 나를 믿으세요. 당신이 싫어하는 짓은 절대로 하지 않을 거예요. - 은밀한 유혹 / Indecent Proposal(1993)

241 나한테 잘해줘요. 난 그거 하나면 충분해요. 나한테 잘해줄 거죠? - 네바다 스미스 / Nevada Smith(1966)

242 난 니가 필요해. 너도 내가 필요하고 다들 누군가가 필요해. 사람이면 다 그래. - 러브 앤 드럭스 / Love And Other Drugs(2010)

243 남자들 가슴속엔 첫사랑의 방이 있다며? 근데 니 맘속에 내 방은 어디야? - 해피 뉴 이어 / A Year-End Medley(2021)

244 내가 랍스터보다 더 좋아하는 게 딱 하나 있지. 그게 뭘까? 맞춰봐. - 애프터 선셋 / After The Sunset(2005)

245 내가 볼 때 너한테 진짜 필요한 건 재능이 아니야. 연애야 연애. - 완벽한 파트너 / Perfect Partner(2011)

246 내가 이 말 해도 돼? 응, 해봐. 뭔데? 넌 정말 어이없이 근사해. - 원데이 / One Day(2012)

247 내게 유리한 계약이었어. 난 네게 몸을 빌려줬지만 넌 내게 꿈을 주었잖아. - 가타카 / Gattaca(1997)

248 내 맘속에 널 품고 갈게. 내 가슴속에도 너 있어. 잊지 마. 알겠지? - 더티 댄싱 : 하바나 나이트 / Dirty Dancing : Havana Nights(2004)

249 내 몸 안에서 오빠를 느끼고 싶어요. 창고 안에서 해도 괜찮아요. - 지랄발광 17세 / The Edge of Seventeen(2017)

250 너에겐 무한한 애틋함을 느껴. 영원히 그럴 거야. 아마도 평생 동안. - 가장 따뜻한 색 블루 / Blue Is The Warmest Color(2014)

251 널 만난 건 내 생애 최고의 행운이었어. 네 덕분에 철부지가 어른이 됐지. - 여름날 우리 / My Love(2021)

252 네 입술을 보면 그 어떤 아름다움보다 호기심을 자극하지, 설렘도 가득하고. - 더 보스 / God Father(2022)

253 다리? 그리스의 대리석인지 기둥인진 몰라도 그 사이엔 천국 가는 길이 있지. - 여인의 향기 / Scent of a Woman(1993)

254 담부터 저 여자 안 만나게 해줘. 너무 심하게 이쁘잖아. 저렇게 이쁜 건 불법이야. - 레인 오버 미 / Reign Over Me(2007)

255 당신은 예나 지금이나 변한 게 없어. 본능만 있지. 도대체 생각이 없어. - 승리의 전쟁 / Heartbreak Ridge(1986)

256 당신은 이 세상에서 가장 훌륭한 여자야. 그걸 아는 건 지구상에서 나밖에 없어. - 이보다 더 좋을 순 없다 / As Good As It Gets(1997)

257 당신을 이렇게 사랑하는데 그 깊은 사랑이 불륜밖에 안 되네요. - 실낙원 / Paradise Lost(1997)

258 당신이 내 마음을 열었어요. 이런 기분 처음이에요. 이런 순간을 놓치면 안 되잖아요. - 파리로 가는 길 / Paris Can Wait(2017)

259 당신 치마가 너무 야위어서 밥 좀 사줘야겠어. 당신도 같이 와도 돼. - 브리짓 존스의 일기 / Bridget Jone's Diary(2001)

260 돈 많고 자립심 강하고 그리고 똑똑하고, 딱 내가 꿈꾸던 롤모델이에요. - 퍼펙트 케어 / I Care A Lot(2021)

261 딴 사람하고 잘 사느니 차라리 너랑 망가지고 싶어. 난 널 사랑하거든. - 슬리핑 위드 아더 피플 / Sleeping With Other People (2015)

262 마지막으로 진심을 담아 고백할게. 사랑해, 널 내 인생에 캐스팅하고 싶어. - 레드 카펫 / Red Carpet(2014)

263 몇 번 잤다고 내가 니 여잔 줄 알아? 착각하지 마, 나 그렇게 쉬운 여자 아니야. - 미인 / La Belle(2000)

264 몸 따라 마음이 갔으니, 이번에는 마음 따라 몸이 가는 거지, 한 번쯤은. - 극적인 하룻밤 / A Dramatic Night(2015)

265 묻고 싶어요. 단 한 번이라도 나를 연인 대 연인으로 생각해본 적이 있나요? - 완벽한 파트너 / Perfect Partner(2011)

266 미안해요, 고맙다는 말을 한다는 게 그만 키스를 하고 말았네요. 어쩌죠? - 왓 위민 원트 / What Women Want(2001)

267 밖에 비 온다. 저 빗방울 다 합친 거보다 네가 더 보고 싶다. 나 어떡하니? - 백만장자의 첫사랑 / A Millionaire's First Love (2006)

268 사람이 누군가를 사랑한다면 그의 전부를 사랑해야 해. 장점은 물론 단점까지도. - 발렌타인데이 / Valentine's Day(2010)

269 세상에서 가장 멋지고 섹시하고 훌륭한 여인을 위해 다 같이 건배. - 365일 / 365 Days(2020)

270 세상엔 소유할 만한 가치가 있는 것들이 있어요. 난 그중의 하나가 되고 싶어요. - 아웃 오브 아프리카 / Out of Africa(1985)

271 25살 이전에 결혼하면 말이야, 이혼할 확률이 절반이나 줄어든대. - 인생은 드라마 / Dear Zindagi(2016)

272 아가씨는 잘못한 게 없소. 다만 가슴이 느끼는 걸 부정한 게 진짜 죄라오. - 마스크 오브 조로 / The Mask of Zorro(1998)

273 아무리 맛있는 떡이라도 두 번, 세 번 계속 먹으라 하면 질리는 법이라네. - 어우동 : 주인 없는 꽃 / Lost Flower Eo Woo-Dong(2015)

274 아! 입술이 닿는 순간 그 기분은 사막을 지난 뒤 마시는 와인 맛이겠지. - 여인의 향기 / Scent of a Woman(1993)

275 엄마가 말했어요. 남자는 눈썰미가 좋고, 재주가 많은 남자가 최고랬어요. - 대열차 강도 / The Great Train Robbery(1979)

276 엄마가 제 사주에 여자 조심하라 했거든요. 근데 뭐 일 나겠어요? - 도둑들 / The Thieves(2012)

277 여자가 괜찮다고 하면 안 괜찮은 거고, 아무 일 없다고 하면 무슨 일이 있는 거라고. - 나의 소녀시대 / Our Times(2016)

278 여자들은 남자와 자는 게 아니에요. 자기 취향에 맞는 조건과 자는 거죠. - 어글리 트루스 / The Ugly Truth(2009)

279 예쁘지, 섹시하지, 스펙 빵빵하지. 지깟 게 뭔데 날 거절해? - 반창꼬 / Love 911(2012)

280 우리는 서로의 손길을 너무 그리워하는 거야. 서로 빠져들고 또 뭔가를 느끼려고. - 크래쉬 / Crash(2004)

281 이거 알아요? 누구랑 함께 잠을 잔다면 그건 당신의 몸이 약속한 거라고요. - 바닐라 스카이 / Vanilla Sky(2001)

282 이 사람이 나를 끌어올릴 사람인가, 아니면 끌어내릴 사람인가 판단 잘해. - 꾸뻬 씨의 행복여행 / Hector And The Search For Happiness(2014)

283 인생은 늙으면 지난날을 추억하지. 그러니 결혼은 따뜻한 사람하고 하거라. - 어바웃 타임 / About Time(2013)

284 잘생긴 사람은 세상에 2%밖에 없어. 아침마다 잘생긴 얼굴을 보면 좋잖아. - 인생은 드라마 / Dear Zindagi(2016)

285 전 영혼이 늙었나 봐요. 옛날 음악, 옛날 영화가 좋고, 심지어 나이 든 사람이 좋아요.. - 지랄발광 17세 / The Edge of Seventeen(2017)

286 제가 누누이 말해왔죠. 따뜻한 밥 한 끼면 남자의 마음을 살 수 있다고. - 퍼펙트 / Dead Man Down(2013)

287 제 반항기는 이걸로 끝이에요. 마지막까지 당신과 함께 하고 싶어요. - 허밍버드 / Humming Bird(2015)

288 제 방에 좀 춥긴 해요. 하지만 둘이 함께 있으면 곧 따뜻해질 거예요.. - 캐시디 레드 / Cassidy Red(2019)

289 제일 중요한 건 눈빛이야. 표적이 나타나면 정확하게 눈빛을 주고받아야 해. - 오감도 / Five Senses of Eros(2009)

290 좋은 생각이 났어요. 우리 오늘 서로 안 해본 걸 해보기로 해요. 어때요? - 티파니에서 아침을 / Breakfast At Tiffany's(1962)

291 중요한 건 진심으로 나를 사랑해주고 이해해주는 남자를 만나는 거죠. - 시절인연 / Finding Mr. Right(2014)

292 지금까지 나의 모든 것, 내가 살아온 모든 것은 그를 만나기 위함이었어요. - 세이프 오브 워터 / The Shape of Water(2017)

293 첫 데이트는 대단히 중요해. 왜냐하면 좋은 첫인상을 남겨야 하거든. - 이달의 점원 / Employee of The Month(2006)

294 총이라는 건 확신이 섰을 때 뽑는 거야. 사랑을 할 때도 똑같지. - 킬 샷 / Kill Shot(2023)

295 키스할 때 왜 눈을 감는지 알아? 서로가 서로에게 눈이 부시기 때문이야. - 백만장자의 첫사랑 / A Millionaires First Love(2006)

296 행운이 함께 하길, 그리고 당신의 눈동자에 건배! 꼬마 아가씨. - 카사블랑카 / Casablanca(1949)

제3장
가정과 행복

처자식이 있으면 그들에게 잘해주세요.
특히 부인한테 잘해야 돼요.

 가족은 중요한 그 무엇이 아니에요. 가족은 그 모든 것, Everything이에요.

- 쿠폰의 여왕 / Queenpins(2022)

범죄의 미화? 힘없는 약자들에게 브라보를 외치게 하는 코믹 터치, 미국식 쿠폰 사기 실화를 영화로 꾸며냈죠.

홍라희 할머니 허씨 부인

며느리를 부른 시어머니의 표정이 비장합니다. "애야, 미안하다. 남편이 사형선고를 받았으니 얼마나 가슴이 아프겠느냐. 모든 게 내 책임이다. 나도 살아있는 목숨이 아니다. 냉수나 한 그릇 떠오너라. 그리고 앞으로 7일 동안은 내 방 앞에 어느 누구도 들이지 마라." 삼성 이건희 회장 부인이신 홍라희 여사의 할머니 허씨 부인 얘깁니다. 허씨 부인은 그리곤 방으로 들어가 인기척도 없이 일주일을 보냅니다. 일주일 뒤 KBS 정오 뉴스는 사형수 홍진기가 사형을 면했다는 소식을 전합니다. 며느리 김윤남 여사가 허씨 부인께 이 사실을 알립니다. "어머님 어머님, 아범이 살아났어요!" 사실 허씨 부인은 아들이 사형선고를 받자, 정화수 한 그릇 떠놓고 일주일 내내 관세음보살만 염했던 것입니다. 홍라희 여사의 부친 홍진기 씨는 이승만 정권 때 내무부장관, 법무부장관을 역임했죠. 그 뒤 5·16 혁명 이후 구속돼 사형선고를 받았으나 어머니의 간절한 기도로 다시 살아난 것입니다.

 가족을 잃고 싶지 않아. 오래오래 같이 살자. 최대한 오래오래.

- 헨리의 이야기 / Regarding Henry(1992)

잘 나가던 변호사, 총상을 입고 기억을 잃어 다른 사람이 되죠. 그리고 회복, 결국엔 따뜻한 가족애를 담은 영화입니다.

100세 시어머니 제주여행

언젠가 본 KBS 1TV 다큐 공감, 어느 시골 마을에 81세 어머니가 100세 시어머니를 모시고 사는 두 분 이야기가 나오더라고요. 81세 어머니는 시어머니를 지극정성 보살피며 친부모 이상으로 봉양을 하고요. 아! 저런 모습을 보며 우리들의 미래 이야기가 아닐까? 하는 생각이 들었습니다. 100년 만의 첫 비행! 100세 시어머니를 모시고 제주로 여행을 떠납니다. 시어머니는 100년 만에 처음 타보는 비행기, 잔잔한 감동이 밀려옵니다. 제주에선 큰딸을 비롯해 결혼해 제주에 살고 있는 가족들이 이들을 반깁니다. 그리고 증조할머니인 100세 시어머니의 생일파티까지 열어주고요. 가족·가정의 소중함이 묻어났습니다. 그리고 다시 찾아온 시골 마을, 81세 어머니는 걱정이 생깁니다. 100세인 시어머니보다 자신이 먼저 세상을 떠나면 그 시어머니는 누가 모실까? 우리들 주변엔 이런 고민이 더 생길지도 모릅니다.

 그래, 아빠 말이 맞았어. 나쁜 놈이랑 경찰은 남편감이 아니랬어.

- 로그 시티 / Roque City(2021)

마약 밀매조직과 경찰, 특히 부패한 경찰이 경찰 내부정보를 마약 밀매조직에 넘기죠. 경찰은 서로를 의심하고…

술조심 사법피해

50대 남자가 늦은 밤 단골 카페에서 술을 마십니다. 그런데 갑자기 경찰 2명이 들이닥쳐 연행을 요구하죠. 그러자 이 남자 연행을 거부하며 그 이유를 따집니다. 뒤늦게 안 사실이지만 그날 처음 온 알바생이 112에 신고를 한 겁니다. 술자리에서 큰 소리가 나니까 경찰을 부른 거죠. 이 남자는 경찰과 실랑이를 하다 결국 끌려가게 됩니다. 그리고 다음날 조사를 받죠. 강제추행, 공무집행방해, 경찰이 공무집행방해를 엮으려다 보니 선행 범죄가 필요했던 것, 그래서 술집 주인에게 강제추행을 했다고 유도 신문한 겁니다. 끝내 이 남자는 그런 죄목으로 벌금형을 받게 됩니다. 변호사를 선임했지만, 벌금에 비하면 변호사 선임비가 더 들어가서 항소를 포기했죠. 뒤에 술집 주인이 그런 일이 없다고 주장했지만 이미 엎질러진 물! 결국 경찰의 몰아가기식 수사가 술 마신 한 남자를 구렁텅이로 내몬 셈입니다. 술 조용히 마시고 말없이 사라져야 합니다.

 낙원은 눈앞에 존재하지 않아요. 당신이 낙원이라 믿는 순간 그곳이 낙원이에요.

— 비치 / The Beach(2000)

인간보다 아름다운 건 자연이고, 자연보다 아름다운 건 낙원, 낙원보다 아름다운 건 소소한 일상의 소중함을 깨닫는 것이다.

호시부지, 지금이 좋은 때

호시부지라는 말이 있더군요. 좋은 글 중에서 퍼옵니다. 좋은 것만 있을 때는 내게 그것이 어찌 좋은지 알지 못했고, 사랑할 때는 사랑하는 방법을 몰랐고, 이별할 때는 이별의 그 이유를 몰랐고, 생각해보면 때때로 바보처럼 산 적이 참 많이 있었습니다. 건강할 때 건강을 지키지 못하고 늘 건강할 줄 알았고, 넉넉할 땐 늘 넉넉할 줄 알았고 빈곤의 아픔을 몰랐습니다. 소중한 사람들이 곁에 있을 때는 소중한 줄 몰랐고, 늘 곁에 있어 줄줄 알았습니다. 당연히 내 것인 줄 알았던 걸 차차 잃어갈 때 뒤늦게 땅을 치며 후회했습니다. 이 바보는 좋을 때 그 가치를 모르면 평생 바보처럼 산다는 걸 몰랐습니다. 눈물이 없는 눈에는 무지개가 뜨지 않는다고 합니다. 오늘 이 시간이 최고 좋은 때라고 생각하며 최선을 다하는 멋진 하루를 보내세요. 호시부지, 좋은 때를 알지 못한다는 뜻입니다. 好時不知.

 내가 세상을 버릴지언정 세상이 우리 가족을 버리게 두진 않겠어.

- 쓰리 데이즈 / The Next Three Days(2010)

살인범으로 몰려 종신형을 선고받고 복역 중인 아내. 그녀를 구하기 위해 백방으로 맹활약을 펼치는 남편의 이야기, 감동.

아버지의 대속

「기름때 묻은 원숭이의 미국 이민 이야기」란 책의 저자 송석춘 씨의 이야기입니다. 큰아들 송시영 씨가 중2 때 학교에서 왕따를 당합니다. 시영이는 학교의 모든 기물을 파괴하고 교도소에 가게 되죠. 아버지는 아들의 죄를 속죄하기 위해 주말마다 어린 자녀들과 함께 이 학교에 나와 청소를 합니다. 이런 사연이 AP통신을 타고 전 미국에 소개가 되죠. "가족의 명예와 아들을 위해 부모는 모른 체하지 않았다." 이 사연은 일파만파 전 미국에 퍼지고 학교에는 수백 통의 편지가 날아듭니다. 그리고 며칠 뒤 교도소에 간 아들은 사면이 되죠. 이 아들은 뒤에 센트럴 플로리다 대학을 졸업하고, 미 우주항공국(NASA) 산하의 고위 우주선 탑재 전문가가 됩니다. 대속이란 말이 있죠. 누군가를 위해 죄를 대신 갚는다는 뜻이죠. 아버지의 아들을 위한 대속이 문제아를 최고의 우주선 전문가로 키워낸 겁니다. 역시 가족이 최고죠. 아버지는 아버지고요. 우리네 부모들도 모두 그러셨을 겁니다.

 너의 칫솔을 건드릴 수 있는 사람에겐 언제나 항상 친절해야 해.

- 더 이퀄라이저 2 / The Equalizer 2

전직 특수요원이 자신의 동료가 피살당하자, 그를 파헤치고 잔당을 모조리 소탕하는 범죄 액션 스릴러. 정의 구현 꿀맛.

무뚝뚝한 남편과 두부

이번에는 무뚝뚝한 남편과 두부 이야기를 하나 준비했습니다. 무뚝뚝하고 고집이 센 남편과 예쁘고 착하고 애교가 넘치는 아내가 살았습니다. 어느 날 아내가 남편에게 전화를 걸어 퇴근길에 두부 한 모를 사다 달라고 부탁합니다. 이에 남편의 반응, "어떻게 남자가 궁상맞게 두부 봉지를 들고 다니냐." 벌컥 화를 내며 전화를 끊습니다. 그날 저녁 아내는 직접 가게로 가서 두부를 사오다가 그만 음주운전 차량에 치여 목숨을 잃고 맙니다. 사고 소식을 접한 남편이 병원으로 달려갑니다. 그러나 아내는 이미 싸늘한 주검이 되어 있었죠. 그리고 그 옆엔 아내가 사들고 오던 으깨진 두부가 비닐봉지에 담겨 있었습니다. 이 남편, 뒤늦게 아내의 죽음이 자신 때문이란 걸 깨닫습니다. 여러분은 어떻게 생각하시나요. 충분히 우리 주변에서 일어날 수 있는 일이거든요. "자기의 칫솔을 건드릴 수 있는 사람에겐 평생 친절하라." 이 명대사가 가슴에 와닿습니다.

 너희들이 어떤 길을 걷더라도 행복하게 사는 삶을 절대 포기하지 마.

- 신부의 어머니 / Mother of The Bride(2024)

동남아 휴양지를 배경으로 한 넷플릭스의 로맨틱 코미디 영화. 만약 사돈 될 사람이 옛 애인이라면? 이 영화 보시면 됩니다.

밤양갱 가수 비비

5월이 되면 대학가 축제가 열기를 더하죠. 그 축제에 뜨는 가수가 많죠. 그중 한 사람 밤양갱의 비비입니다. 영화 여고괴담에도 출연했던 배우이기도 하죠. 이쁘고 착하고 대범하기도 합니다. 이런 비비에게도 한때 공황장애가 찾아왔었나 봐요. 방송 프로그램에서 비비는 그 공황장애를 어떻게 극복했냐는 질문에 이렇게 답합니다. "어차피 살 거면 난 불행하게 살고 싶지 않아. 난 행복하게 살 거야. 사람들이 욕을 해도 난 무조건 행복하게 살아야 돼." 이러면서, "행복하게 살기로 결심했어요. 그때부터 최선의 선택만 하고 있고요, 내 인생도 행복하게, 떳떳하게, 그냥 부끄럽지만 않게 살면 된다는 생각을 했어요." 아직은 20대의 어린 가수지만 참으로 당차지 않아요? 혹시 지금 어려움을 겪고 계신 분들, 행복추구권을 포기하지 마세요. 하늘이 주신 행복추구권은 개인이 누릴 수 있는 최고의 권리니까요.

 넌 강해. 엄마도 강해. 우리는 해낼 거야. 그래, 엄마만 믿어.

- 소년 시절의 너 / Better Days(2020)

중국에서 만들어진 영화. 학교폭력을 다룬 사회고발 성격의 영화였죠. 성장통을 그려낸 것 같기도 하지만 감동이 크죠.

단순화법 황창연 신부

간결! 제가 스피치를 가르치면서 제일 중요시하는 것 가운데 하나입니다. "단문으로 짧게 짧게 말하라. 그래야 귀에 쏙쏙 들어온다." 그렇습니다. 중문이나 복문, 이중문은 말하다가 엉킬 수도 있고, 더듬을 수도 있어요. 더더구나 장광설은 이해하기 힘들고 지루해요. 단문 스피치의 달인이 환영받아요. 요즘 뜨는 일타강사들, 황창연 신부님도 계시지만 한 번 보세요. 대부분 스피치가 단문 처리되고 있어요. 데살로니가 전서 5장 16~18절은 많은 사랑을 받고 있죠. '항상 기뻐하라.' '쉼 없이 기도하라.' '범사에 감사하라.' 아주 짧지만 명쾌하잖아요. 이해하기도 쉽고요. 이렇듯 짧게 짧게 단문으로 표현된 스피치가 훌륭한 스피치입니다. 우리 속담 중에서 가장 짧은 속담이 있죠. 서비스 문제입니다. 정답은 "동서 춤춰." 무슨 뜻인 줄 아세요? 한 번 찾아보세요. 살짝 재미있을 거예요.

 널 많이 사랑했던 사람에게 상처 주지 마. 나 말고 너의 엄마 말이야.

- 리그레션 / Regression(2015)

1980년대부터 미국 전역에서 벌어진 악마 숭배 의식과 성추행 실화사건을 모티브로 제작. 심리 스릴러의 걸작.

어머니의 편지

한 어머니가 아들에게 쓴 편지를 소개해드립니다. "아들아, 결혼할 때 부모 모시겠다는 여자 택하지 마라. 또 엄마한테 효도하는 며느리 원하지 마라. 너의 아내가 엄마 흉보더라도 엄마한테 옮기지 마라. 혹시 엄마가 가난하고 약해지거든 조금은 보태주거라. 그리고 명절이나 어미, 아비 생일은 좀 챙겨주면 안 되겠니? 아들아! 네 아내가 어미에게 효도하길 바란다면 먼저 네가 네 장모에게 잘 하려무나. 아들아, 내 행복이 너희들의 행복이 아니고, 너희들의 행복이 내 행복이란다. 우리가 원하는 건 오직 하나 너희들의 행복뿐이란다…" 참 와닿는 글이죠. 안중근 의사의 모친 조 마리아 여사의 마지막 편지는 어떨까요? "네가 나라를 위해 이에 이른즉, 딴 마음 먹지 말고 죽어라. 옳은 일을 하고 받은 형이니 비겁하게 삶을 구하지 말고, 대의에 죽는 것이 어미에 대한 효도이다."

 당신 덕분입니다. 당신은 내가 존재하는 이유이고, 나의 모든 이유는 당신입니다.

– 뷰티풀 마인드 / A Beautiful Mind(2001)

미국의 천재 수학자 존 내쉬의 실화를 다룬 영화입니다. 정신질환으로 고생을 해가며 균형이론을 발표하죠. 감동입니다.

악어농장 100만 불

태국 등 동남아 여행을 하다 보면 악어농장 투어도 있죠. 한 악어농장에 관광객들이 모여 악어들을 보고 있었어요. 그때 농장 주인이 나타나 말합니다. "여러분 중에서 이 악어 우리에 들어가 저쪽 너머로 건너오는 사람이 있다면 제가 100만 달러를 주겠습니다." 이 위험한 내기에 도전하는 이는 아무도 없었죠. 그런데 그때 갑자기 한 남자가 뛰어들어 허겁지겁 악어 사이를 뚫고 반대쪽 담장 너머로 올라오는 데 성공했습니다. 순식간에 벌어진 일입니다. 농장 주인도 놀랐지만, 약속대로 100만 달러를 이 남자에게 건넸습니다. 호텔로 돌아온 이 남자, 부인과 함께 만찬을 하고 커피도 한 잔 마시고 있는데 기자들이 모여들어 인터뷰합니다. 어떻게 그런 용기가 났냐고요? 남자는 눈빛으로 아내를 가리킵니다. 결론 : "모든 성공한 남자의 뒤에는 그를 밀어주는 여자가 있다." 오늘부터 집에 있는 아내에게 더 잘해주세요.

 당신은 이 세상에서 제일 착하고 좋은 여자야. 당신이 있어서 지금까지 뭐든지 할 수 있었어.

- 셰인 / Shane(1953)

떠돌이 협객이 우연히 어느 시골 마을에 들렀다가 주변의 악당을 모조리 척결해준다는 미 정통 웨스턴 권선징악입니다.

아내 예찬 명언 모음

아내, 그 거룩한 이름, 아내에 대해 예찬하는 아름다운 말들이 많이 있습니다. 우선 팔만대장경에는 '아내는 남편의 영원한 누님이다'라고 정의를 합니다. '좋은 아내를 갖는 것은 제2의 어머니를 갖는 것과 같다'라는 말도 있습니다. 영국 속담에는 '좋은 아내는 남편이 탄 배의 돛이다. 그 남편을 항해시킨다'라는 말이 있고요. '아내는 행복의 제조자 겸 인도자다.' 이는 피천득 선생의 말입니다. 탈무드에는 이런 경고문이 나옵니다. '아내를 괴롭히지 마라. 하나님은 아내의 눈물방울을 세고 계신다.' 정말 가슴에 와닿는 말입니다. 중국 고사성어에는 이런 말이 실려 있죠. '빈천지교 불가망 조강지처 불하당, 가난할 때 사귄 벗은 잊을 수 없고, 어려운 시절에 만난 아내는 집에서 내보내는 게 아니다.' 영국에선 Peace Weaver 평화를 짜는 사람 = 아내라 불렀답니다. 아내, 그 성스러운 존재에 대해 우리는 때론 반성도 해야 하고요. 앞으로 더욱 잘 모셔야겠지요?

 머릿속이 온통 꽃밭이네. 맨날 뒹굴고 애 키우며 행복하게 살지.

- 원초적 본능 / Basic Instinct(1992)

얼음송곳, 유명한 록스타가 이 얼음송곳으로 살해당하고 팜므파탈의 범죄소설가가 수사선상에 오르죠. 흡인력 강합니다.

프란치스코의 행복비법

오늘은 프란치스코 교황의 10가지 행복비법을 소개합니다. ① 다른 사람의 삶을 인정하라 - 내가 중요하면 남도 중요하죠. ② 관대해져라 - 너그러움, 이는 나이 드신 분들의 미덕입니다. ③ 겸손하고 느릿한 삶을 살아라 - 서두르면 일을 그르칩니다. ④ 식사 때 TV를 끄고 대화하라 - 밥상머리 교육 무시 못하죠. ⑤ 일요일은 가족과 함께 - 일주일에 한 번은 가족을 챙기세요. ⑥ 청년에게 좋은 일자리를 만들어줘라 - 2세들은 희망입니다. ⑦ 자연을 사랑하고 존중하라 - 우린 지구별에 소풍 온 겁니다. ⑧ 부정적인 태도를 버려라 - 긍정 마인드는 삶의 기본이죠. ⑨ 자신의 신념·종교를 강요하지 마라 - 강요는 적을 만듭니다. ⑩ 평화를 위해 노력하라 - 항상 피스메이커가 돼야 합니다. 이 열 가지 행복비법 중에서 특히 네 번째는 이 시대를 경험하는 우리들에게 정말 가슴에 와닿는 얘깁니다. 아무튼 자신만의 행복비법도 챙겨보는 시간 되시길요.

 사람들은 서로 사랑하며 서로 속한 채 살아가지. 그게 행복을 위한 유일한 방법이니까.

- 티파니에서 아침을 / Breakfast At Tiffany's(1961)

미국 소설가 트루먼 커포티가 발표한 동명의 중편소설을 영화화한 건데 이 영화가 더 유명해졌죠. 고전 명품입니다.

에드 디너의 행복론

행복학의 아버지라 불리는 에드 디너 교수, 미 일리노이대에서 심리학을 가르치며 행복과 만족도, 긍정심리학을 연구한 유명한 심리학자죠. 디너 교수는 행복요인은 7가지가 있으며, 이를 통해 우리의 삶의 질을 개선할 수 있다고 말합니다. ① 긍정적 감정 - 즐거움·기쁨·사랑 등 행복과 직결되는 감정 ② 사회적 관계 - 가족·친구·동료들과의 좋은 관계를 유지해야 ③ 자기결정이론 - 자신의 목표를 설정, 추구. 내재적 욕구 충족 ④ 의미 있는 삶 - 목표와 가치 추구, 삶에 의미를 부여하는 것 ⑤ 자기 효능감 - 자기 능력에 대한 높은 효능감으로 성취감 높여 ⑥ 쾌락 심리학 - 즐거움과 쾌락을 통해 행복을 찾는 과정 ⑦ 유전적 요인 - 일부 행복은 유전적인 영향을 받을 수도. 디너 교수가 언급한 이 일곱 가지 행복요인, 참고할 만하죠? 행복을 이론으로 다 해결할 수는 없겠지만 행복을 위한 나만의 이론으로 조금씩이라도 무장해 나가면 어떨까요?

 사실 엄마는 최고의 경주마란다. 네가 엄마한테 걸면 언제나 이길 수 있지.

- 피아니스트의 전설 / The Legend of 1900(1998)

1900년 유럽과 미국을 오가는 버지니아 호에서 태어나 평생을 바다에서 살아온 천재 피아니스트의 일대기. 이탈리아 영화죠.

세상에서 가장 아름다운 모습

시장 한켠에서 찐빵과 만두를 만들어 파시는 아주머니가 한 분 계셨죠. 어느 날 저녁 갑자기 비가 쏟아지는 겁니다. 아주머니는 미술학원에 간 여고생 딸이 생각났어요. 가게를 서둘러 정리하고 우산을 챙겨 미술학원으로 달려갔죠. 그러나 미술학원 앞에서 아주머니는 '아차' 했습니다. 밀가루가 덕지덕지 묻은 옷차림에다 낡은 슬리퍼, 심지어 앞치마까지 가게에서 일할 때 입던 그 모습 그대로였습니다. 감수성이 예민한 딸에게 엄마의 초라한 행색이 창피를 줄까봐 걱정된 거죠. 그래서 학생들 눈을 피해 잘 보이지 않는 곳에 숨어 학원 3층을 살핍니다. 마침 딸과 눈이 마주치죠. 딸은 엄마를 내려다보고 이내 눈길을 돌립니다. 다시 내려다보고 또 눈길을 돌리고… 아주머니는 딸을 포기하고 가게로 돌아갑니다. 한 달 뒤 학원 전시회, '세상에서 가장 아름다운 모습'이란 제목의 그림, 거기엔 비 오던 날 우산을 들고 딸을 기다리던 허름한 차림의 엄마의 모습이 정겹게 담겨 있었습니다. 딸이 그린 엄마의 모습이었죠.

 숙제가 있어요. 아버지 어머니와 대화를 나누는 거예요. 두 분 다 10분씩요.

- 인생은 드라마 / Dear Zindagi(2016)

좀 지루한 느낌이 났던 영화. 그러나 은근슬쩍 심리학이 가미된 치유 영화였죠. 위 대사는 심리상담사가 낸 과제.

부모와 자식 간의 대화

부모님과의 대화시간 10분, 쉽지 않아요. 요즘 같은 시대 더더욱 어렵죠. 스마트폰이 나오고선 대화가 아예 단절된 느낌이에요. 최근 통계를 보면 주중 부모와의 대화시간은 전혀 하지 않거나 30분 미만이 50%를 훌쩍 넘습니다. 자라나는 청소년기에 부모와 자식 간의 대화가 별로 없다는 얘기죠. 한때 정부에선 패밀리 데이, 즉 가족 사랑의 날을 정해서 운영하기도 했는데 큰 실효는 거두지 못했죠. 부모와 자식 간의 대화, 무시하면 안 되죠. 왜냐? 자식들의 인성교육과 직결돼 있거든요. 예전 저희 부모님들은 밥상머리 교육이라고 식사시간마다 한마디씩 말씀을 남기시곤 했죠. 그러면서 사회생활을 더 잘할 수 있게 도움을 주시곤 했던 겁니다. 그런데 지금 우리들은 어떤가요? 이제부터라도 부모와 자식 간의 대화시간 조금만 더 늘려보세요. 자녀들의 미래가 밝아질 거예요.

 엄마가 해준 수천 번의 키스가 생생하게 기억나고 느껴져요.. 사랑해요, 엄마.

- 루시 / Lucy(2014)

평범한 한 인간이 뇌사용 능력을 100% 활성화한다면 무슨 일이 벌어질까요. 이런 가정을 바탕으로 한 액션 SF 영화입니다.

어머니의 유언

정말이지 세상에서 가장 위대한 존재는 어머니가 아닐까요? 한때 SNS에 소개된 '어머니의 유언'이란 글이 감동을 줬죠. "자네들이 내 자식이었음이 고마웠네. 자네들이 나를 돌보아줌이 고마웠네. 자네들이 세상에 태어나 나를 어미라고 불러주고 젖 물려 배부르면 나를 바라본 그 눈길에 참 행복했다네. 〈중략〉 병들어 하나님이 부르실 때 곱게 갈 수 있게 내 곁에 있어 줘서 참말로 고맙네. 자네들이 있어서 잘 살았네. 자네들이 있어서 열심히 살았네. 자네 4남매들 그동안 많이 힘들었지? 내가 떠난 뒤에도 행복하게 잘 살아주길. 고맙다. 사랑한다. 그리고 다음에 만나자. 이젠 정말 안녕. 엄마가." 이런 내용이었어요. 죽음을 눈앞에 둔 엄마의 마지막 사랑이 묻어나죠. 세상에서 가장 아름다운 이름, 엄마입니다. 잘해드리세요. 무한 감사를 드려야 해요.

여유와 석양을 즐길 줄 알고, 하루가 저물 때 누군가와 손을 잡을 수 있는 사람이 행복한 사람이야.

- 애프터 선셋 / After The Sunset(2005)

나폴레옹의 세 번째 마지막 다이아몬드를 타깃으로 최후의 한탕을 노리는 대도 커플, 영화의 배경은 카리브 해역.

저녁이 아름다운 마을

한 나그네가 해 질 무렵 마을 어귀에 들어섭니다. 마을 표지석엔 '석가헌(夕佳軒) - 저녁이 아름다운 마을'이라 새겨져 있고요. 마을 안쪽에서 그윽한 가야금 소리가 들려옵니다. 나그네는 가야금 연주자를 만나 석가헌에 대해 묻습니다. "저녁이 아름다운 마을에는 세상에 차고 넘치는 세 가지가 없지요. 돈과 욕심 그리고 경쟁입니다. 그 대신 세상에 드문 세 가지가 넘칩니다. 순수·품격·배려입니다." 참으로 고귀한 마을 석가헌입니다. 세종시 최민호 시장이 18년 전에 이 석가헌이란 이름으로 모임을 만들었죠. '문화살롱 석가헌'. 지금도 세종시를 중심으로 활발한 활동을 하고 있답니다. 그런데 사실은 저녁이 아름다운 사람이란 뜻도 담겨 있거든요. 이젠 나이가 들어 저녁이 아름다운 삶을 그려내야 합니다. 말년 운이 좋은 사람으로 살아야 하는 거죠. 가만히 두 눈 감고 생각을 키워 보세요. 나의 저녁은 아름다운지? 석가헌을 새겨봅니다.

 오르지 못할 나무만 쳐다보다간 발아래의 소중한 보물을 놓치게 된다고.

- 페이첵 / Paycheck(2004)

기억을 지우는 수술? 미국의 SF 스릴러 액션 영화입니다. 모든 것이 지워지기 전에 미래를 기억하라! 몰입도 최강 영화.

아라비아 상인과 보석밭

고대 아라비아 시대의 얘기 하나 합니다. 광야를 건너는 세 명의 상인이 있었어요. 낮엔 뜨거운 태양을 피해 천막을 치고 쉬었다가 서늘한 밤이 되면 낙타를 타고 이동을 했죠. 어느 날 밤 마른 강바닥을 걷고 있는데 하늘에서 큰 음성이 들려옵니다. "너희들을 해치지는 않는다. 멈추어서 발아래 조약돌을 하나씩만 주워서 주머니에 넣어라. 그리곤 날이 밝을 때까지 쉬지 말고 계속 가라." 한 상인이 이게 무슨 일이냐고 묻자, 하늘의 음성이 답합니다. "아침이 되면 너희들은 기쁨과 동시에 슬플 것이다." 날이 밝자 상인들은 주머니의 돌을 꺼냈습니다. 하나는 루비, 다른 하나는 에메랄드, 마지막 하나는 사파이어였죠. 그들은 들떠 보석이라며 흥분했고 뒤돌아 온 길을 바라보는 순간 폭풍이 불어와 지나온 발자국을 모두 지워버렸습니다. 우리네 인생도 한평생이란 광야를 지나면서 보석밭을 그냥 지나칩니다. 지금 지나는 이 순간순간들이 모두 보석밭인 걸 모르면서 말이죠.

 온 가족이 함께 같이 살면 거기가 바로 낙원이고 천국이죠.

- 쓰리 데이즈 투 킬 / 3 Days to Kill(2014)

마지막 미션을 완수하라. 그러면 집으로 가게 해주겠다. 비밀요원에게 내려진 미션, 그리고 가족의 품. 볼만한 영화입니다.

우주의 원리 가화만사성

가화만사성 - 어릴 때부터 익히 보고 들어왔던 고사성어죠. 집안이 화목하면 모든 일이 다 이루어진다. 우주의 원리죠. 최고의 덕목이고요. 그래서 모든 게 다 집안에서 출발합니다. 그러기 위해서는 적어도 다음 3가지는 필수조건이 된 거예요. 첫 번째, 밝은 기운입니다. 집안엔 항상 찬 기운이 아닌 포근하고 가슴 따뜻한 밝은 기운이 맴돌아야 돼요. 바로 스위트 홈이죠. 두 번째, 따스한 말입니다. 손주를 어우르는 할머니의 말투, 절대적입니다. 불경스럽거나 부정 타는 말, 상처 주는 말은 절대 해선 안 되죠. 세 번째는 최고의 예우입니다. 가족만큼 소중한 사람은 없습니다. 집에서 최고의 대접을 받으면 나가서도 최고의 대접을 받습니다. 이와 반대로 집안에 차가운 기운이 맴돌고, 부정 타는 언어가 나오고, 대접받지 못하는 상황이 오면 그 집안은 망하게 되지요. 가화만사성, 중국에선 가화만사흥이라고 많이 씁니다만, 어쨌든 이는 우주의 원리이자 위대한 가르침입니다. 가화! 만사성!

 우리가 꿈꾸던 삶은 아니지. 그런데 자기 꿈대로 사는 사람이 얼마나 되겠어?

- 토탈 리콜 / Total Recall(2012)

2084년 화성여행 한 번 다녀오시지요. 리콜사에 가면 기억 이식장치를 해서 가상의 화성여행도 가능하고요. SF 액션.

종신보험 수급자는?

50대 후반의 한 남자가 보험설계사와 상담을 합니다. 젊었을 때 종신보험을 들었는데 계약자는 본인이고, 수급자는 아내 명의로 해놓은 겁니다. 정년을 앞두고 곰곰이 생각해보니 뭔가 석연치 않은 모양입니다. 그래서, "수급자 명의를 바꿀 수 없나요?" 보험설계사가 답합니다. "사모님께 선물한다고 생각하시면 되죠." 그러자 이 남자, "지금까지 평생을 먹여 살렸는데 죽어서까지 먹여 살려야 됩니까?" 충분히 이런 상황이 발생할 수 있겠네요. 이참에 우리나라에 보험제도가 처음 보급됐을 때 신문에 이런 우화가 실렸었죠. 아빠와 엄마 그리고 5살 난 아들이 바닷가에 놀러 갔어요. 아빠가 수영을 하며 바다를 헤엄쳐 갑니다. 이때 아들도 엄마에게 바다에 들어가고 싶다며 조릅니다. 그러자 엄마가 말하기를, "넌 안 돼." 아들 "왜요?" 엄마 "아빠는 생명보험 들었거든."

 우린 가족이야. 세상에서 가장 소중한 게 가족이란다. 알겠니?

- 해바라기 / Sunflower(2006)

한때 주먹으로 세상을 평정했던 주인공이 착하게 살아보려 하지만 뜻대로 되지 않죠. 그래도 가족의 소중함, 힘을 느낄 수 있죠.

치앙마이에서 보낸 편지

몇 년 전 태국 치앙마이로 여행을 간 적이 있었죠. 골프도 치고, 주변 관광도 할 수 있는 곳이에요. 도심 언덕 위에는 도이수텝이란 황금사원이 있죠. 거기서 108배를 한 뒤 저녁때 숙소로 돌아와 아빠가 가족들에게 보낸 메신저 편지입니다. "치앙마이에서 마지막 밤을 보내며… 이번 여행은 나 자신을 위한 것. 30년 직장생활도 거의 마감할 시간이 다가오고, 그래서 '앞으로 30년 새 길을 잘 열어주십사.' 기도하고 또 기도했다. 물론 우리 딸, 아들도 포함된다. 너희들 앞길 30년도, 이 담에 30년 뒤 아빠의 이 기도문이 잘 먹혔다고 얘기 듣고 싶다. 올 한 해 조금 힘들고 어려웠지만 잘 버텨준 엄마 그리고 딸, 아들 항상 고맙고 감사하다. 새해에도 비전 있는 시간들 만들어보자. '옷은 항상 깨끗이 입고 부정한 것은 가까이하지 마라.' - 꾸란 중에서. 아빠가 올 한해를 넘기며 남기고 싶은 이야기다. 우리 모두 새해 행복하자. - 치앙마이 그린 힐에서." - 아빠가 -

 이혼할 거야. 그동안 애들 땜에 참고 살아왔는데 이젠 안 되겠어.

- 로그 시티 / Rogue City(2021)

두 마약조직의 암투, 거기에 경찰이 개입되고 무차별 총격전. 정의 없는 전쟁을 예고한 프랑스 영화. 청불 범죄 느와르.

복수난수 강태공

복수난수, 엎질러진 물은 주위 담기 힘들다는 뜻의 사자성어죠. 강태공이 어렵던 시절 가난한 살림살이에도 아랑곳하지 않고 낚시만 합니다. 참다못한 그의 아내 마 씨가 그의 곁을 떠나죠. 훗날 강태공은 낚시를 하다 주 문왕을 만나 요직에 기용됩니다. 출세한 강태공이 금의환향하자 마 씨는 강태공에게 자신을 다시 부인으로 맞아달라고 하소연하죠. 바로 이때 강태공은 마 씨가 보는 앞에서 그릇에 담긴 물을 엎지릅니다. "이 물을 주위 담을 수 있다면 내 그대 곁으로 돌아가겠소." 물론 그 물을 다시 담을 수는 없었죠. 여기에서 나온 게 복수난수입니다. 우리나라에선 복수불반분으로 더 널리 쓰이고 있죠. 아무튼 이미 엎질러진 물이 돼선 안 되겠죠. 세상살이는 그만큼 녹록지가 않습니다. 특히 사춘기 남녀 사이에선 이런 경험을 많이 하게 될 겁니다. 그래도 다른 통에 든 물을 찾으면 되니까요. 너무 엎질러진 물 주위 담으려 하지 마세요.

 임신 마지막 3개월은 감정이 들쭉날쭉해요. 그래서 옆 사람이 무조건 잘해줘야 해요.

- 플랜 B / The Back-up Plan(2010)

운명은 스스로 개척하는 거. 그래서 노력하지 않으면 결코 자신의 것이 될 수 없다. 이런 주제로 펼쳐지는 로맨틱 코미디.

금줄 부정한 사람

살면서 조심해야 할 것들이 더러 있습니다. 미신 비슷한 건데 시골에서 어린 시절을 보낸 분들은 다 아실 겁니다. 예전엔 시골 마을에서 아이를 낳으면 대문에 금줄을 쳤어요. 왼 새끼줄에 빨간 고추와 숯 그리고 솔잎 가지 등을 꿰어놓았죠. 그래서 부정한 사람은 집 안에 들이지 않았어요. 부정한 사람은 첫째 초상집에 갔다 온 사람. 둘째 상여를 본 사람. 셋째 동물을 죽였거나 사체를 본 사람. 넷째는 병자나 거지, 백정 등입니다. 이들은 금줄을 친 집엔 부정 탄다고 해서 못 들어갑니다. 요즘 세상엔 그런 일이 없겠지만 그래도 몸에 좋은 기운을 갖고 사람을 만나야지 부정한 상태로는 자제하는 게 좋아요. 예를 들면 상갓집에 다녀온 사람은 예식장에 가지 않는 게 불문율이죠. 반대로 임산부나 어린아이들은 상갓집 조문을 삼가는 것이 좋다고 합니다. 다분히 미신적이지만 어쩌겠어요. 그쵸?

 진짜가 아니라서 미안해요. 엄마, 제발 날 버리지 마세요. 허락하시면 인간이 될게요.

- 에이 아이 / A. I.(Artificial Intelligence, 2001)

미래의 지구, 인간들은 인공지능을 가진 인조인간들의 봉사를 받으며 살아가죠. 그리고 감정을 가진 첫 인조인간이 탄생하면서…

AI 작성 자기소개서

한 지상파 방송국에서 인간 vs AI의 집필 능력 실험을 했어요. 먼저 자기소개서 작성 능력을 평가하기 위해 기업 인사담당자 2명이 심사를 맡았죠. 물론 두 분 모두 사람이 쓴 것과 AI가 쓴 걸 구분해냈고요. 평가는 AI에게 더 후한 점수를 줬습니다. 왜냐하면 AI가 쓴 자소서는 의미 전달이 잘 되도록 짧은 문장으로 썼다는 점이죠. 스피치도 마찬가지예요. 의사전달을 잘하려면 짧게 짧게 단문으로 말하는 습관이 중요해요. 물론 면접이나 기업 브리핑, 프레젠테이션 모두 긴 문장은 사절입니다. 그런 점에서 AI는 이미 그런 시스템이 프로그래밍이 된 것 같습니다. 그나저나 이제 AI 시대입니다. 인간의 능력을 초월하는 AI의 출현! 그 한계는 어디까지일까요? 적지 않은 직업이 사라질 거라는 예측이 나오고 있습니다. 그래도 아직은 인간다운 게 좋지 않을까요?

 처자식이 있으면 그들에게 잘해주세요. 특히 부인한 테 잘해야 돼요.

- 델마와 루이스 / Thelma & Louise(1993)

자유를 찾아 끝없이 떠나는 두 여인의 세상 밖 경험 이야기. 두 여인의 로드 무비가 시원스레 펼쳐지죠. 킬링타임용.

골프 황제 셰플러

프로골프(PGA) 대회 중 가장 큰 대회는 당연히 마스터스죠. 최근 열린 제88회 마스터스 대회, 미국 조지아주 오거스타 내셔널 골프클럽에서 4월 11~15일 열렸습니다. 우승상금 360만 달러, 우리 돈으로 50억 원입니다. 우승상금의 주인공은 미국의 스코티 셰플러(96년생, 27세). 277타 11언더파를 기록, 2위와는 4타 차로 우승을 확정 지었습니다. 이번 대회를 통해 셰플러는 새로운 골프 황제로 등극했다는 평을 받고 있습니다. 타이거 우즈를 밀어냈다는 거죠. 셰플러는 우승 소감을 묻는 인터뷰에서 다음과 같은 말을 했어요. "이번에 태어난 아이를 위해 기도하며 공을 쳤다. 실수를 적게 하려고 노력했다." 역시 위대한 선수, 최고의 선수 뒤에는 가족이 있었다는 것, 그리고 스타는 실수가 없어야 한다는 평범한 진리를 얘기해줍니다. 올여름에 열린 파리 올림픽에서도 세계 최강 선수들과 대결, 마지막 날 금메달을 따냈죠. 대단한 선수입니다.

최대한 많은 추억을 모으거라. 함께 보내는 모든 순간들 말이야. 더 늦기 전에.

- 테스와 보낸 여름 / My Extraordinary Summer with Tess(2020)

네덜란드의 세계적인 아동문학가 안나 왈츠의 동명소설을 스크린에 담은 영화. 잔잔하고 따뜻한 이야기들. 여운도 남기는 수작.

부산 해동용궁사

우리나라에서 가장 아름다운 절, 어디일까요? 부산 기장에 있는 해동용궁사입니다. 대부분의 사찰은 산중에 있는데 이곳 해동용궁사는 바닷가 바위 언덕에 자리하고 있지요. 그래서 바다가 제일 가까운 절로 소문이 났었죠. 그리고 동해 바닷가에서 해가 가장 빨리 뜨는 절로도 알려져 있습니다. 일출 명소죠. 이 밖에도 한 가지 소원은 꼭 이루게 해준다는 절이라고 하는데 좀 속이 보이긴 해요. 득남불이나 포대화상은 아이를 낳게 해준다며 입소문이 나 있고요. 정암 화상이 꿈속에서 관세음보살이 용을 타고 승천하는 걸 보았다고 해서 용궁사라 했답니다. 대웅전을 포함해 요사체 등 모두가 동향이어서 바다와 잘 어우러집니다. 그 풍광이 정말 아름답지요. 외국 관광객들도 참 많이 찾고 있는 한국 명소입니다. 아무튼 해동용궁사는 곳곳에 스토리텔링이 다 배어 있어요. 수려한 풍광과 전설 같은 이야기가 가득 담겨 있는 절입니다. 한 번쯤은 다녀오시라고 강추하고 싶네요.

 행복은 무엇을 얻느냐에 달려 있는 게 아니야. 무엇을 추구하고 있느냐에 달려 있어.

- 비포 선셋 / Before The Sunset(2004)

비엔나에서 첫 만남 이후 9년 만에 파리에서 만난 사랑. 비포 시리즈 두 번째 영화. 남녀의 사랑이 꿀물처럼 달달하죠.

행복헌장 10계명

행복! 어떻게 하면 행복해질 수 있을까. 몇 년 전 영국 BBC가 이 문제를 풀기 위해 행복 프로젝트를 수행한 적이 있어요. 그때 밝혀낸 '행복헌장 10계명'을 소개할게요. 1. 운동을 하라 - 걷기 등 유산소 운동 하루 30분 이상, 주 3번 이상 2. 좋았던 일을 떠올려라 - 하루에 좋은 일 5가지 기록하고 반추 3. 대화를 나눠라 - 일주일에 한 시간만이라도 누군가와 진지하게 4. 식물을 가꾸어라 - 화초 등 정성껏 가꾸되 화초와 대화하라. 5. TV 시청시간을 절반으로 줄여라 - 남는 시간을 잘 활용하라. 6. 미소를 지어라 - 하루에 한 번은 낯선 사람과도 미소 짓고 인사 7. 친구에게 전화하라 - 소원했던 친구, 지인에게 연락해서 만나라. 8. 하루에 한 번은 유쾌하게 웃어라 - 뒤센 미소·팬암 미소 다 좋다. 9. 매일 자신에게 작은 선물을 하라 - 자신을 칭찬하고 그걸 즐겨라. 10. 매일 누군가에게 친절을 베풀라 - 그 친절이 내게 행복으로 온다. 자, 어떠세요? 해볼 만하죠? 행복헌장 10계명 도전!

 행복을 추구하는 것보다는 무엇인가를 추구할 때 오는 행복에 더 관심을 가져야 해.

- 꾸뻬 씨의 행복여행 / Hector and the Search for Happiness(2014)

런던의 한 정신과 의사가 행복의 비밀을 찾아 나섭니다. 그리곤 다양한 사람들을 만나면서 버라이어티한 모험이 펼쳐집니다.

하버드 인재상

우리 시대의 지성, HD 행복연구소 소장이신 조벽 교수의 동영상 강의를 들었어요. 하버드가 원하는 인재상은 무엇인가? 조 교수는 말합니다. 하버드가 원하는 인재상은 딱 한 줄이래요. '기여할 줄 아는 사람' 우리나라에선 기여의 의미를 봉사하고 헌신하고 희생한다로 해석하죠. 하버드대는 쓸모가 있는 사람, 이로운 일을 하는 사람을 뜻한답니다. 쓸모가 있는 사람은 돈을 벌어 성공할 수 있고, 이로운 일을 해야 나와 연결 짓고 싶어 해 행복으로 나아간다는 거죠. '기여할 줄 아는 사람' 외에도 두 가지 추가 기준을 제시하고 있는데요. 하나는 관계 조율을 할 줄 아는 사람, 다른 하나는 스트레스와 자유를 스스로 관리할 줄 아는 사람입니다. 결국 공익 조율 능력(기여)과 관계 조율 능력 그리고 자기 조율 능력이 모여 인성이 된다는 거예요. 인성은 타고나는 것이 아니라 길러지는 실력이자 행동. 그래서 감정 이동을 통해 긍정적으로 배양된다고 하더군요. 조벽 교수님 말씀 고맙습니다.

329 결혼 첫해가 문제야. 결혼 첫해만 잘 버텨내면 뭐든지 극복할 수 있어. - 저스트 어 이어 / I Give It A Year(2013)

330 공주를 웃게 하면 나를 웃게 하는 것이고, 나를 웃게 하면 천하를 웃게 하는 것이다. - 제국 / The Emperor's Shadow(1996)

331 국가도 명예도 역사도 중요하지 않아요. 내겐 오직 당신만이 중요해요 - 슬리핑 딕셔너리 / The Sleeping Dictionary(2006)

332 급할 게 없었지. 당신은 너무 아름다웠고, 평생 내 차에 태우고 싶었지. - 남과 여 : 여전히 찬란한 / The Best Years of A Life(2019)

333 기쁠 때나 슬플 때나 도움이 필요하면 언제든지 말씀하세요. 제가 곁을 지킬게요. - 솔로몬과 시바의 여왕 / Solomon And Sheba(1959)

334 나중에 후회하지 마라. 자신이 있을 곳은 누군가의 가슴속 밖에 없단다. - 냉정과 열정 사이 / Between Calm And Passion(2001)

335 남자가 머리라면 여자는 목이야. 그러니까 맘대로 머리를 돌릴 수 있다고. - 나의 그리스식 웨딩 / My Big Fat Greek Wedding(2003)

336 남자에게 복종하면서 다스릴 수 있는 법을 배워야 해. 그게 진정한 여자의 능력이지. - 천일의 스캔들 / The other Boleyn Girl(2008)

337 남편들의 외도는 생물학적 반응일 뿐이에요. 남자들은 그렇게 만들어졌어요.. - 레이디 수잔 / Love And Friendship(2016)

338 내가 만약 여자와 잠을 잔다면 당신과 함께 잘 거야. 다만 아내 때문에 안 자는 거지. - 용서받지 못한 자 / Unforgiven (1993)

339 내가 아들들한테 쓸데없는 영웅심을 심어줬지. 신 · 왕 · 조국 등등. - 워터 디바이너 / The Water Diviner(2015)

340 내가 찾아가겠소. 아무리 멀고 험한 곳이라도. 내 당신을 찾겠소. - 라스트 모히칸 / The Last of The Mohican(1992)

341 내 딸은 얼굴 예쁜 바보로 자랐으면 좋겠어. 그게 세상 살기엔 더 편하니까. - 위대한 개츠비 / The Great Gatsby(2013)

342 너에게 어울리는 사람은 진심을 다해 널 사랑하고 지켜줄 사람, 네 단점까지 사랑해줄 사람이지. - 러브, 로지 / Love, Rosie(2014)

343 널 만나는 이 순간을 위해 오랜 세월 기도해 왔단다. 잘 왔다 우리 손녀딸. - 다빈치 코드 / The Davinci Code(2006)

344 단도직입적으로 말해. 뭐가 문제야? 당신은 아내가 아니라 엄마가 필요한 거야. - 러스트 스토리 / Lust Stories(2018)

345 당신은 그냥 나한테 스며들었어요. 당신 손길이 내 몸에 새겨져 있다고요. - 내 머릿속의 지우개 / A Moment To Remember (2004)

346 당신은 늘 내 곁에 함께 있었죠. 속세에서 도망치고 싶은 그 순간에도. - 로마제국의 멸망 / The Fall of The Roman Empire (1964)

347 당신을 찾아 사랑하고, 당신과 결혼할 거야. 그리고 하늘에 한 점 부끄럼 없이 살 거야. - 어톤먼트 / Atonement(2008)

348 당신이랑 같이 있으면 애쓰지 않아서 편해요. 당신의 모든 게 좋아요. - 이달의 점원 / Employee of The Month(2006)

349 둘은 서로 운명의 상대였죠. 진정한 소울 메이트였고, 모든 게 다 잘 맞았어요. - 리쿠르트 / The Recruit(2003)

350 딸내미가 그래? 그럼 그런가 보다 해. 나도 이제껏 딸내미 이겨본 적이 없어. - 강철비 / Steel Rain(2017)

351 또 다른 나로 살게 해줘서 고마워. 한 번 더 기회를 준다면 정말 잘할게. - 노바디 / Nobody(2021)

352 말의 콧등을 쓰다듬어 줘라. 너의 냄새를 맡도록. 그러면 너를 기억할 거야. - 윈드 리버 / Wind River(2017)

353 바보같이! 당신 감정 숨기고 사니까 쓰러진 거예요. 당신 안아주고 싶어요. - 마리아와 여인숙 / Maria And The Inn(1997)

354 부모가 가장 자랑스러울 때는 자식이 나보다 나은 사람이 되었을 때란다. - 원 챈스 / One Chance(2013)

355 부인께 전해줘요. 인간세계 걱정할 필요가 없다고. 믿음만 있으면 돼요. - 외로운 보안관 / Firecreek(1968)

356 사람들이 서로 다른 것을 틀리다고 하더라고. 그래서 마음의 상처를 주지. - 완벽한 타인 / Intimate Strangers(2018)

357 사람은 누구나 3개의 삶을 살지. 공개된 하나, 개인적인 하나, 그리고 비밀의 하나. - 완벽한 타인 / Intimate Strangers(2018)

358 사소한 것부터 소중한 것까지 둘이서 하나가 된다면 죽음도 두렵지 않아. - 이프 온리 / If Only(2004)

359 사랑하는 남자의 아이를 갖고 싶어. 그 사람이 싫다면 네 아이를 가지려고. - 원데이 / One Day(2012)

360 사랑해, 자기야! 난 당신을 위해서라면 뭐든지 다 하는 거 알잖아. - 애프터 선셋 / After The Sunset(2005)

361 살다 보니 정해진 길이 없더라. 네 맘 가는 대로 살아. 그게 엄마가 진짜로 바라는 거야. - 안녕, 나의 소울 메이트 / Soul Mate(2017)

362 세상에서 제일 나쁜 새끼는 제 마누라랑 애새끼 패는 새끼야. - 1번가의 기적 / Miracle On 1st Street(2007)

363 세상에는 영혼의 짝이 있어. 네 마음을 열게 하고, 영감을 주는 존재야. - 굿 윌 헌팅 / Good Will Hunting(1997)

364 쉿! 내가 전에 말했잖아요. 당신 마음을 내 마음보다 더 소중히 여길 거라고요. - 5 투 7 / 5 To 7(2014)

365 시간이 문제야. 다른 건 다 돈으로 살 수 있지만 지나간 시간은 살 수 없단다. - 라스트 미션 / The Mule(2018)

366 식구가 별거니? 같이 밥 먹고, 같이 자고, 같이 울고 웃으면 그게 가족이지. - 고령화 가족 / Boomerang Family(2013)

367 아버지는 늘 말씀하셨지. 캠핑하러 가기 전에는 항상 머릿수를 세라고. - 버스 드라이버 / Bus Driver(2016)

368 아빠가 이 말을 전해주래. 네 주제를 알고 근본을 망각하지 말라고. - 아이 엠 마더 / Peppermint(2019)

369 아빠한테 배웠어요. 사람들한텐 항상 예의 바르게 대하라고요.. - 하녀 / The Housemaid(2010)

370 아빠한텐 무슨 얘기든 해도 돼. 파티에 가거나 남자를 만나거나 무슨 약을 하더라도. - 애프터선 / Aftersun(2023)

371 아이가 울부짖고 여인이 비명을 지를 팬 결코 침묵해선 안 된다. - 제로 존 / Zero Zone(2007)

372 아이에게 좋은 추억을 만들어주는 건 부모가 해야 할 정말 중요한 역할이에요. - 인생은 드라마 / Dear Zindagi(2016)

373 엄마가 그러는데 사람들은 누구나 큰 재능 이외에 작은 재능도 하나씩 있대요. - 절대 고요를 찾는 남데브 아저씨 / Namdev Bhau In Search of Silence(2019)

374 엄마가 옳았어. 가족은 혈연으로 맺어지는 게 아니야. 사랑으로 맺어지는 거지. - 내 이름은 칸 / My Name Is Khan(2010)

375 엄마는 지금 있는 곳에서 지금 갖고 있는 것으로 최선을 다 하라고 가르쳤죠. - 멋진 녀석들 / Stand Up Guys(2013)

376 연애 4년에 결혼 3년 차. 근데 지금도 심장이 뛴다면 그게 정상이니? 심장병이지. - 지금 사랑하는 사람과 살고 있습니까? / Love Now(2007)

377 옷에는 예의와 법도가 있어야지. 그리고 계급도 있어야 하는 법이지. - 상의원 / The Royal Tailor(2014)

378 와인이든 사람이든 푹 삭혀서 오래된 게 정말 좋다는 거 너도 알지? - 이브들의 발칙한 수다 / Eve's Cheeky Talk(2018)

379 우리 아이가 커나가는 모습을 보고 싶어요. 함께 할 미래가 있어야 해요. - 적벽대전 2 / Red Cliff 2(2009)

380 우린 하나가 아니라 늘 둘이었어. 중요한 건 상대방의 사랑이 아니라 삶 자체에 대한 사랑이야. - 비포 미드나잇 / Before Midnight(2013)

381 울지 마 아들, 어머니와 가족들을 지켜주렴. 그것보다 중요한 건 없단다. - 라이징 호크 / The Rising Hawk(2019)

382 의사는 함부로 바꾸는 게 아니죠. 간호사, 의사, 종교는 바꾸면 안 되죠. 아내도요.. - 바디 오브 라이즈 / Body of Lies(2006)

383 이 짐승아! 왜 여자를 울게 만들어. 여자를 울리면 천벌 받는 거 몰라. - 그녀를 믿지 마세요 / Don't Believe Her(2004)

384 '일하지 않는 자 먹지도 마라.' 오늘부터 이것이 우리 집 가훈이다. 알겠니? - 미스 와이프 / Wonderful Nightmare(2015)

385 잘했다. 내 아들, 남자라면 자고로 자신의 운명을 알아볼 수 있어야지. - 몽골 / Mongol : The Rise Of Genghis Khan(2011)

386 조국은 버리는 게 아니고 지키는 거잖아요? 너에게 중요한 거부터 지켜, 바로 가족이야. - 블레이징 썬 / Blaging Sun(2022)

387 특히 식사시간에 전쟁 얘긴 하지 말아라. 우리 집에선 전쟁 얘긴 금물이다. - 가을의 전설 / Legends of The Fall(1995)

388 하루의 시작을 행복으로 여기고, 두 번째 일어날 일에 대비할 줄 알아야 해. - 디어 헌터 / The Deer Hunter(1979)

389 항상 자신에게 충실하거라. 난 언제나 너의 곁에 있어 줄게. - 빌리 엘리어트 / Billy Elliot(2001)

390 혼자서 살지 마. 나 죽은 뒤 좋은 사람 만나서 오래오래 살다가 나중에 나한테 와. - 인생은 아름다워 / Life Is Beautiful (2022)

391 행복했던 추억을 하나하나 새기며 서로를 만난 행운에 감사할 거예요. - 아델라인 : 멈춰진 시간 / The Age of Adaline(2015)

제4장
사업과 성공

누굴 만나느냐가 중요해.
파리를 쫓아가면 뒷간에 가게 되고,
나비를 쫓아가면 꽃밭을 거닐지.

 가난은 결코 고결하지 않아. 부자도 가난뱅이도 될 수 있지만 난 매번 부자를 선택할 거야.

- 더 울프 오브 월 스트리트 / The Wolf of Wall Street(2014)

화려한 언변, 수려한 외모, 명석한 두뇌를 가진 주인공이 주가 조작으로 월 스트리트 최고의 억만장자가 된다. 거짓말 같은 실화.

좋은 돈 부르는 비법

슈퍼리치 김승호 회장이 밝힌 비법이 하나 있어요. 바로 좋은 돈이 찾아오게 하는 비법인데요. ① 품위 없는 모든 버릇은 버려라. 부정적인 것, 남을 비웃는 것, 지저분한 옷차림, 약속에 늦는 것 등등. ② 도움을 구하는 데 망설이지 마라. 묻고 요청하고 찾아가서 부탁하고… 반드시 도움 주는 사람은 있답니다. ③ 희생할 각오를 해라. 목표에는 희생이 따르고 시간 투자도 필수다. ④ 돈 되는 건 모두 기록하고 정리하라. 투자내역, 금융정보, 새로운 아이디어, 구매기록 등등. ⑤ 평생 추구할 장기 목표를 가져라. 눈앞의 자극에 유혹당해서는 안 되니까. ⑥ 제발 모두에게 사랑받을 생각을 포기하라. 눈치 보지 말고 당신보다 나은 사람과 어울려라. ⑦ 서두르진 말되 시간이 많다고 생각하지 마라. 한 살이라도 젊었을 때 돈을 모으라고 하네요. 다 옳은 말씀입니다. 부자가 되는 건 쉽지는 않아요. 그러나 노력하는 사람에겐 반드시 재벌의 신이 윙크를 보낼 겁니다.

 검은색은 성취의 색, 지식의 색이야. 그래서 졸업식 날 검은색 가운을 입는 거야.

- 블랙 / Black(2005)

전 세계인의 지친 마음을 따스하게 감싸주었다는 평을 받고 있는 인도 영화. 휴먼 감동을 가져온 발리우드 러브스토리.

티파니 블루

티파니 블루라는 색깔을 아시나요. 하늘색도 아니고 옥색보다는 밝고 비취색에 가까운 색인데요. 색감이 좀 고급스러워 보이죠. 티파니앤코의 시그니처 컬러로 유명세를 타고 있습니다. 그리고 티파니의 모든 포장상자는 바로 이 티파니 블루로 돼 있어서 그 상자 안에 든 물건에 대해 긍정적인 기대감을 갖게 하기도 합니다. 그래서 이런 말도 있어요. "아무리 많은 돈을 준다 해도 티파니가 결코 판매하지 않는 제품이 있습니다. 그냥 주기만 하죠. 바로 티파니 블루박스입니다." 이 티파니 블루는 창립자 찰스 루이스 티파니가 1845년부터 선택해 사용했다고 해요. 이젠 티파니의 상징이죠. 참고로 우리나라 해병대의 명찰은 빨간 바탕에 노란 글씨죠. 빨강은 피, 노랑은 땀, 그래서 피와 땀으로 얼룩진 부대, 해병대랍니다. 아시겠지만 빨강 명찰은 해병대의 상징이죠. 나만의 상징색은 뭘까요?

 골동품 가게에서 지켜야 할 규칙이 하나 있지. 절대로 그 출처를 묻지 마라.

- 베스트 오퍼 / The Best Offer(2014)

모든 위조품엔 진품의 미덕이 숨어 있다. 명화들이 전하는 매혹적인 신비감과 경매장의 생생한 현장감을 고스란히 전해주죠.

골동품 대박

KBS 1TV에서 방송되는 TV쇼 진품명품을 보신 적 있으시죠. 지난해 한 의뢰인이 내놓았던 고려청자, 감정가 25억. 역대 최고의 감정가를 기록했습니다. 감정위원들은 이 도자기가 11~12세기에 당시 청자 가마터인 전남 강진요에서 제작된 왕실용 도자기로 추정했습니다. 의뢰인은 그동안 집안 어른이 보관해 온 것이라며 국보급 보물인 만큼 잘 보관하겠다고 소감을 밝혔죠. 그런가 하면 미국의 한 시민이 프랑스 파리로 여행을 갔다가 골동품 가게에서 진주목걸이를 하나 구입합니다. 값은 500달러, 미국으로 돌아온 뒤 어느 날 근처 보석상에 가서 진주목걸이를 감정합니다. 그러자 보석상 주인이 5만 달러를 부릅니다. 그 진주목걸이에는 '사랑하는 조세핀에게, 황제 나폴레옹으로부터'라고 깨알같이 쓴 글씨가 새겨져 있었거든요. 혹시 몰라요. 골동품 가게 그냥 지나치지 마세요. 잘 건지면 대박 날 수도 있어요.

 권력의 속성은 조폭과 크게 다르지 않아. 근데 조폭은 안팎이 같지만, 권력은 다르지.

- 하류인생 / Raging Years(2004)

이승만에서 박정희 정권으로까지 이어지는 한 주먹의 일대기. 역사의 한 페이지를 장식했던 주먹들의 숨은 뒷이야기를 담아내.

30대 재벌 장룽쿤

장룽쿤, 중국 장쑤성 쑤저우 출신의 30대 재벌. 2005년 포브스가 선정한 중국 부자 리스트 16위에 오른 인물이었죠. 그러나 돈과 권력, 성상납의 대명사로 한순간에 추락한 인물이기도 합니다. 상하이시 전 서기 천량위에게 1억 5천에서 3억 위안(270~540억 원)을 뇌물로 준 것이 알려져 천량위를 낙마시켰죠. 장룽쿤은 천량위로부터 상하이시 사회보장기금 34억 5천만 위안을 불법 대출받아 마구 써댔죠. 또 상하이 항저우 간 고속도로의 30년간 요금 징수권도 따냈습니다. 장룽쿤은 또 짝퉁 장만옥인 무명 모델 출신 루자리를 이용, 당 고위 관리들에게 성상납을 시켰죠. 루자리에게 모델 학원을 차려준 뒤 시내 호텔 2곳을 장기 임대해 모델들을 투숙, 수십 명의 고급 공무원들에게 성상납을 한 겁니다. 이처럼 뇌물과 권력, 성상납 비리가 들통나면서 장룽쿤은 19년형을 선고받고 현재도 복역 중인 것으로 알려졌습니다. 중국, 참 대단한 나라입니다.

 금융은 총과 같죠. 그리고 언제 방아쇠를 당길지 결정하는 것이 정치고요.

- 대부 3 / Mario Puzo's The Godfather Part 3(1991)

대부 2가 끝난 뒤 60대의 노인이 된 마이클(알파치노 분)은 집단의 어두운 과거를 자식들에게 물려주지 않으려 노력하죠.

덩샤오핑 선부론

덩샤오핑의 선부론을 아시나요? 중국 특유의 사회주의 사상을 제창한 중국 주석. 개혁 개방을 표방하며 중국을 부자나라로 만들었죠. "능력 있는 사람부터 먼저 부자가 되어라. 그리고 낙오된 사람들을 도와라." 이것이 선부론의 핵심입니다. 선부론의 근거지는 상하이죠. 용의 머리 격인 상하이, 중국 장강이 대륙을 가르며 6,397km를 달려와 바다로 들어가는 입구입니다. 중국인들은 장강을 용에 비유합니다. 상하이는 용머리에 해당하고요. 베이징이 정치수도라면, 상하이는 경제수도. 그래서 '용이 머리를 흔들면 몸통을 거쳐 꼬리까지 부유해진다'는 설명입니다. 그 이후 중국은 초고속 성장을 거듭했죠. 베이징·상하이·광저우 등등 비약적인 발전을 거듭했습니다. 그러나 빈부격차는 더더욱 심해졌죠. 이게 중국 정부가 풀어야 할 중요한 과제가 됐습니다. 용이 머리를 흔들었지만 꼬리는 가난해졌거든요.

 누굴 만나느냐가 중요해. 파리를 쫓아가면 뒷간에 가게 되고, 나비를 쫓아가면 꽃밭을 거닐지.

- 인턴 / The Intern(2015)

수십 년 직장생활을 통해 얻은 풍부한 경험과 노하우. 70살 할아버지의 인턴생활이 빛을 발하는 명작이죠.

백만매택 천만매린

중국 속담에 원수불구근화(遠水不救近火)라는 말이 있습니다. '멀리 있는 물은 가까이서 난 불을 끄지 못한다'는 뜻이죠. 이웃이 중요하다는 얘기. 그래서 거필택린(居必擇隣)이라고 하죠. 살 곳을 정할 때는 반드시 이웃을 가려야 한다는 얘깁니다. 중국 남북조 시대 여승진이란 명망 높은 대신이 살았습니다. 여승진을 흠모한 송계아란 사람이 여승진네 집 근처로 집을 사서 이사를 옵니다. 여승진이 송계아에게 집값이 얼마냐고 묻지요. 송계아는 답합니다. "일천일백만 냥입니다." "아니 집값이 왜 그리 비싼가요?" "백만 냥은 집값이고 천만 냥으로 이웃을 샀습니다." 여기서 나온 고사성어가 '백만매택 천만매린'입니다. 그만큼 이웃을 잘 둬야 합니다. 공자님도 한 말씀 거들고 있죠. '덕불고 필유린' 덕은 외롭지 않고 반드시 이웃이 있다. 맞는 말씀이죠. 아무튼 좋은 이웃들 많이 두세요.

 부자가 되는 건 쉽지. 그러나 부자로 산다는 건 완전히 다른 문제야.

- 올 더 머니 / All The Money in the World(2018)

1973년 폴 게티 3세 유괴사건을 다룬 논픽션. 세계적인 대부호, 자신의 손자가 유괴됐다. 납치범들에게 몸값 한 푼도 못 준다?

나노와 타란 타타

인도의 국민차 나노를 아시나요? 세상에서 가장 저렴한 차. 그 탄생 배경에는 한 그룹 총수의 다짐이 있었습니다. 인도 최대의 재벌 그룹 타타, 이 타타그룹의 전 총수 타란 타타 이야기입니다. 어느 날 타란 타타가 길을 가다 아찔한 장면을 목격합니다. 일가족 4명이 허름한 스쿠터를 타고 가다가 교통사고를 당한 겁니다. 이에 타란 타타는 어려운 사람들을 위해 국민차를 만들기로 다짐합니다. 그리곤 3년 뒤에 신차 나노를 선보이죠. 값은 우리 돈으로 250만 원, 물론 2008년부터 10년간 판매가 된 뒤 지금은 단종이 됐습니다만 당시로서는 대단한 뉴스였습니다. 이 사람 인도 최대의 재벌 총수였던 타란 타타 - 티 내지 않는 소박함도 주목받고 있습니다. 그리고 타타그룹의 소개 메뉴엔 이런 말이 나옵니다. "타타그룹은 우리가 활동하는 지역사회 구성원들의 삶의 질을 개선하려는 노력에 최선을 다하고 있습니다." 박수를 보냅니다.

 부자는 다 착하더라… 근데 돈이 다리미라고, 돈이 주름살을 쫙 펴주지.

- 기생충 / Parasite(2019)

상류층과 하류층의 만남을 그린 사회고발 성격의 블랙 코미디. 가족영화죠. 남주 가운데 1명 고 이선균 씨 명복을 빕니다.

부자 냄새 가난한 냄새

부자 냄새, 가난한 냄새. 이 두 가지는 확연히 구분된답니다. 18년 동안 택배 일을 해온 어느 분께서 하신 말씀입니다. 부잣집에 들어가면 왠지 모를 향, 부자 향, 부자 냄새가 난다네요. 반면에 가난한 집에 들어가면 뭔가 찌든 냄새, 후각 세포가 싫어하는 냄새가 배어나온답니다. 영화 기생충에서도 냄새 얘기가 나오죠. 반지하 냄새, 가끔 지하철 타다 보면 나는 냄새, 냄새가 선을 넘는다. 이런 냄새는 가난한 집 냄새겠지요. 샤넬 N°5 은은한 향이 나는 냄새, 부자 냄새입니다. 사람도 냄새가 나요. 특히 그가 하는 말에 향기가 실리죠. 언향, 가장 강력한 사람의 내음새입니다. 그래서 입이 고급스러워야 해요. 하는 말에 샤넬 N°5가 실려야 해요. 날마다 만나서 이런저런 얘기, 주고받아요. 그런 말 한마디 한마디에 향을 얹어보세요. 부자 냄새가 따로 없어요. 말의 향이 묻어나는 스피치, 함께 연마해야 돼요.

 사기의 기본 : 호구의 신뢰를 사라. 남을 팔아넘겨서 신뢰를 산 거지.

- 레드 노티스 / Red Notice(2021)

FBI 최고 프로파일러, 국제 지명수배된 미술품 도둑 그리고 사기꾼이 모여 벌어지는 대담무쌍한 사건을 다룬 액션 스릴러.

어수룩한 촌사람

이런 얘기 들어보셨나요. 옛날 서울 종로에서 제일 큰 포목점을 하는 곽 첨지 - 악덕 상인이었죠. 촌사람이 오면 무조건 바가지를 씌웠죠. 조강지처를 버리고 화류계 출신 첩을 얻어 기생집을 차려줬고, 둘째 첩도 얻어 돈놀이시켰답니다. 어느 날 어수룩한 차림의 시골 양반이 머슴 하나 데리고 포목점엘 들어왔죠. 시골 양반은 맏딸 혼숫감이라며 이것저것 골라 담았어요. 모두 430냥, 곽 첨지에게 시골 양반은 400냥에 합의를 봅니다. 그런데 시골 양반 혼수 장만하느라 돈을 다 썼다며 머슴 시켜 집에 가서 400냥을 가져올 테니 기다려 달라고 말합니다. 그런데 머슴이 머리를 긁적이며 한두 자 적어달라 말합니다. 시골 양반이 글을 쓰려니 오른손에 붕대가 칭칭. 그래서 곽 첨지가 직접 글을 써줍니다. "임자, 이 사람 편에 400냥만 얼른 보내시오." 곽 첨지는 그리고 나서 시골 양반과 주막집에 가서 한 잔 하며 기다리죠. 한참 뒤 시골 양반 화장실 간다며 사라졌고, 곽 첨지 첫째 첩 집에서 400냥, 둘째 첩도 400냥 다 날아갔지요.

 사람들은 잠들어도 돈은 잠들지 않아. 한쪽 눈 크게 뜨고 쳐다보고 있다니까.

- 월스트리트 : 분노의 복수 / Assault On Wall Street(2014)

월가를 중심으로 소박한 꿈을 잃어버린, 그리고 그에 대해 아무런 책임을 지지 않는 이들에게 정의의 복수가 시작된다!

존 리의 부자학

부자와 가난한 사람의 차이점이 참 많이 있네요. SNS에 너무 많이 돌아다녀요. 그중 몇 가지를 추려봅니다. ① 가난한 사람은 푼돈을 모으고 부자는 큰돈을 굴린다. ② 가난한 사람은 소비하지만, 부자는 투자한다. ③ 가난한 사람은 놀이에 집중하고 부자는 돈 되는 일에 집중한다. ④ 가난한 사람은 안전을 추구하고 부자는 계산된 위험을 감수한다. ⑤ 가난한 사람은 돈을 위해 일하고 부자는 성취감을 위해 일한다. 그런데요 확실히 부자들은 마인드가 달라요. 메리츠자산운용 대표를 지냈고, 지금은 '존 리의 부자학교'를 운영하는 존 리 대표는 부자가 되기 위해서는 어렸을 적부터 계획을 세워 투자해야 한다고 말합니다. '100-자기 나이=투자비용'이라는 공식을 적용하라는 거죠. 복리의 중요성도 강조하고요. 돈이 일하게 하는 걸 일찍 깨닫게 하라고 조언합니다. 당연히 부자가 되기 위해서는 시간과 인내가 필요하고요. 같이 노력해봅시다.

 실패하는 사람은 핑계를 찾고, 성공하는 사람들은 돌파구를 찾는다고.

- 차이니즈 조디악 / 12 Chinese Zodiac Heads(2013)

국보급 보물 12지신 청동상을 찾기 위해 세계 최고의 모험가, 보물 사냥꾼이 환상적인 모험에 나서죠. 홍콩 영화.

쌍둥이 형제 사고방식

이런 얘기를 들어보셨나요? 쌍둥이 형제에 대한 아주 오래된 이야기거든요. 쌍둥이 형제 중 형은 낙관주의자, 동생은 비관주의자로 태어났어요. 어린 시절 한 심리학자가 이 쌍둥이 형제에 대해 실험해요. 우선 동생을 장난감이 가득한 방에 혼자 넣어줬어요. 동생은 하루 종일 울기만 했지요. 이번엔 형을 말똥이 가득한 방에 넣어주며 삽을 쥐여주었어요. 그랬더니 한참이 지났는데도 형은 웃으며 말똥을 치우고 있었죠. 아이에게 물었어요. "애야, 너는 왜 그렇게 즐겁게 말똥을 치우고 있니?" "이렇게 말똥이 많은 걸 보니 여기 어딘가에 조랑말이 있을 거예요!" 그래요, 낙천주의자 그들은 사고방식 자체가 달라요. 긍정 마인드죠. 그들에겐 언제나 하늘에서 꽃비만 내릴 겁니다. 말똥을 치우던 아이가 말했듯 우리 주변 어딘가엔 조랑말이 있을 겁니다. 행동심리학. 그 사람의 행동이 그 사람의 미래를 예견한다죠.

 어릴 때 이 언덕을 처음 올랐지. 그리고 그때 미래의 나의 도시를 보았지.

- 카멜롯의 전설 / First Knight(1995)

중세 시대 전설적인 왕국 카멜롯을 배경으로 한 로맨틱 판타지 영화. 사랑과 용기, 배신, 복수 등이 얽힌 명화죠.

아놀드 슈워제네거의 꿈

첫째, 나는 영화배우가 되겠다. 둘째, 나는 케네디가의 여인과 결혼하겠다. 셋째, 나는 2005년에 LA 주지사가 되겠다. 할리우드의 근육질 몸매를 자랑하는 아놀드 슈워제네거, 그가 가난하고 힘든 어린 시절 책상머리에 써놓은 세 가지 목표입니다. 영화 터미네이터를 통해 대성공을 이루면서 첫 번째 꿈이 실현됐고요. 케네디 대통령의 조카인 마리아 슈라이버와 결혼해 두 번째 꿈도 목표 달성입니다. 그리고 2003년 캘리포니아 주지사로 당선되면서 세 번째 꿈도 2년 앞당겨 다 이루어 냈습니다. 그래서 심리학자들은 어린 시절부터 자신의 꿈을 적어서 잘 보이는 곳에 두라고 조언합니다. 그걸 볼 때마다 마음을 가다듬고 더욱 정진할 수 있기 때문이죠. KBS 아나운서라고 적은 노트 받침을 챙겼던 청년은 그 꿈을 이루어 냈고요. 지금은 명품 CEO 스피치를 강의하고 있으니 백퍼 공감이 갑니다.

 언어는 문명의 기초야. 사람들을 하나로 묶어주고 분쟁에선 처음 사용된 무기지.

- 컨택트 / Arrival(2016)

12개의 외계 비행물체(쉘)가 미국과 중국, 러시아 등 세계 8곳 상공에 등장합니다. 이들과의 교신은 어떻게 해야 될까요?

말은 기도와 같다

언어적 유희, 말장난 이런 말들도 있지만요. 그래도 "말은 기도와 같다"라는 말이 있어요. 즐겁고 행복한 말, 좋은 말을 하면 행운이 따라온다는 얘기예요. 결국엔 말하는 습관에 따라 자신은 물론 주변 사람의 운명까지 바꾸게 된다는 거죠. 제 사무실엔 구호가 있어요. "더 크게" "더 밝게" "더 신나게" 그래서 저와 함께 스피치를 공부하시는 분들이 열심히 익히고 있답니다. '더 크게'는 자신감이죠. 스스로의 자신감이 표출돼야 합니다. '더 밝게'는 타인에 대한 배려고요. 그리고 '더 신나게'는 우리 모두의 기도와 같은 거예요. 스피치, 말을 통해서 더 나은, 더 밝은 미래를 설계해 나가자는 취지예요. 여러분은 어떻게 생각하시나요. 말은 운명을 바꾸는 기도입니다. 말 한마디 한마디가 우리의 삶을 바꿔줄 수 있는 힘이고, 기도문이 되는 거예요. 이제부턴 말 한마디에도 정성을 담아보세요.

 이런 얘기가 있어. 공부는 부를 위해서 하는 게 아니다. 성취감을 위해서 하는 거다.

- 세 얼간이 / 3 Idiots(2011)

"All is well, 모든 건 잘 될 거야." 삐딱한 천재 3명이 진정한 꿈을 찾기 위해 세상 뒤집기 한판에 나선다. 인도 흥행 순위 1위.

공부의 뜻, 학이시습

공부(工夫)라는 한자의 뜻 아시죠? 배움, 그래서 인생은 배움의 연속입니다. 여기서 공(工)자는 하늘과 땅을 연결한다는 뜻이래요. 위 하늘과 아래 땅을 연결한 것, 이게 바로 공(工)자의 의미입니다. 부(夫)자는 하늘과 땅을 연결하는 주체가 사람(人)이라는 뜻을 담고 있어요. 공(工)자에 사람 인(人)자가 겹쳐 쓰인 걸 알 수 있죠. 그래서 공부란 천지를 사람이 연결하는 과정이라 해석하는 겁니다. 그러니 공부가 끝이 없을 수밖에 없어요. 유교에서는 공부의 방법으로 예·시·손·마를 꼽고 있죠. 예 - 미리 공부해 잘못을 미연에 방지하는 것. 시 - 목적에 맞게 공부해 제때 적절한 깨달음을 얻음. 손 - 상황에 맞게 공부해 본분과 능력을 넘지 않음. 마 - 사람들과 교류하며 공부해 서로 본받으며 선을 닦는 것. 그래요, 공자님 말씀이 떠오르네요. 학이시습이라 배우고 때때로 읽히는 것 - 공부입니다.

 인간이 갖는 소중한 가치는 기꺼이 위험을 감수한다는 거야. 까짓거 한번 해봐.

- 헤밍웨이 인 하바나 / Papa Hemingway in Cuba(2018)

세계적인 대문호 헤밍웨이의 마지막 여정을 담은 실화 영화. 헤밍웨이는 쿠바 아바나를 좋아했고, 그곳에서 7년을 살았다죠.

돌계단과 돌부처

절간에 가면 오르막길엔 돌계단이 많이 있죠. 경내에는 돌부처도 만날 수 있습니다. 어느 날 돌계단이 돌부처에게 불평합니다. "당신이나 나나 다 똑같이 돌로 만들었는데 왜 사람들은 나는 짓밟고 다니고, 당신에게는 허리를 굽혀 절을 하는 겁니까?" 그러자 돌부처가 답합니다. "나는 그동안 돌부처가 되기까지 얼마나 수없이 정을 맞았는지 아시오? 수도 없이 정과 망치질이 있었기에 오늘의 나, 부처가 될 수 있었소." 아픈 만큼 성숙해지고 고난을 이겨낸 만큼 위대해진다는 걸 설파한 겁니다. 보왕삼매론에 이런 가르침이 있습니다. "세상을 살면서 어려운 일이 없기를 바라지 말라. 어려움을 겪지 않으면 남을 업신여기는 마음, 오만한 마음, 사치한 마음이 생긴다. 근심과 어려움을 거울삼아 세상을 살아가라." 살면서 때론 어려운 일도 만납니다. 그걸 해결하고 나면 세상은 다시 내 것이 됩니다.

 오래된 속담이 하나 있지. 준비된 제자에게 스승이 나타난다고.

- 마스크 오브 조로 / The Mask of Zorro(1998)

스페인의 귀족 출신이지만 멕시코의 민족 영웅으로 묘사된 검은 복면의 조로 이야기를 담고 있죠. 원작은 미국 소설 쾌걸 조로.

카네기의 썰물 나룻배

미국의 철강왕 앤드류 카네기의 일화를 하나 소개할게요. 영국 스코틀랜드의 가난한 집안 출신이죠. 14살 때 미국으로 이민을 옵니다. 학교 공부는 고작 4년뿐이었고요. 그래서 젊은 시절 시골을 다니며 방문 판매를 했죠. 그때 카네기가 그림 한 점을 발견합니다. 바닷물이 빠져나간 해변에 초라한 나룻배가 그려진 그림이었어요. 그리고 그 그림 아래에는 '반드시 밀물 때는 온다. 바로 그날 나는 바다로 나갈 것이다'라고 쓰여 있었죠. 카네기는 시골 노인에게서 그 그림을 삽니다. 그리고 그 글귀를 평생 신조로 삼았습니다. 뒤에 카네기는 사람들에게 말합니다. "누구든지 좋은 기회를 만난다. 다만 그 시기를 포착하는 게 어려울 뿐이다." 그래요, '승리의 여신은 준비된 자를 사랑한다.' 이 말은 진리입니다. 기회는 언제든지 찾아오고요. 준비된 자만이 그 기회를 놓치지 않고 끌어안게 되는 거예요. 기회는 찬스입니다.

 용맹한 호랑이는 산을 나눠 갖지 않는다고. 그리고 전설은 계속되지.

- 쿵후 타이거 / The Paper Tigers(2020)

전설의 쿵푸 타이거 3총사가 30년이 지나 아저씨들이 됐지만 사부의 죽음 앞에 의기투합해 진실을 밝히고 복수에 나선다.

테일러 스위프트 억만장자

미국의 팝가수 테일러 스위프트(Taylor Swift) 올해 초 뮤지션으로서는 최초로 억만장자 명단에 이름을 올린 인물입니다. 스위프트의 총자산은 11억 달러(1조 5천억 원)로 미국 내에서 그 영향력이 막강한가 봅니다. 지난 한 해 미국 투어 공연은 티켓 41만 장이 팔려 60억 달러의 GDP 증가효과를 가져왔다네요. 그래서 '테일러 노믹스'라는 신조어까지 생겼고요. 대학가에선 '스위프트의 스토리텔링'이란 강좌까지 개설되고 있답니다. 참으로 대단한 가수이자 배우인 셈이죠. 그만큼 자기관리도 철저했고요. 특히 지난해 토네이도 피해 국민에게 100만 달러(14억 원), 올 초 총격사건 사망자 유족에게 10만 달러(1억 4천만 원)를 전달하는 등 통 큰 기부로도 널리 알려져 박수를 받고 있습니다. "행복과 자신감은 당신이 입을 수 있는 가장 예쁜 옷입니다." 테일러 스위프트의 말입니다.

 우리는 시간에 살고 시간에 죽어. 그래서 시간의 실수를 범하면 안 되는 거야.

- 캐스트 어웨이 / Cast Away(2000)

1,500일 동안의 무인도 표류기. 주인공이 살아남을 수 있었던 원동력은 무엇이었을까? 그가 사랑했던 한 여인 캘리였을까?

트리플 서티 복리효과

삶의 여정을 흔히들 트리플 서티(Threeful Thirty)로 나누어 설명하기도 합니다. 30·30·30, 그래서 100세 인생을 준비하라는 거죠. 초반 30은 독립을 준비하는 시기, 중반 30은 가정을 이루고 경제활동을 하는 시기, 후반 30은 은퇴 후 제2의 인생을 살아가는 시기라는 거죠. 그래서 은행이나 보험회사들은 경제적 수입이 없는 후반 30을 위해 노후자금을 미리미리 준비해둬야 한다고 말합니다. 맞는 말입니다. 그러면서 복리의 힘을 강조합니다. 적은 돈으로 목돈을 마련할 수 있는 유일한 방법, 바로 복리효과입니다. 아무튼 노후준비는 중반 30에서 승부를 내야 합니다. 그런데 어떤 이들은 초반 30은 멋모르고 살고, 중반 30은 가족을 위해, 후반 30은 자신을 위해 살라고 말합니다. 특히 후반 30은 인생의 여백을 메우는 시간이라며 60 이후가 가장 좋은 나이라 하네요. 지금 당신은 트리플 서티 중 어디에 있나요. 최선을 다해 보세요.

 위험을 무릅쓰고 어리석은 일을 하겠는가? 아니면 위험을 무릅쓰고 대단한 일을 하겠는가?

- 내가 죽기 전에 가장 듣고 싶은 말 / The Last Word(2017)

동료들의 칭찬을 받고, 가족에게 사랑을 받고, 누군가에게 영향을 끼치며, 자신만의 와일드 카드가 있어야 한다. 과연 해낼 수 있을까.

벤허 리더십 고 이건희 회장

영화 벤허에서 전차 경주하는 장면이 나오죠. 4마리의 말이 끄는 마차가 경기장 9바퀴를 도는 경기. 모두 8개 팀이 출전합니다. 벤허는 경기 전날 자신의 말 4마리를 만납니다. 그리곤 말들에게 전략을 말해줍니다. "우리는 8바퀴까지 2등으로 가자. 그리곤 마지막 9바퀴째는 전력 질주해서 1등을 확 따라잡는 거야. 할 수 있지? 우리는 이길 수 있어!" 그리곤 말들의 특성을 살려 빠른 말은 외곽에, 빠르진 않지만, 조화를 이루는 말은 안쪽에, 보통이지만 끈기 있는 말은 중간에 배치하죠. 결전의 날, 다들 긴 채찍을 들고 나왔지만 벤허의 손에는 말고삐가 전부였죠. 경기는 시작됐고 벤허는 함성에 담긴 메시지로 말들에게 동기를 부여하며 지속적으로 격려하죠. 결국 최후의 승자는 벤허였습니다. 바로 이것이 삼성을 세계 초일류 기업으로 성장시킨 삼성 고 이건희 회장의 '벤허 리더십'입니다. 소통과 교감, 동기부여, 적재적소 배치, 자신감과 배려…

의사는 의술 시행보다도 환자들의 삶의 질을 높여주는 사람이 돼야 한다는 거죠.

– 패치 아담스 / Patch Adams(1998)

헌터 아담스라는 한 의사의 일대기를 그린 영화. 실화를 바탕으로 했으며, 의술과 함께 교훈과 감동을 주는 영화입니다.

김희수 명예총장 교육철학

Impossible이란 단어가 있다. 이 단어에 점 하나만 찍으면 I'm possible이 된다. 올해 초 건양대학교 입학식에서 올해 연세가 96세인 김희수 명예총장이 신입생들에게 해주신 말씀입니다. 논산에 있는 건양대, 전국 대학 중 취업률이 다섯 손가락 안에 드는 대학으로 유명하죠. "학교가 학생을 받았으면 취업까지 책임져야 한다"라는 게 김 명예총장의 교육철학입니다. 언젠가 대학을 방문했는데 김 총장께서 쓰레기를 줍는 모습이 보이더라고요. 당연히 캠퍼스엔 담배꽁초 하나 없습니다. 얼마 전엔 서화 어록집인 '나이를 먹어서야 시의 마음을 알게 되었네'를 펴내 화제를 모으기도 했습니다. 김 명예총장은 1962년 영등포에서 김안과의원을 개업한 이래, 지금까지 건양대와 건양대 병원을 설립해 지역 발전에 영향을 쏟아붓고 있습니다. 90대 중반의 고령임에도 불구하고 김희수 명예총장의 열정은 아직도 용광로입니다.

 의심스러운 사람은 쓰지 마라. 그 대신 이미 쓴 사람은 의심하지 마라.

- 적벽대전 / Red Cliff(2008)

거대한 전쟁의 시작, 중국을 통일하라. 역사상 가장 유명한 전투, 삼국지의 클라이맥스인 적벽대전을 영화화한 작품.

조지프 나이 리더십

흔히들 지도자의 리더십으로 미래를 내다볼 수 있는 능력, 선견력(foresight), 소통과 공감을 통해 뒤를 다독이는 능력(hindsight) 그리고 전체를 볼 수 있는 깊이 있는 인식 능력(depth perception)을 꼽고 있습니다. 또한 경쟁자들과의 관계에서 주변을 파악하는 능력(peripheral vision), 수립된 방향을 재검토해서 재정립한 능력(revision) 등이 요구된다고 말합니다. 미국의 정치학자, 리더의 산실이라 불리는 하버드 케네디 스쿨의 학장을 지낸 조지프 나이, 미국 역대 대통령들의 정치적 조언자로 유명한 사람입니다. 그는 리더십의 3요소로 리더 개인의 특성, 팔로워, 맥락 이 세 가지를 강조합니다. 변혁적 리더는 커다란 변화를 만들어 내지만 거래적 리더는 주어진 맥락 안에서 최선을 다한다는 거죠. 그리고 현재의 리더십 트렌드는 왕처럼 군림하던 과거의 수직적 리더십에서 수평적 네트워크 리더십이 우세랍니다.

 이 세상에서 출세하려면 아름다운 외모와 친절한 마음, 그 이상의 것이 필요해.

- 천일의 스캔들 / The Other Boleyn Girl(2008)

영국 왕 헨리 8세와 볼린가의 두 자매가 벌이는 왕실의 처절한 애정행각 실화, 엘리자베스 1세 여왕의 부모에 관한 이야기.

오타니 쇼헤이, 남이 버린 행운

지난해 연말 SNS를 달군 어느 신부님의 강론이 있습니다. 미 프로야구 LA다저스의 오타니 쇼헤이 선수의 얘기였어요. 키 193cm에 잘생긴 외모, 자기관리도 철저하고 검소하며 인성까지 뛰어나다고 극찬을 아끼지 않았습니다. 만찢남 - 만화를 찢고 나온 남자, 연간 800억을 버는 남자, 대단하죠. 그런데 그의 어머니는 아직도 파트타임 알바를 하고 있고, 아버지는 공장 근로자라고 하네요. 부모들은 "아들이 성공했다 해서 아들에게 밥 먹여 달랄 수는 없다"라며 자신들이 번 돈으로 살아간답니다. 언젠가 오타니 선수가 1루로 출루하다 쓰레기를 줍는 장면이 포착됐어요. 오타니 선수 왈, 쓰레기나 휴지는 남이 버린 행운이라네요. 대단한 역발상이죠? "당신이 오늘 하는 것이 내일에 영향을 미칩니다." "나는 항상 현재에 집중하며, 그것이 나를 만들고 있습니다." "나는 능력과 열정이 모여야 성공할 수 있다고 생각합니다." 오타니의 말입니다.

 직업이 널 말해주지도 않아. 은행 잔고도. 네가 모는 차, 네 지갑 속도 마찬가지야.

- 파이트 클럽 / Fight Club(1999)

척 팔라닉의 동명소설을 영화로 그려낸 작품. 현대사회의 소비주의와 남성상의 위기를 다루고 있으며 반전에 반전을 거듭.

은행장 고환 만지기

한 번 웃고 넘어가실래요. 이건 서양식 유머인데요. 그냥 읽고 넘기세요. 30대의 한 여성이 은행에 와서 20억 원을 입금합니다. 그러자 은행장이 묻습니다. "아직 젊은 나이인데 어떻게 이렇게 큰 돈을 모으셨어요?" "제가 사람들과 내기를 좀 합니다." "무슨 내기를 하시는데요?" "궁금하시면 저랑 내기 한번 하실래요? 내일 오후 2시에 은행장님 고환이 3개가 될 거예요. 만약 2개 그대로 있으면 제가 은행장님께 2천만 원을 드릴게요." 은행장은 당연히 이긴 거니까 내기에 응했죠. 다음날 약속시간, 그 여인이 두 명의 남자를 데리고 은행장실에 들어옵니다. 그리고 말합니다. "여기에 2천만 원 가져왔고요. 은행장님 고환 제가 직접 확인해볼게요." 그리곤 은행장의 거기를 확인합니다. "네, 은행장님이 이기셨네요." 이를 지켜보던 두 남자가 갑자기 머리를 감싸 쥐고 소리를 지릅니다. "저 사람들 왜 저러죠?" 여인이 말합니다. "제가 은행장님 거기를 만지면 5천만 원씩 주기로 했거든요."

 진짜로 용감한 사람은 저런 태백산맥을 가슴에 품을 수 있는 사람이지.

- 인간중독 / Obsessed(2014)

인간중독? 어느 수준까지여야 인간중독일까? 노출 수위가 좀 높아서 청불. 영화가 주고자 했던 메시지는 뭘까? 궁금.

효성그룹 조석래 회장

얼마 전 효성그룹 조석래 회장이 향년 88세의 일기로 유명을 달리했어요. 1935년 경남 함안 출신으로 창업주인 부친 조홍제 회장의 뒤를 이어 1960년대 이후 영욕의 근현대사 60년을 일군 우리나라 재계의 큰 별이었죠. 경기고, 와세다대, 일리노이 공대에 유학해 일본어와 영어에도 능통하셨어요. 그래서 '미스터 글로벌'이란 별명도 생겼고요. 또한 현장을 찾아 진두지휘하는 모습이 자주 포착돼 '조 대리'라는 별칭도 있어요. 재계에서는 국제 감각이 뛰어난 실무형 총수였다는 평가를 내놓고 있습니다. 많은 어록을 남겼지만, 다음과 같은 말씀이 가슴에 와닿습니다. "도전이란 늘 하던 걸 더 잘하는 게 아니고, 그걸 부수고 새롭게 만드는 것이다." "경제가 어려울수록 기업들은 국민의 버팀목이 돼야 한다." 한때 국내 재계 순위 10위권까지 끌어올렸던 효성 조 회장님의 명복을 빕니다.

 착한 사람이 되기보다 운 좋은 놈이 되겠다고 말하는 이는 인생에 대해 깨달은 거지.

- 매치 포인트 / Match Point(2006)

조금은 못된 영화죠. 도덕과 탐욕, 금전, 인생에서의 행운 등을 다루고 있는데 우리 정서에는 좀 반하는 수준 같습니다.

대운 경로 4가지

인생을 살면서 대운이 들어오는 경로가 4가지가 있답니다. 첫 번째는 유전적·선천적 요인입니다. 좋은 집안에서 좋은 유전자를 갖고 태어나는 것이죠. 분명 자기 복입니다. 두 번째는 시대적·환경적 요인. 내가 언제 어디서 어떤 노력을 기울이냐에 따라 성공과 운명이 바뀔 수 있다는 얘깁니다. 세 번째는 관계적 요인. 어떤 사람을 만나느냐에 따라 잠재력을 폭발시킬 기회를 얻기도 하는 겁니다. 네 번째는 개인적 요인, 즉 나 자신의 능력을 말합니다. 이 개인적 요인 - 노력이 없으면 나머지 세 가지 요인이 차고 넘쳐도 소용이 없대요. 그리고 이 대운을 잡으려면 시대를 보는 안목과 준비된 행동이 뒤따라야 하고요. 행동하지 않는 자에게는 세상은 대운을 허락하지 않는답니다. 자, 어떠세요? 준비되셨나요. 오늘부터 엉덩이를 들고 꿈틀댑시다. 이젠 우리가 행동으로 보여줘야 할 때입니다. 행운을 빕니다.

 쿠바 속담에 이런 말이 있어. '진짜 가난한 사람은 돈만 있는 사람이다.'

- 헤밍웨이 인 하바나 / Papa Hemingway in Cuba(2018)

마이애미의 한 신문사 기자가 헤밍웨이와의 만남을 계기로 쿠바에서 헤밍웨이의 삶을 조명하는 내용으로 실화 바탕임.

로또 1등과 부의 그릇

로또 복권 많이들 하시죠? 1등 당첨이면 인생역전이 된다죠? 그런데 그게 아니에요. 1등 당첨자 10명 중 9명은 다시 원점회귀가 된다네요. 바로 이런 식이죠. 50대 회사원이 1등에 당첨됐어요. 세금을 제하고 14억 원을 현금으로 수령했죠. 우선은 전세를 마감하고 새 아파트를 구입합니다. 외국산 새 승용차를 한 대 사고요. 회사는 티를 내지 않고 다니다 결국 관두고 나옵니다. 더 큰 부자가 되고 싶었던 거죠. 남은 돈을 절반은 주식, 나머지는 프랜차이즈 카페를 차립니다. 결국엔 다 망하고 맙니다. 이런 스토리가 로또 1등 당첨자 90%가 겪는 일화라고 하네요. 조금은 씁쓸하죠. 이즈미 마사토가 쓴 책 「부자의 그릇」에는 이런 말이 담겨 있습니다. "돈은 그 사람을 비추는 거울이다." 부의 그릇은 돈을 다루는 그 사람의 마음가짐과 태도에 의해서 결정된다는 겁니다. 또한 "돈도 인격체다. 돈은 그 돈을 쓰는 주인을 바라보고 있다"라는 말도 있어요. 아무튼 부자가 되려는 노력이 능력으로, 큰 그릇으로 발전하길 빌게요.

 큰 문제가 생기거든 가슴에 손을 얹고 얘길 해. 모든 게 잘 될 거야. 올 이즈 웰.

- 세 얼간이 / 3 Idiots(2009)

인도에서 가장 많이 팔린 체탄 바갓의 소설을 바탕으로 제작. 인도 흥행 순위 1위를 기록했죠. 인도 명문대 천재 3명의 좌충우돌…

조고각하 법연선사

'조고각하'라는 말이 있습니다. 다리 아래를 돌아본다는 뜻인데요. 절간에 가면 스님들의 선방 댓돌에 새겨져 있는 걸 볼 수 있죠. 고무신을 가지런히 놓는 걸 살피라는 뜻이지요. 중국 송나라 때 법연선사가 제자 3명과 밤길을 나섭니다. 그런데 갑자기 등불이 꺼졌어요. 주위는 칠흑같이 어두워졌고, 발밑은 천 길 낭떠러지. 법연선사가 제자들에게 묻습니다. "자, 이제 어떻게 해야 하느냐?" 제자 가운데 1명이 답합니다. "조고각하"입니다. 발밑을 잘 살펴야 한다는 뜻이겠죠. 그래서 신발을 가지런히 벗어놓는 것은 항상 깨어 있는 정신으로 마음가짐을 정갈하게 유지하라는 가르침이기도 합니다. 우리네 삶도 마찬가지입니다. 지금 어디쯤 와 있나요. 내 발아래를 한 번쯤 살펴보십시오. 그리고 어디로 갈 작정인가요. 젊은 시절 쉼 없이 달려왔잖아요. 이제는 잠시 쉼표 찍고 심호흡 한 번 하세요. 살면서 더러는 조고각하 해보셔야 합니다. 강추합니다.

 할아버지께서 말씀하셨지. 사소하다고 그냥 넘어가면 실패자가 될 수 있다고.

- 클린 / Clean(2020)

국산 영화 '아저씨'를 연상케 하는 영화죠. 범죄자들을 골라 죽이는 외로운 킬러의 본능적인 살인게임이 펼쳐집니다.

롤스로이스 청소차

100여 년 전 그러니까 1920년의 이야기 하나 꺼내볼게요. 영국 런던의 롤스로이스 쇼룸에 허름한 차림의 인도인이 들어섭니다. 매장 직원은 그를 보자 "당신의 재력으로는 절대로 우리 차를 살 수 없을 것이다"라며 문전박대를 합니다. 이에 화가 난 인도인은 다음날 쇼룸의 전시돼 있던 롤스로이스 6대를 모두 사서 인도로 가져갑니다. 인도로 돌아온 그는 롤스로이스 지붕을 모두 떼어내고 앞바퀴 양쪽에 빗자루를 매답니다. 롤스로이스가 졸지에 청소차가 돼버린 겁니다. 롤스로이스 본사는 발칵 뒤집혔죠. 사과문을 보내고 추가비용과 함께 전액 보상할 테니 청소차 사용을 멈춰달라며 애원했죠. 그는 그 사과문을 동판에 새겨 자신의 대문에 걸어놨다고 합니다. 그 인도인은 당시 펀자브주 파티알라의 마하라자(당시 지역의 왕) 제이 싱 2세였습니다. 지금도 인도여행 가면 그 집 대문의 사과문을 보여주곤 한답니다. 여러분은 어떻게 생각하시나요?

429 가끔씩 잔꾀를 부리죠. 근데 작은 위험에는 작은 이익밖에 없어요.. - 무숙자 / My Name Is Nobody(1976)

430 간절히 원하는 걸 포기하지 마. 후회하게 될 테니까. 이 할미를 믿거라. - S 중독자의 고백 / Diary of A Nymphomaniac(2011)

431 결정은 신중히 해. 그리고 일어날 수 있는 모든 결과에 대해서도 예견하고. - 헤밍웨이 인 하바나 / Papa Hemingway In Cuba(2018)

432 국화는 다 됐다. 이제 꽃만 피우면 된다. 어서 그들한테 가거라. - 황후화 / Curse of The Golden Flower(2007)

433 그게 내 성공 비결인 걸. 유명 인사하고 깡패하고 적당히 섞어놓는 거. - 레전드 / Legend(2015)

434 그래, 잘했어. 지휘할 땐 폭군이 돼야 해. 민주주의로는 안 돼. - 더 컨덕터 / The Conductor(2019)

435 기자회견이 뭐 그리 쉬운 줄 아세요? 모두 적극적이고 긍정적으로 표현해야 하거든요.. - 마션 / The Matian(2015)

436 꼭 이기지 않아도 돼. 후회하지 않게 끝까지 최선을 다하면 되는 거야. - 맨발의 꿈 / A Barefoot Dream(2010)

437 내가 말했지. 돈이 사람을 속이는 거지. 사람이 속이는 거 아니야. - 약장수 / Clown of Salesman(2015)

438 내 통장에 돈이 얼마나 있는 줄 아니? 나도 몰라. 12자리 숫자가 맨날 바뀌거든. - 백만장자의 첫사랑 / A Millionaires First Love(2006)

439 너의 재능을 따라가 봐. 그러면 언젠가는 반드시 성공이 뒤따라올 거야. - 세 얼간이 / 3 Idiots(2011)

440 농땡이 그만 부려라. 시간은 절대 기다려주지 않아. 게으르면 안 돼. - 메이드 인 이태리 / Made In Italy(2021)

441 늘 이길 순 없죠. 노름판서 상대를 꺾을 순 있어도 운은 어떻게 못하죠. - 마이 블루베리 나이츠 / My Blueberry Nights(2008)

442 다른 사람에게 애원하지 마라. 아무도 믿지 마라. 그리고 총과 표적 사이에 서지 마라. - 황야의 분노 / Day of Anger (1967)

443 닭이 크면 거위가 되고, 거위가 크면 양이 되고, 양이 크면 소가 되는 거지. - 인생 / Lifetimes(1995)

444 돈과 권력이 진실을 만들지. 재력을 갖춰야 해. 사람들은 절대 그걸 기억해. - 시크릿 / Arbitrage(2013)

445 먼저 돈을 벌어야 해. 돈을 벌면 힘이 생기고, 힘이 있으면 여자는 절로 따라와. - 스카페이스 / Scarface(1984)

446 명심해라. 절대로 적에게 등을 보여줘선 안 된다. 틈을 주면 안 되니까. - 호소자 / Young Dragons : Kung Fu Kids

447 모르는 사람 그리고 절박한 사람, 이런 사람과는 같이 일하지 마. 월터가 한 말이야. - 퍼블릭 에너미 / Public Enermies (2009)

448 무엇을 먹느냐가 중요한 게 아니야. 누구랑 먹느냐가 중요한 거지. - 심야식당 2 / Midnight Dinner 2(2016)

449 믿음만으로 꼭 성공할 수 있는 건 아니지. 하지만 믿음이 없다면 결코 성공할 수 없지. - 영웅본색 / A Better Tomorrow(1987)

450 본능적으로 강한 느낌이 올 때가 있지. 그게 없이는 성공할 수가 없어. - 보디가드 / The Bodyguard(1992)

451 비즈니스란 말엔 두 가지 뜻이 있어. 하나는 사업이고, 다른 하나는 모험이야. - 공작 / The Spy Gone North(2018)

452 사람들은 누구나 특별한 대접을 받길 원하지. 그래서 돈이 필요한 거야. - 레이어 케이크 / Layer Cake(2005)

453 세상엔 100가지 문제가 있어. 그중 99가지 문제의 해결책은 돈이지. - 바닐라 스카이 / Vanilla Sky(2001)

454 세상의 모든 것에 가치가 있어. 정말 중요한 건 그 진짜 가치를 알아보는 거야. - 올 더 머니 / All The Money In The World(2018)

455 술, 담배도 마다하고 여자도 안 좋아하고 그럼 뭘 좋아하지? 돈. - 장군에게 총알을 / A Bullet For The General(1966)

456 술집에선 현금을 자랑하지 말아요. 그걸 노리는 놈이 한둘이 아니에요. - 그린 북 / Green Book(2019)

457 아무려면 어때. 난 상관없어. 서로 원하는 걸 얻으면 되는 거잖아. - 여대생 기숙사에서 생긴 일 / The Row(2018)

458 아버님은 식사 중에 사업 얘기 안 하셨어. 그래요, 식사 중엔 사업 얘기하지 맙시다. - 대부 1 / Mario Puzo's The Godfather (1973)

459 알카포네가 말했지. 거절할 수 없는 부탁을 하려면 손에 총을 쥐고 하라고. - 위험한 패밀리 / The Family(2014)

460 야! 일 얘기하면서 감정 섞지 마. 우린 지금 비즈니스 중이잖아. - 레이어 케이크 / Layer Cake(2005)

461 영원히 남을 그분의 한마디, "노련한 사냥꾼은 한방으로 족하다." - 레드 노티스 / Red Notice(2021)

462 영화 10분 보고 별점 주는 거 봤어? 모든 건 끝까지 봐야지. - 내 생애 가장 아름다운 일주일 / All For Love(2005)

463 왜 개들이 나를 좋아하는 줄 알아? 난 항상 베이컨을 갖고 다니거든. - 이보다 더 좋을 순 없다 / As Good As It Gets(1998)

464 우두머리는 권위에 도전하는 놈들, 그놈들의 숨통을 가차 없이 끊어버리지. - 해어화 / Love, Lies(2016)

465 우리 벽지부터 바꿉시다. 저는 근무 환경에 엄청 민감하거든요. - 하이 크라임 / High Crime(2002)

466 이건 짚고 넘어가자. 우린 무슨 일이 있어도 더러운 짓은 절대 하지 않는다. - 위 오운 더 나이트 / We Own The Night (2008)

467 이 돈은 정직해요. 이제부턴 이 돈으로 정직하게 살았으면 좋겠어요. - 허밍버드 / Hummingbird(2015)

468 이 말도 전해. 외모로 비서를 뽑는 건 못난이나 하는 짓이라고. - 오션스 일레븐 / Ocean's Eleven(2002)

469 인생을 살다 보면 질 때도 있는 거야. 거기에 굴하지 않고 일어서야 진정한 챔피언이 되는 거지. - 밀리언 달러 베이비 / Million Dollar Baby(2005)

470 일을 할 땐 감정에 빠지지 말랬어요. 그래서 저는 키스를 안 해요. - 귀여운 여인 / Pretty Woman(1990)

471 자신의 인생에서 무엇을 성취할 것인가? 그리고 그 성취방법은 무얼까? - 왓 위민 원트 / What Women Want(2001)

472 절대 잊어선 안 될 교훈이 하나 있지. 다른 사람의 욕심을 과소평가하지 마라. - 스카페이스 / Scarface(1984)

473 제 신조는 바로 이겁니다. 복권에 당첨되려면 먼저 복권 살 돈을 벌어라. - 나이트크롤러 / Nightcrawler(2015)

474 조금 전 거친 원석을 찾은 것 같아요. 조만간 다이아몬드가 될 거예요. - 원 챈스 / One Chance(2014)

475 진열되어 있는 물건들은 아직 누구의 것도 아니래. 아저씨가 그랬어. - 어느 가족 / Shoplifters(2018)

476 철 좀 들어. 넌 이제 어른이야. 모두를 위해 강해져야 해. 더 중요한 일에 집중해. - 올드 / Old(2021)

477 최선을 다해라 제군들. 빈틈은 누군가에겐 기회가 될 수 있다. - 코드 네임 제로니모 / Code Name Geronimo(2012)

478 충고 하나 해줄까? 중요한 결정을 내릴 때 절대로 화가 난 상태에서 하는 게 아니야. - 긴급명령 / Clear And Present Danger (1994)

479 친절한 커피 뒤엔 항상 검은 흑막이 도사리고 있지. 이걸 명심해. - 007 살인면허 / License To Kill(1989)

480 큰일 할 사람은 사소한 일에 신경 안 씁니다. 부인지인 해선 안 됩니다. - 영웅문 / Chivalrous(1982)

481 토마토에서 돈이 나온다고 내가 늘 얘기했지. 도시락! 그 안에 달러 뭉치. - 더블 크라임 / Double Jeopardy(1999)

482 포커의 첫 번째 규칙이 뭐지? 감정을 개입시키지 않는다는 거. - 오션스 일레븐 / Ocean's Eleven(2002)

483 폭력으로는 절대 이기지 못해요. 품위를 유지할 때만 이길 수 있는 거죠. - 그린 북 / Green Book(2018)

484 하지만 이젠 알았죠. 부자들은 그 무엇도 공짜로 주지 않는다는 것을. - 화이트 타이거 / The White Tiger(2020)

하지만 저는 재능이 있고, 당신은 돈이 있잖아요. 제가 제 걸 주면 당신도 당신 걸 줘야죠. - 아마데우스 / Amadeus(1984)

 할아버지는 스스로 먹고 살 방법을 가르쳐 주셨지. 사업가가 되라 하셨어. - 크라임 보스 / Arkansas(2020)

제5장
시련과 극복

견딜 수 있다면 해낼 수 있지.
순간의 고통을 이겨내면
영원한 영광을 누릴 수 있는 거야.

 가난하면 축구 못한다고 누가 그래? 가난하면 꿈도 가난해야 되냐고?

– 맨발의 꿈 / A Barefoot Dream(2010)

이 영화 살짝 감동이죠. 아프리카 동티모르 아이들에게 축구를 가르친 김신환 감독의 실화를 잘 그려내고 있어요. 박수 보냅니다.

프란치스코 교황 메시지

프란치스코 교황이 세상을 향해 던지는 메시지 몇 가지를 추려 봅니다. "가장 가난하고, 가장 힘없고, 가장 보잘것없는 이들을 부드러운 사랑으로 끌어안는 것이 교황이 해야 할 일입니다." "우리는 찻잔을 앞에 놓고 신학이나 논하는 점잖고 위엄 떠는 신자가 되면 안 됩니다. 가장 도움이 필요한 이들을 위해 무엇을 할 수 있는지 방법을 찾는 용감한 신자가 돼야 합니다." "한 사회가 얼마나 위대한가는 그 사회가 가장 궁핍한 이들을, 가난밖에는 아무것도 가진 것 없는 이들을 어떻게 대하는지를 보면 알 수 있습니다." "살인하지 말라는 십계명을 현대에 맞게 고치면 '경제적 살인을 하지 말라'가 될 것입니다." "돈과 명예와 권력을 위해 사는 것은 절대 진정으로 행복해질 수 없습니다." "지금의 크리스마스는 너무 떠들썩합니다. 예수님의 목소리를 듣기 위해 좀 더 침묵해야 합니다." 한 구절 한 구절 모두 소중한 말씀입니다. 특히 경제적 살인에 대한 경고는 위대한 가르침입니다.

 가치 있는 교훈은 이거예요. 세상은 뜻대로 돌아가지 않고 원하는 건 다 얻을 수 없다.

- 쿠폰의 여왕 / Queenpins(2022)

상상을 초월한 발칙한 구상, 쿠폰으로 억만장자를 꿈꾼 3인조 여성들의 범죄 실화를 바탕으로 얘기가 전개됩니다.

삶의 지혜 28가지

요즘 SNS는 엄청난 지식과 정보의 보고입니다. 날마다 새로운 정보가 들어오고, 배워야 할 것도 무척 많지요. 언젠가 수첩에 기록해 놔야 한다며 삶의 지혜 28가지를 정리해 놓았더군요. 그중에 몇 가지만 소개합니다. ① 누워 있지 말고 끊임없이 움직여라. 움직이면 살고 누우면 죽는다. ③ 마음에 두지 않아도 웃으며 받아들여라. 세상 모두가 네 뜻대로 되는 게 아니다. ⑨ 성장을 느긋하게 가져라. 급한 사람이 언제나 망신당한다. ⑯ 하루에 10번씩 웃어라. 수명이 연장되고 인자한 어른으로 기억된다. ㉑ 좋든 나쁘건 지난날은 무효다. 소용없는 일에 집착하지 마라. ㉖ 그날에 있었던 좋은 일만 기억하라. 그것이 행복 노트다. ㉘ 내가 가지고 떠날 것은 없다. 남기고 갈 것이 있는가를 살펴라. 등등입니다. 행복 노트, 쓰고 계신가요? 중요한 단어입니다. 날마다 쓰세요. 나의 행복 노트가 나를 행복한 인생으로 이끌어 주니까요.

 견딜 수 있다면 해낼 수 있지. 순간의 고통을 이겨내면 영원한 영광을 누릴 수 있는 거야.

- 언브로큰 / Unbroken(2015)

루이스 잠페리니, 이탈리아 이민자 집안 출신으로 1936년 미국 육상 대표로 활약. 2차 세계대전 참가, 포로생활 등 그의 일대기.

1m의 법칙

1m의 법칙 이야기를 아시나요? 1849년 미국 서부에서 골드러시가 시작됐죠. 중부에 살던 한 청년이 서부에 와서 광산을 하나 삽니다. 그런데 몇 개월 땅을 파도 금이 나오지 않았어요. 그래서 금광을 다른 사람에게 팔았죠. 그 금광의 새 주인은 1m를 더 파고 내려가자, 노다지가 나타났고 큰 부자가 됐지요. 금광을 판 청년은 땅을 치며 후회했죠. 그리곤 큰 다짐을 합니다. "1m만 더 파자." 보험회사에 입사한 청년은 그런 신념으로 고객들을 만나면서 보험왕이 됐고, 노다지 그 이상의 부자가 됐다는 얘기예요. 또 다른 1m의 법칙이 있어요. 인간관계에서 두 사람 사이에 최소한의 인식 거리는 1m. 이 1m 이내에 있으면 인식이나 호감 거리가 훨씬 가까워진다는 이론이거든요. 반면에 비호감인 사람이 1m 이내에 들어온다면 불안감은 더 배가 된다네요. 그렇다면 나만의 1m 거리! 그 안에 두고 싶은 사람은 누구인가요? 여러분의 선택은?

 경쟁에서 이길 때마다 조금씩 똑똑해진대, 그걸 승자 효과라고 해.

- 쿠폰의 여왕 / Queenpins(2022)

여성들도 마음만 먹으면 돈을 벌 수 있죠. 쿠폰의 여왕, 대단한 아이디어였고 한때 굉장한 부를 거머쥐었죠.

바위 밀기 표적과 족적

이런 얘기가 있어요. 옛날 미국 어느 시골 마을 통나무집에 병약한 한 남자가 살았어요. 집 앞에는 커다란 바위가 있어 집 바깥 출입이 너무 불편했어요. 어느 날 꿈에 하나님이 나타납니다. "사랑하는 아들아, 날마다 집 앞의 바위를 밀어라." 그는 그때부터 매일 바위를 밀었습니다. 그리고 8개월이 지나 다시 보니 바위는 그 자리에 그대로 있었습니다. 이 친구는 하나님께 항의합니다. 바위가 옮겨지지 않고 제자리에 그냥 있다고. 하나님께서 말씀하십니다. "내가 너에게 바위를 밀라고 했지 옮기라고 말하지 않았다. 가서 거울을 보거라." 이 친구는 거울 앞에서 건강해진 자신의 모습을 발견합니다. 이 얘기의 핵심은 바위를 옮기는 표적(목표)보다 바위를 미는 족적(과정)이 중요하다는 거겠죠. 살면서 너무나 목적 달성에만 치우치지 말고 그 과정도 중요시하라는 교훈입니다. 그러니 너무 바쁘게 달려가지 마세요. 그리고 거울도 보시고요.

 그날 우리가 구한 남자는 보통 사람이 아니었어요.
하늘이 보낸 천사였죠.

– 파커 / Parker(2013)

영화의 배경이 마이애미 비치의 부촌이에요. 그림같이 아름답죠. 내용은 복수극이고요. 심심풀이용으로 보기엔 딱이에요.

역관 홍순언과 석성

조선 중기 때의 역관 홍순언에 관한 일화예요. 홍순언이 역관으로 중국에 갔을 때의 일입니다. 어느 기방에 들렀는데 고운 자태의 아가씨가 들어왔어요. 소복한 모습에 눈물까지… 사연인즉 부모님이 돌아가셨는데 장례비가 없어 모시지 못하고 있다는 거였어요. 홍순언은 당시 2천 냥과 인삼을 주고 장례를 치르라고 도와줬어요. 조선으로 돌아온 홍순언, 그 일로 인해 감옥에 갇히게 됩니다. 그 뒤 선조 대왕은 역관들을 불러 "중국에 가서 종계변무를 해결하라, 그렇지 못하면 죽음이다"라고 엄명을 내립니다. 역관들은 감옥에 있는 홍순언을 보내기로 합니다. 홍순언이 중국에 가니 예부시랑 석성이 나옵니다. 홍순언을 만난 석성은 최고의 예우를 해줍니다. 석성의 부인 류 씨가 홍순언의 은혜를 입었던 바로 그 소복했던 여인이었거든요. 종계변무도 해결해줬지요. 석성은 그 이후 임진왜란 때 명군 5만 명을 파견해주기도 했어요. 그의 아들들은 조선으로 넘어와 해주 석씨, 성주 석씨의 시조가 되었답니다.

 남이 잘 되면 배 아픈 게 사람 심리야. 그러니 원하는 거 있으면 꼭 쟁취하거라.

- 행복을 찾아서 / The Pursuit of Happiness(2006)

미국의 실제 기업인 크리스 가드너의 실화를 바탕으로 제작된 영화. 하나뿐인 아들과 함께 행복해지기 위한 절실한 도전!

크랩 멘탈리티

크랩 멘탈리티라는 말이 있어요. 심리학 용어로 쓰이는데요. 크랩 이론이라고도 합니다. 자신이 가질 수 없으면 남도 가질 수 없게 만드는 행위를 뜻합니다. 양동이에 게를 한 마리 담아두면 어떻게든 빠져나갈 수 있답니다. 그러나 여러 마리를 담아두면 나가려는 게를 서로 끌어내려서 한 마리도 빠져나갈 수 없다네요. 우리 속담에 '사촌이 땅을 사면 배 아프다'라는 말이 생각나네요. 남 잘 되는 꼴 못 봐주는 거죠. 이와 반대되는 얘기가 있어 감동을 줍니다. 2017년 미국 텍사스주에서 열린 BMW 댈러스 마라톤 대회 여성부 1위를 달리던 챈들러 셀프가 결승선 180여 m를 남겨놓고 바닥에 주저앉습니다. 바로 뒤에 2위로 달리던 17살 여고생 아리아나 루터먼은 셀프를 일으켜 세워 같이 뜁니다. 그리고 결승선에서 셀프를 앞으로 밀어 1위를 내줍니다. 루터먼의 이 일화는 세계적인 감동이 됐습니다.

 내가 말했지. 부동산에 감정 섞지 말라고. 부동산은 그냥 상자일 뿐이야.

- 라스트 홈 / 99 Homes(2016)

미국 최악의 금융위기, 서브 프라임 모기지 사태 직후 부동산 시장, 뺏는 자와 뺏기는 자의 처절한 사투…

1유로 프로젝트

1유로 프로젝트라고 들어보셨나요. 이탈리아에서는 외국인들에게 1유로 달러만 받고 시골 빈집을 판다고 합니다. 이 프로젝트를 통해 지역 주민을 늘리려 한다는 거죠. 유럽에선 또 1가구 2주택. 세컨드 홈 소유자도 늘고 있다죠. 알프스 몽블랑 주변, 영국 남서부 해안 등 풍광 좋은 곳이 인기랍니다. 우리나라도 한때 제주와 속초, 한강, 금강변에도 별장처럼 세컨드 하우스가 붐을 이룬 적이 있어요. 하지만 요즘은 주춤한 상태죠. 1가구 2주택 다주택자 종부세가 제동을 걸었답니다. 그런데 요즘 정말이지 시골 한 번 가보세요. 빈집들이 너무 많아요. 시골 인구도 하루가 다르게 감소 추세고요. 어찌 보면 우리나라도 이탈리아처럼 '1만 원 프로젝트'를 구상해봐야겠어요. 농촌문제, 우리 시대 우리가 풀어야 할 우선 과제 가운데 하나입니다.

 당하지만 말고 맞서 싸워. 널 함부로 대하지 못하게. 내버려 두지 마.

- 하녀 : 위험한 관계 / The Housemaid(2022)

한국 최고의 에로틱 스릴러. 임상수 감독의 하녀를 리메이크한 필리핀 영화죠. 국산 '하녀'보다도 더 짠한 장면들이 많아요.

블랙아웃과 대리운전기사

블랙아웃(Blackout)이란 말 들어보셨나요? 과음한 뒤 필름이 끊겨 기억을 전혀 하지 못하는 현상을 의미하거든요. 50대 한 남자가 대리운전기사를 불러 타고 집으로 옵니다. 그런데 전혀 기억을 못하는 거죠. 다음날 파출소에서 전화가 옵니다. 차를 찾아가는 거였어요. 전후 사정을 들어보니 대리운전기사가 자신을 폭행했다며 경찰에 신고한 겁니다. 경찰은 대리운전기사의 말만 믿고 (차에는 블랙박스가 없어요) 이 50대 남자를 기소합니다. 결국 벌금 100만 원을 물게 됐죠. 뒤에 알고 보니 이 50대 남자의 구글 지도에는 동선이 모두 기록돼 있었습니다. 대리운전기사가 거짓으로 동선을 얘기한 것입니다. 변호사와 상의했더니 그냥 벌금 내는 게 낫겠다는 거예요. 변호사 선임비가 500만 원이거든요. 자, 여러분의 판단은 어떤가요? 맞서 싸워야 할까요? 그리고 블랙아웃은 피하세요.

 대장부는 잘못을 했을 때도 고개를 들고 들어갔다가 고개를 들고 나오는 거야.

- 영웅본색 2 / The Better Tomorrow 2(1988)

홍콩 느와르의 진수. 영웅본색 후속작. 경찰과 주먹 등 네 남자의 뜨거운 복수극. 그런데 왜 홍콩 영화엔 배신이 꼭 들어가는지?

홍콩 영화 몰락

실제로 나이 지긋하신 분들은 예전에 홍콩 영화 많이 보셨죠. 영화 제목만 봐도 아! 그 영화 하실 겁니다. 용쟁호투, 취권, 천녀유혼, 동방불패, 폴리스 스토리 등등 국내에서도 엄청난 인기를 끌었던 홍콩 영화들이죠. 근데 요즘은 홍콩 영화 거의 없어요. 몰락의 길을 걷게 된 거죠. 홍콩이 영국에 할양되면서 1910년대 홍콩의 영화산업이 태동했는데요. 쇼 브라더스와 골든 하베스트 같은 대형 영화사가 등장해 1960년대와 1970년대 흥행을 거듭합니다. 1980년대 정점을 찍으며 90년대 몰락의 길을 걷게 되죠. 그 원인은 첫째, 홍콩 암흑가 조직인 삼합회의 횡포가 극심했고요. 둘째, 홍콩이 다시 중국으로 반환되면서 체제의 변화가 온 것. 그리고 세 번째는 아시아의 경제 위기로 화교 자본이 다른 곳으로 유출된 점을 들고 있습니다. 아듀 홍콩 영화.

 목숨을 건 사람과 한 가지만 제시하는 사람은 막을 방법이 없어요.

- 마일 22 / Mile 22(2018)

실패율 제로의 비밀조직이 중요 타깃을 22마일 떨어진 안전장소로 이동시킨다. 매 1마일마다 적들의 거센 공격이 시작되고.

안중근 의사 그리고 유언

"먼 곳을 향하는 생각이 없다면 큰일을 이루기 어렵다." 안중근 의사가 남긴 말입니다. 1909년 당시 일본 최고의 실세 이토 히로부미를 중국 하얼빈역에서 저격해서 세상을 놀라게 했죠. 이 거사는 일제의 침략행위에 대한 구체적 관심은 물론 중국과 아시아 전역에 걸쳐 최고의 평가를 받고 있습니다. 언젠가 중국에 갔을 때 난징에 있던 중국 친구들이 자조 섞인 말을 하더군요. 중국에는 10억 넘는 인구가 있지만 안중근 의사 같은 분이 한 분도 없다고요. 역사를 돌이켜봐도, 안중근 의사 같은 분은 없습니다. 안 의사님의 유언을 첨부합니다. "내가 죽은 뒤에 나의 뼈를 하얼빈 공원 곁에 묻어두었다가 우리 국권이 회복되거든 고국에 묻어다오. 〈중략〉 대한 독립의 소리가 천국에 들려오면 나는 마땅히 춤추며 만세를 부를 것이다." 삼가 머리를 숙입니다.

 100달러 지폐에 누가 있지? 그가 말했지. 가장 어려운 때가 기회라고.

- 오션스 트웰브 / Ocean's Twelve(2005)

라스베이거스에서 1억 6천만 달러를 훔친 대도들의 이야기. 오션스 일레븐의 속편. 웃음 폭탄을 장착했지만 산만한 전개라는 평.

바다의 대통령 신동식

6·25 한국전쟁 때 부산 부두에서 군수물자 하역작업을 돕던 어린 소년이 있었습니다. "나도 저 화물선보다 더 큰, 산만큼 큰 배를 만들고 싶다." "바다를 지배하는 자가 세계를 지배한다는 말도 있다." 그는 서울대 조선과에 진학해 배 만드는 기술에 발을 딛게 됩니다. 이후 스웨덴과 영국 등 조선산업 선진국들을 찾아 현지에서 엄청난 공부를 하게 되죠. 그리곤 박정희 대통령의 설득으로 귀국해 강한 해양 국가 건설에 도전하죠. 초대 경제수석에 발탁된 그는 조선산업 마스터플랜을 구상하고, 부산과 울산 등에 30만 톤급 이상의 배를 건조할 수 있는 초대형 조선소들을 세웁니다. 세계에도 없는 조선소들입니다. 그리고 드디어 2003년 우리나라는 영국, 일본 등을 제치고 세계 1위의 조선산업 국가가 됩니다. 그가 바로 세계 조선산업의 아버지로 불리는 94세 현역 카본 코리아의 신동식 회장님이십니다. 우리나라 바다의 대통령이시죠. "중단하는 자 승리하지 못하고, 승리하는 자 중단하지 않는다." 신 회장의 어록입니다.

 부탁이 있어요. 당신이 일으킬 정복의 피바람 속에 사원만은 제발 파괴치 말아주십시오.

- 몽골 / Mongol : The Rise Of Genghis Khan(2011)

세계 3대 정복자 가운데 하나, 칭기즈 칸의 일대기를 그린 영화. 스님의 저 한마디에 칭기즈 칸은 사원만은 공격하지 않았다죠.

칭기즈 칸 명언

집안이 나쁘다고 탓하지 마라. 나는 아홉 살 때 아버지를 잃고 마을에서 쫓겨났다. 가난하다고 말하지 마라. 나는 들쥐를 잡아먹으며 연명했고, 목숨을 건 전쟁이 내 직업이고 일이었다. 작은 나라에서 태어났다고 말하지 마라. 그림자 말고는 친구도 없고, 병사로만 10만, 백성은 어린애, 노인까지 합쳐 2백만도 되지 않았다. 배운 게 없다고 힘이 없다고 탓하지 마라. 나는 내 이름을 쓸 줄 몰랐으나 남의 말에 귀 기울이면서 현명해지는 법을 배웠다. 너무 막막하다고 그래서 포기해야겠다고 말하지 마라. 나는 목에 칼을 쓰고도 탈출했고, 뺨에 화살을 맞고 죽었다 살아나기도 했다. 적은 밖에 있는 것이 아니라 내 안에 있었다. 나는 내게 거추장스러운 것은 깡그리 쓸어버렸다. 나를 극복하는 그 순간 나는 칭기즈 칸이 되었다. - 여기까지 잘 보셨습니까? 칭기즈 칸, 그는 보통 사람은 아니었죠?

 실수 중에 가장 큰 실수가 뭔 줄 알아? 옳은 일을 한 사람을 후회하게 만드는 거야.

- 더 보스 / God Father(2022)

인도 영화. 인도 정치권력의 씁쓸한 뒷얘깃거리를 영화로 소화해 냈죠. 스토리도 단순하고 권력과 암흑가, 마약 등등.

TV 뉴스 첫 방송사고

사람은 누구나 한 번씩은 실수하죠. 아나운서 신입사원 시절 TV 뉴스를 할 때였습니다. 당시엔 프롬프터가 없었기 때문에 원고를 보고 TV 카메라를 번갈아 보면서 뉴스를 했죠. 그날 저녁 7시 뉴스를 하는데 중간에 선배 기자가 원고를 슬며시 놓고 갑니다. 그리고선 지금 당장 뉴스로 소화하라는 거였어요. "방금 들어온 뉴스입니다. 오늘 오후 6시쯤 경부고속도로 하행선 회덕기점 8km 부근에서 승용차와 10톤 트럭이 추돌했습니다. <카메라를 보면서> 이번 사고로 3명이 숨지고 4명이 사망했습니다." 순간 이어폰에서 웃음소리가 마구 들리는 거예요. 그렇다고 웃을 순 없었죠. 사망사고 기사인데. "네, 정정해드립니다. 이번 사고로 3명이 숨지고 4명이 크게 다쳤습니다." "다음 뉴스입니다." 정말 아찔한 순간이었습니다. 저의 첫 방송사고는 이렇게 해서 마무리됐습니다만 지금도 그 순간만큼은 잊히질 않습니다.

 아빠가 가르쳐 준 건데요. 참을 인자 세 번만 싸서 먹으면 모든 게 하기 쉽대요.

- 어른도감 / Adulthood(2018)

철없는 삼촌과 철든 조카의 동고동락 휴먼 드라마 영화. 나이를 먹는다고 어른이 될까? 우리는 어떤 어른이 되어야 할까?

어린 소녀와 사과 2개

아주 어린 소녀가 양손에 사과를 하나씩 들고 있어요. 옆에 있던 엄마가 아이에게 말합니다. "애야, 너는 사과 2개를 갖고 있지. 하나는 엄마 줄래?" 그러자 어린 소녀는 고개를 갸웃거리더니 왼손의 사과 한 입 베어 뭅니다. 그리곤 엄마를 흘깃 보더니 이번엔 오른손의 사과를 한 입 베어 뭅니다. 잠깐 여기서 아이는 어떤 아이일까요? 욕심쟁이? 엄마도 사실 놀랐습니다. 자신의 어린 딸이 이럴 수가 있을까? 그런데 잠시 후 반전이 일어납니다. "엄마, 이 사과가 더 달아요." 하며 왼손에 들려 있던 사과를 엄마한테 건넵니다. 만약 엄마가 두 사과를 베어 물었을 때 아이에게 화를 내며 욕심쟁이라고 말했다면 어떻게 됐을까요? 그러나 엄마는 기다릴 줄 알았습니다. 사랑은 기다려줄 수 있는 것입니다. 조금만 참고 기다려주면 엄청난 반전이 일어납니다. 바로 기적 같은 반전이죠. 어린 소녀의 사과 이야기, 잊지 마세요.

 어느 한순간이 있어 감정의 보호막이 벗겨질 때 그때 성장하는 거야.

- 처음 만나는 자유 / Girl, Interrupted(1999)

1960년대 초 실화를 바탕으로 그려진 영화. 정신병원에 입원한 주인공이 겪는 그들의 자유와 굴레, 심리적 묘사가 뛰어남.

바닷가재의 교훈

한 랍비가 강의를 합니다. 바닷가재에 대한 내용이었죠. "바닷가재는 사실 물컹물컹한 생물인데 단단한 껍질 속에 살고 있어요. 이 껍질은 자라지 않아요. 그럼 바닷가재는 어떻게 성장할까요? 바닷가재는 자라면서 껍질도 굉장히 단단해지죠. 랍스터는 압박을 느끼고 불편함을 경험합니다. 그래서 포식자들을 피해 바위 밑으로 숨어 껍질을 벗어던지고 새 껍질을 만들어 입죠. 그리고 또 자라나면서 그 껍질도 불편해지고 답답해집니다. 다시 바위 밑으로 숨고 이 과정을 반복합니다. 바닷가재의 성장을 돕는 것은 바로 이겁니다. 불편함을 겪는다는 거죠." 그러면서 이런 결론을 내립니다. "우리가 알아야 할 것은 스트레스와 힘듦을 겪는다는 건 성장할 수 있는 기회라는 것을요. 역경을 제대로 사용할 수 있으면 역경을 통해 성장할 수 있습니다." 이 랍비의 바닷가재 이야기, 가슴에 와닿는 얘기예요. 이겨내세요.

 왕은 태어나는 것이 아니고 고통과 혹독한 시련 속에서 만들어지는 것이다.

- 알렉산더 / Alexander(2004)

세계 3대 정복자 가운데 첫 번째 인물 알렉산더. 20세에 왕위에 올라 3개 대륙을 정복하고 33세에 생을 마감했죠.

세종대왕 나신 날

5월 15일 하면 무슨 날? 네, 스승의 날이죠. 하지만 이날 세종자치시는 매우 특별한 날입니다. 바로 세종대왕 탄신일이기 때문입니다. 그래서 해마다 5월 15일이 되면 세종시는 한솔동 한글사랑 거리 일대에서 '세종대왕 나신 날' 기념식을 열고 세종대왕의 업적을 기리는 시간도 갖습니다. 그리고 시민 참여형 한글 체험프로그램 등 다양한 문화행사를 펼칩니다. 해동의 요순 세종대왕을 재조명하는 시간으로 꾸미는 겁니다. 이참에 세종이 남긴 어록 몇 가지. "신하들이 고달파야 백성들이 편하다." "나라를 다스리는 법은 믿음을 보이는 것이 가장 중요한 것이다." "백성은 나라의 근본이니 근본이 튼튼해야만 나라가 평안하게 된다." "역대 술로써 나라를 망친 왕이 많았다. 나라만 그러할 뿐 아니라 사람 한 개인에게도 그러하다." 52세로 명을 다한 세종대왕, 한글 창제를 포함해 엄청난 대업을 일구셨던 분, 그래서 5월 15일은 더욱 큰 의미를 갖는 것이겠죠.

517 왜냐하면 나에게도 말할 권리가 있어요. 내게도 목소리가 있다니까요.

- 킹스 스피치 / The King's Speech(2010)

말더듬이 영국 국왕 조지 6세의 성장과정을 다룬 영화죠. 실화를 바탕으로 만들어졌으며, 스피치 학원에서 많이 응용 중.

로변정담 루스벨트

로변정담이란 말 들어보셨죠. 영어로는 Fireside chats라고 말하죠. 말 그대로 화롯가에 둘러앉아 정답게 주고받는 이야기를 뜻합니다. 아나운서 시절, 선배에게 들은 이야기. "가장 좋은 방송은 엘리베이터 안에서 너와 내가 얘기하듯 자연스러운 정담체로 말하는 방송이다." 맞는 얘기입니다. 요즘 스피치도 마찬가지예요. 정이 묻어나는 대화체, 가슴으로 얘기해야 먹히죠. 연설문은 사절입니다. 사실 로변정담의 시작은 프랭클린 루스벨트예요. 대공황과 제2차 세계대전을 승리로 이끈 미국의 대통령이죠. 당시 루스벨트는 참모들과 함께 벽난로에 둘러앉아 대국민 담화문 초안을 다듬고 했답니다. 이를 전해 들은 CBS 해리 부처가 루스벨트의 대국민 담화를 로변정담이란 타이틀로 방송하게 된 것입니다. 요즘은 로변정담보다는 카페정담(Cafe Chats)을 자주 볼 수 있죠. 곳곳에 카페가 있고 그곳에 정담이 넘쳐나죠.

 용서는 어려운 게 아니야. 용서는 그냥 미움한테 방 한 칸 내주면 되는 거야.

- 내 머릿속의 지우개 / A Moment To Remember(2004)

건망증이 심한 여자, 결혼 후 알고 보니 알츠하이머. 그러나 이를 극복하려는 남편. 달달한 러브 스토리. 일본 드라마 각색.

도둑을 용서하라

먹고 살기 힘들었던 시절, 시골의 한 부잣집에 도둑이 들었어요. 당시엔 식량이 귀하던 때라 도둑은 벼 한 가마를 훔쳐 간 것이었어요. 때마침 초겨울 눈이 조금 내려서 부잣집 주인은 도둑의 발자국을 따라나섭니다. 한참을 가다 보니 마을 꼭대기 오두막집으로 향해 있었죠. 부잣집 주인은 발길을 돌려 발자국을 지우면서 집으로 되돌아옵니다. 모른 척 용서를 해준 겁니다. 그 이후 그 도둑은 은혜를 갚기 위해 부잣집의 궂은일은 모두 도맡아 해주게 됩니다. "도둑은 잡지 말고 내쫓아라." "세상일은 꼭 생각같이 되는 건 아니다." "남의 사소한 실수를 몰아세우는 우를 범하지 마라." "사람을 비난할 때도 상대방이 달아날 구멍을 남겨놓아라." 그래요, 살다 보면 조금은 엉성하고 빈틈을 보여야만 서로 어우러지고 친구가 됩니다. 절대로 절대로 적은 만들지 마세요. 경행록은 말합니다. "남과 원수를 맺게 되면 어느 때 화를 입게 될지도 모른다."

 운전하는 것만으로는 안 돼. 기사가 돼야지. 도로는 정글과 마찬가지야.

- 화이트 타이거 / The White Tiger(2021)

인도의 가족주의와 빈부격차를 적나라하게 묘사. 하층민 청년의 성공과정을 그린 영화. 암울.

인도 카스트제 여전

화이트 타이거, 인도의 전설 속에 한 세기에 한 마리만 나타난다는 흰 털의 호랑이, 백호죠. 영화 줄거리는 닭장 속에서 길들여진 인도 하층민들의 그늘진 삶을 적나라하게 보여주고 있어요. 인도는 카스트라는 신분제도가 있어요. 공식적으로는 1955년 폐지가 됐지만 아직도 여전히 작용하고 있지요. 브라만 - 사제, 크샤트리아 - 왕족·무사, 바이샤 - 평민, 수드라 - 천민·노예 그리고 최하위엔 불가촉천민인 달리트가 있습니다. 지구상 최대 인구를 자랑하는 민주국가의 모순이기도 합니다. 21세기인 지금도 이 카스트 제도가 작용하고 있으니까요. 우리는 대한민국에서 태어난 걸 천만다행이라고 생각하세요. 하긴 우리나라도 반상제가 있었죠. 조선시대 양반과 중인, 상인, 천민 이렇게 유지돼 오다가 130년 전인 1894년 갑오개혁 때 폐지됐어요. 그러니까 이 시대를 살고 있는 우리들은 어찌 됐든 복 받은 겁니다. 오늘은 인도의 카스트 제도가 없어졌으면 하는 바람을 전합니다.

 음모는 얽히기 마련이죠. 누가 적이고 누가 동지인지 끝까지 알 수 없어요.

- 골든 에이지 / Elizabeth : The Golden Age(2007)

영국 여왕 엘리자베스 1세가 스페인 무적함대와 전쟁을 선포해 무적함대를 궤멸시키죠. 역사상 가장 위대한 여왕!!!

이원익과 이순신

오리 정승 이원익을 아시나요. 조선 중기 청백리로 뽑혔던 재상. 영의정만 5차례를 지냈죠. 조선 선조 때 이순신 장군은 모함에 걸려 감옥에 갇힙니다. 선조가 문무백관들에게 이순신을 어떻게 할 것인가 묻습니다. 다들 이구동성으로 처형을 해야 함이 마땅하다고 아뢰죠. 단 한 사람 이원익이 나섭니다. "전하께서 전시에는 신을 폐하지 못하십니다. 저 역시 전쟁 중엔 삼도수군통제사인 이순신을 폐할 수가 없습니다." 이 한마디가 이순신 장군을 살려냅니다. 그리곤 백의종군하여 혁혁한 공을 세우게 되지요. 당시 이원익이라는 재상이 없었더라면 성웅 이순신도 없었을 겁니다. 오리 정승 이원익은 87세로 생을 마감합니다. 그리곤 "나를 위해 부고도 알리지 마라. 어떠한 사당이나 비석도 세우지 말라"고 당부하죠. 그가 세상을 뜨자 남은 건 초가집 두세 칸이 전부였습니다. 일부 사학자들은 조선 역사 500년에 최고의 재상이었다고 평합니다.

 이거 알아? 자네는 과거를 잊었지만, 과거는 자네를 잊지 않았어.

- 더 기프트 / The Gift(2015)

아주 섬뜩한 영화, 복수를 위한 선물? 과거에 대한 처절한 응징이 마구잡이식으로 표출된 영화죠. 착하게 살아야 됩니다.

미국 선교사 그리고 중국

호러스 언더우드, 미국인 선교사로 연세대와 세브란스 병원의 모태를 설립하신 분이죠. 헨리 아펜젤러 역시 미국인 선교사로 배재학당을 설립했고요. 윌리엄 스크랜턴도 이화학당을 설립한 미국인 선교사였습니다. 로제타 홀 여사 또한 미국인 선교사, 교육자로 이대목동병원의 최초 설립자이십니다. 한미 수교 140년이 조금 넘었습니다만 이들 덕분에 우리나라의 교육사업은 토대를 튼튼히 다지게 됩니다. 반면 우리나라와 2,000년 역사를 함께한 중국은 전혀 딴판이죠. 조선시대만 하더라도 조공을 바치라며 조선 왕실에 와서 못된 짓을 저지른 걸로 알고 있습니다. 얼마 전 주한 중국대사가 "한국이 중국에 베팅하지 않으면 후회할 것"이라고 말했어요. 아직도 중국은 중국입니다. 땅덩어리가 커서 대국인가 했더니 마음 씀씀이가 소인배여서 소국이라 하려다가 그래 인심 쓰자 대국도 소국도 아닌 중국이라 하자 했답니다.

 이 경이롭고 설명이 안 되는 기적을 통해 또 한 번의 기회를 얻었어.

- 신부의 어머니 / Mother of Bride(2024)

딸 사랑이 각별한 엄마. 딸 결혼식에 참석하기 위해 열대 섬의 리조트로 갑니다. 근데 신랑의 아버지는 수십 년 전 헤어진 옛 애인.

광복 77년 일지

지난해 SNS를 뜨겁게 달궜던 광복 77년 일지. 절로 고개가 끄덕여집니다. 그중 몇 가지를 추려봅니다. ① 해방과 더불어 왕정 국가에서 자유민주주의 국가를 이룩했다. ② 바지·버선을 벗고 신사의 나라가 됐다. ③ 초가지붕 다 없애고 아파트 나라가 됐다. ④ 호롱불 나라에서 원전 수출국이 됐다. ⑤ UN의 도움을 받던 나라에서 UN사무총장을 배출했다. ⑥ 외화벌이 노동 수출 나라에서 노동 수입국이 됐다. ⑦ 숭늉 나라에서 커피 왕국이 됐다. ⑧ 가마 나라에서 자동차 천국 나라, 거미줄 고속도로 나라가 됐다. ⑨ 거북선 나라에서 선박 수출 세계 1위 나라가 됐다. ⑩ 대장간 나라에서 제철 왕국이 됐다. ⑪ 비행기 없던 나라에서 초음속 전투기를 생산하고 무기 수출 8위 강국이 됐다. ⑫ 판소리·천막 극장에서 세계를 주름잡는 K-POP 시대를 만들었다. ⑬ 국민 소득 60불 나라에서 지금은 35,000불 세계 10위의 경제 선진국이 됐다. 정말 대단하죠. 우리나라의 현주소. 앞선 아버지 세대에 머리 숙여 감사드립니다.

 이젠 더 이상 버틸 재간이 없어. 돈밖에 의지할 데가 없다네.

- 스코어 / The Score(2001)

최고는 결코 둘이 될 수 없다. 전설적인 금고털이범이 은퇴 후 조용히 살고 있는데 옛 동업자가 찾아와 한탕만 더 하자고…

인생 3대 불행

남자는 살면서 3가지 불행을 피해야 한다네요. 율곡 선생은 말합니다. 초년 출세, 중년 상처, 노년 빈곤. 이 세 가지를 피해야 한다는 겁니다. 우선 어린 나이에 성공하면 철이 덜 들어 매사에 교만해지기 쉽다는 거죠. 중년 상처는 아이들이 한창 클 나이에 부인이 없다면 큰 낭패가 될 거고요. 노년 빈곤은 요즘 우리 사회가 당면한 큰 문제 가운데 하납니다. 나이 들어 돈이 없으면 비참할 수밖에 없거든요. 중국에선 소년득지, 중년실업, 노년입화총. 이 세 가지를 피하라 조언합니다. 소년득지는 어려서 뜻을 이루면 좋은 게 아니라 대부분 불행하게 끝난다는 겁니다. 쉽게 자만에 빠지기 때문이겠죠. 중년실업은 충격적입니다. 집안의 대들보인 가장이 무너진 거나 다름없으니까요. 노년입화총, 나이 들어 꽃밭에 빠지는 것은 인생 중에 최대 불행이라네요. 패가망신의 지름길이기 때문입니다. 인생살이 쉽지만은 않네요.

 인터넷은 비밀을 훔쳐 가고 꿈을 파괴하며 우리의 모습을 바꿔버리지.

- 퍼펙트 스트레인저 / Perfect Stranger(2019)

친구 집들이에서 오랜 친구들이 모여 스마트폰을 모두 공개하기로 하죠. 사생활이 개방되는 순간 악몽이 이어집니다.

SNS 악플 설리·보아

SNS에 악플 아시죠? 악플 때문에 엄청나게 마음고생하다가 숨진 연예인들도 적지 않아요. 몇 년 전에 가수 겸 배우인 설리가 악플에 시달리다 스트레스와 우울증을 극복하지 못하고 25살 꽃다운 나이에 생을 마감했죠. 최근 뉴스에선 보아가 등장합니다. 악플 응징 뉴스였어요. 데뷔 26년 차인 가수 겸 배우 보아는 자신의 인스타그램에 얼굴 사진을 올리면서 이렇게 언급했습니다. "관리 안 하면 안 한다고 욕하고, 하면 했다고 욕하고, 또 살 너무 빠졌다고 살 좀 찌우라고 해서 살 좀 찌우면 돼지 같다 하고…" 이어서 "너네 면상은 모르지만, 인생을 그렇게 시간 낭비하지 마." 실제로 악플에 시달린 한 분을 만났는데 이전 주문을 하시더라고요. "자신한테 악플 날린 놈들 모두 차 타고 가다가 전봇대나 들이받고 뒈져라." 정말로 악플은 나빠요. 보이지 않는 칼을 꽂는 거예요. 그러지 마세요.

 자나 깨나 식구들이 눈에 밟혀요. 사진보다도 더 선명하게 보인다고요. 어딜 가든지요.

- 레인 오버 미 / Reign Over Me(2007)

9·11 테러사건으로 상처가 깊은 찰리, 가족들을 떠나 고독한 삶을 살아가는 치과의사 앨런, 둘 사이의 운명의 교차와 치유를 그려냄.

참척 정광진 변호사

참척, 차마 말이나 글로 담을 수 없는 단어 가운데 하나입니다. 자손이 부모와 조부모보다 먼저 죽는 일, 이 세상에 그 어떤 슬픔과도 견줄 수 없는 참혹한 큰 슬픔을 말합니다. 지난해 이맘때(5월) 한 신문이 정광진 변호사의 별세 소식을 전합니다. 서울 법대를 졸업하고, 제1회 사법시험에 합격한 뒤 판사를 시작으로 법조계에 입문한 변호사였죠. 딸이 4명 있었는데 큰딸이 양쪽 시력을 잃었어요. 그래도 공부를 잘해 유학까지 다녀와서 서울 맹학교 교사가 됩니다. 이듬해 6월, 큰딸은 취직한 지 9개월 만에 두 동생과 삼풍백화점에 들렀다가 3명 모두 참변을 당하게 됩니다. 정 변호사는 그때 받은 보상금과 사재를 털어 딸들의 돌림자 '윤'자를 써서 삼윤장학재단을 설립해 서울 맹학교에 기증했습니다. 그 어마어마한 큰 슬픔을 딛고 평생을 어떻게 살아오셨을까? 그런 정광진 변호사는 이제 그의 딸들 곁으로 갔습니다.

 저 사람도 무슨 사연이 있겠지. 그 누구도 진짜 그 속 사정을 모르는 거거든.

- 죽여주는 여자 / The Bacchus Lady(2016)

65세 박카스 할머니. 그녀의 파란만장한 일대기를 조명한다. 그리고 한국 사회에서 소외된 어려운 이웃들, 노인문제, 안락사까지…

유태인의 인생 지혜

언젠가 이런 글을 만났어요. 유태인에게서 배우는 인생 지혜라고요. ① 그 사람 입장에 서기 전에는 절대로 그 사람을 욕하거나 책망하지 마라. ② 거짓말쟁이에게 주어지는 최대의 벌은 그가 진실을 말했을 때에도 사람들이 믿지 않는 것이다. ③ 남에게 자기를 칭찬해도 좋지만 자기 입으로 자기를 칭찬하지 마라. ④ 눈이 보이지 않는 것보다는 마음이 보이지 않는 게 두렵다. ⑤ 물고기는 언제나 입으로 낚인다. 인간도 역시 입으로 걸린다. ⑥ 당신의 친구가 당신에게 벌꿀처럼 달더라고 전부 핥아먹어서는 안 된다. ⑦ 당신이 남들에게 범한 작은 잘못은 큰 것으로 보고, 남들이 당신에게 범한 큰 잘못은 작은 것으로 보라. ⑧ 반성하는 자가 서 있는 땅은 훌륭한 성자가 서 있는 땅보다 거룩하다. ⑨ 세상에서 가장 행복한 남자는 좋은 아내를 얻은 사람이다. ⑩ 술이 머리로 들어가면 비밀이 밖으로 밀려 나간다. 이 가운데 한 가지만 골라보세요!

 참된 음악이 참된 삶이죠. 아름다움은 모든 걸 보여 줘요. 숨기는 게 없잖아요.

- 벨벳 골드마인 / Velvet Goldmine(1998)

1970년대 유행했던 영국의 글램록을 조명한 영화입니다. 예나 지금이나 뮤지션들은 나름대로의 독특한 색깔이 있죠.

첼로와 스테판 하우저

첼로라는 악기 하나로 전 세계의 여심을 사로잡은 사나이, 스테판 하우저. 86년생, 크로아티아 출신, 첼로의 황태자, 첼로의 마술사, 치명적이고 위험한 연주자. 많은 수식어가 그를 따라다닙니다. 특히 하우저는 잘생긴 외모와 섹시한 무대 퍼포먼스로도 많은 팬들의 사랑을 한 몸에 받고 있습니다. 그가 운영하는 유튜브 채널은 구독자다 312만 명. 대단하죠. 우리나라에도 스테판 하우저 연주 스타일에 버금가는 첼리스트 한 분이 있습니다. 첼리스트 이나영, 2년 전 저의 책 출판기념 북 콘서트에 모셨는데 관객들의 혼을 다 빼놓더군요. 일단 미모에 섹시함을 겸비한 데다 무대를 흔드는 퍼포먼스가 장난이 아닙니다. 국내는 물론 동남아 등 해외 공연도 자주 다니시더라고요. 최근에는 대전에서 전용 음악실을 운영하며 후배 양성에도 힘을 쏟고 있답니다. 음악에 대해 잘 모르지만, 최근 첼로 무대를 접하면서 많이 배웠습니다.

 천재성에는 인종이 없고, 강인함에는 남녀가 없으며, 또 용기에는 한계가 없지.

- 히든 피겨스 / Hidden Figures(2016)

1960년대 미국과 러시아 우주 개발 전쟁. 미국을 승리로 이끌었던 NASA 프로젝트의 숨겨진 천재 흑인 여성들의 실화를 그려 냄.

루이 11세와 점쟁이

프랑스의 루이 11세, 샤를 7세의 아들로 국왕에 즉위하면서 프랑스 절대 왕정의 기초를 마련했고, 영토도 크게 확장했죠. 당시 궁정에는 굉장히 용한 점쟁이가 있었어요. 왕의 신하가 죽는 날까지 맞힐 정도였으니까요. 일설에는 당시 왕의 총애를 받았다는 얘기도 있어요. 그런데 어느 날 루이 11세가 이 점쟁이를 종탑으로 불러들입니다. 그리고 무장한 부관들을 장막 뒤에 숨겨놓았죠. "내가 신호를 보내면 즉각 처형하라." 이미 명령을 내려놨습니다. 왕은 점쟁이를 불러 묻습니다. "네가 그렇게 용하다니까 네가 죽을 날도 맞출 수 있겠구나. 그날이 언제인가?" 순간 점쟁이는 아차 싶었습니다. 운명의 그날이었기 때문이죠. 그러나 점쟁이는 답합니다. "폐하, 아뢰옵기 황송하오나 저는 폐하보다 3일 앞서 죽을 것입니다." 그 이후 왕은 호위병까지 붙여서 점쟁이를 죽을 때까지 잘 보호했답니다.

 탐광자란 무엇일까요? 바로 거기에 있다는 걸 진정으로 믿는 사람들이죠.

- 골드 / Gold(2017)

1990년대 금광 사기 실화. 이를 바탕으로 재구성한 영화죠. 정말 그럴싸한 금맥 발견? 10여 년 전에도 유사한 사기사건이 있었죠.

금문교와 차이나타운

샌프란시스코의 상징 금문교(Golden Gate Bridge)입니다. 1933년에 착공해 1937년, 4년 만에 준공이 됐고요. 길이는 약 3km, 너비는 27m, 주탑 높이는 227.5m, 당시 기술로는 어마어마한 공사였죠. 비화도 많습니다. 공사 도중 작업을 하다 바다로 떨어져 죽는 사고가 빈번했어요. 그래서 시 당국이 뒤늦게 안전망을 설치해 사고를 막았답니다. 이때 수많은 중국인 노동자들이 목숨을 잃었는데 그 보상으로 지금의 차이나타운을 만든 겁니다. 여기서 잠깐, 시에서 안전 그물망을 설치하기 전에는 한 주에 한 명씩 떨어져 죽었는데요. 설치한 뒤로는 한 사람도 떨어지지 않았답니다. 그리고 금문교 다리 이름도 당시 골드러시 때 금을 실은 배들이 많이 다녀서 그렇게 이름을 지었다네요. 주탑을 포함해 다리 구조물은 사실 모두 붉은색이거든요. 1년에 2천만 명이 이 금문교를 찾는답니다. 그래서 이런 말도 있어요. "샌프란시스코는 금문교가 먹여 살린다."

 편집 잘해주세요. 음성변조도요. 그리고 모자이크 처리도 잊지 마시고요.

— 노리개 : 그녀의 눈물 / Norigae(2013)

고 장자연 사건을 모티브로 한 영화. 한 기자가 여배우의 성상납 사건을 취재하면서 시작됩니다. 가슴 아픈 영화죠.

2080의 법칙

보도국장 시절, 어느 날 서울에서 내려오신 총국장이 묻더군요. "이 국장, 자네의 뉴스 기준은 뭐야?" 저는 숨도 안 쉬고 답했죠. "중앙시장에서 콩나물 파는 아주머니입니다." 총국장, "너무 낮은 거 아냐?" 제가 다시 답합니다. "그 아주머니 아들이 셋 있는데요. 모두 SKY 다니거든요." 얼핏 들으면 선문답 같죠? 사실 KBS 뉴스는 우리 국민 상위 20%가 아닌 중하위 80%를 위한 뉴스를 만들어야 한다는 얘기를 한 거예요. 그래요, 2080의 법칙을 아시죠? 백화점 매출의 경우 상위 고객 20%가 백화점 매출의 80%를 차지한다는 얘기거든요. 또 다른 이론은 100명의 직원 중 상위 20%가 나머지 80%를 이끌어간다는 주장이죠. 아무튼 KBS 뉴스는 어려운 이웃들, 소외당하는 사람들, 뒷배 없고 힘없는 80%의 중하위 계층에 힘을 실어주는 뉴스를 만들어줘야 한다. 아직도 변함없는 저의 뉴스 철학입니다. 그리고 KBS는 국민의 중심에 있어야 한다. 지론입니다.

할 수 있어도 하지 말아야 할 게 있어요. 정의 없는 힘은 폭력이에요.

- 수리남 / Narco Saints(2022)

평범한 민간인이 국정원과 협력해 국제 거물급 마약왕을 검거했다는 실화를 바탕으로 제작. 속이면 살고 속으면 죽는다?

간디의 불편한 진실

인도의 국부, 인도 독립의 아버지, 때론 성인으로까지 추앙받는 마하트마 간디. 우리는 이 인도의 영웅 간디에 대해 많은 걸 배웠죠. 그런데 간디에 대한 불편한 진실이 회자되고 있어요. 내용은 이렇습니다. ① 1차 세계대전 당시 인도 청년들을 총알받이로 징병해 사지로 내몰았다. ② 바가트 싱 등의 혁명가들을 처형해 달라고 영국 정부에 요청했다. ③ 때론 자신의 정치적 목적에 따라 폭동을 조장, 방치했다. ④ 민주적으로 뽑힌 의장을 압력을 가해 쫓아냈다. 우리가 알지 못했던 간디의 업적(?)입니다. 그는 또 "내 인생에서 사장 참기 힘든 게 성욕이다"라며 70이 넘은 나이에도 어린 소녀들과 알몸으로 자기도 했다네요. 아무튼 세계적으로 위대한 지도자들이 그렇듯 공과는 다 있는 것 같습니다. 간디가 남긴 말 한마디. "겁쟁이는 사랑을 드러낼 능력이 없다. 사랑은 용기 있는 자의 특권이다." 불편한 진실 속에 용기 있는 사랑도 해보세요.

532 가장 무서운 적은 예기치 않는 곳에 있지. 그리고 전투가 힘들수록 승리는 달콤한 거야. - 리볼버 / Revolver(2005)

533 감추고 숨겨봐야 달라지는 건 없어. 햇빛이 들지 않는 곳에는 곰팡이만 펴. - 노리개 : 그녀의 눈물 / Norigae(2013)

534 개에게 뼈다귀를 주면 뼈다귀를 물어뜯지. 인간에게 권력을 주면 그 인간은 짐승이 돼. - 서부전선 이상 없다 / All Quiet On The Western Front(2022)

535 거봐요. 돈이 사람을 바꾼다고 했죠. 탐욕이 본성을 보여주는 거예요.. - 언차티드 / Uncharted(2022)

536 계획대로 잘 되지 않을 때 마법 같은 순간이 찾아오는 게 아닐까? - 해피 뉴 이어 / A Year-End Medley(2021)

537 과거가 당신을 죽이지 않도록 해요. 좋은 기억은 당신의 삶을 구할 수 있어요. - 퍼니셔 / The Punisher(2004)

538 그래, 잘 생각했어. 지난날은 모두 잊어. 이젠 앞만 보고 살아야 돼. - 당산 대지진 / After Shock(2010)

539 그렇게 머리 만질 시간에 글 한 줄 더 봐. 너의 배경을 벗어날 수 있어. - 위크엔드 인 파리 / Le Week-End(2014)

540 난 네가 맘에 들어. 하지만 네가 감당할 수 없는 일에는 끼어들지 마. - 아시아 커넥션 / Asian Connection(1995)

541 난 잘못한 거 하나도 없는데? 그런데 왜 세상은 이렇게 불공평한 거죠? - 하나 그리고 둘 / A One And A Two(2000)

542 내가 뭘 바라는 건 없어. 우리 사회는 평범한 사람들이 지탱하는 거야. - 어른 김장하 / A Man Who Heals The City(2023)

543 내 머리맡에는 책이 두 권 있습니다. 하나는 해병대 훈련 지침서, 하나는 성경입니다. - 어 퓨 굿 맨 / A Few Good Man (1992)

544 너 이 행성에 발붙인 지 몇 년쯤 됐니? 근데 벌써부터 시도조차 두려워해? - 코다 / Coda(2021)

545 누구나 서로에게 힘을 주는 거야… 혼자 강한 사람은 세상에 없단다. - 룸 / Room(2015)

546 독재자보다 더 나쁜 놈들이 있어. 바로 독재자의 하수인 놈들이지. - 헌트 / Hunt(2022)

547 때론 미친 척하고 딱 20초만 용기를 내볼 필요가 있어. 창피해도 용기 한번 내봐. - 우린 동물원을 샀다 / We Bought A Zoo (2011)

548 뜻밖의 일은 항상 생기는 법이죠. 그로 인해 인생이 놀랍도록 달라지기도 하고요. - 루스카니의 태양 / Under The Tuscan Sun(2004)

549 로마 시대에 이런 격언이 있었어. '평화를 원하거든 전쟁을 대비하라.' - 레이어 케이크 / Layer Cake(2005)

550 많이 힘들지? 나도 힘들어. 그래도 남은 시간 즐겁게 살아야 되지 않겠니? - 하모니 / Harmony(2010)

551 매사에 쓴맛을 느끼지 못한다면 결코 단맛을 느낄 수 없는 법이지. - 바닐라 스카이 / Vanilla Sky(2001)

552 뭐 어느 집안에나 소쩍새 우는 그런 슬픈 사연 하나씩은 다 있잖아요. - 암살 / Assassination(2015)

553 미국은 그런 패배자들을 구해주지 않아. 미국은 승자를 위한 나라니까. - 라스트 홈 / 99 Homes(2016)

554 발길질을 당한 개보다는 귀여움을 받은 개가 더 온순한 법이죠. - 황야의 무법자 / A Fistful of Dollars(1966)

555 밤이 아무리 어둡고 희망이 안 보여도 어둠 뒤엔 늘 빛이 있는 법이야. - 언브로큰 / Unbroken(2015)

556 배고픈데 글은 배워 뭐해요? 지금 글을 배워놔야 훗날 배를 안 곯지. - 적벽대전 / Red Cliff(2008)

557 백미러는 보지 마라. 뒤에 뭐가 있는지는 전혀 중요하지 않아. - 마이 원 앤드 온리 / My One And Only(2009)

558 법도 정의도 돈 있는 놈들한테는 정말 아무것도 아니야. - 한공주 / Han Gong-Ju(2014)

559 법! 법! 아직도 법 타령이니? 법으로 뭘 할 수 있는데? 말해봐. - 재심 / New Trial(2017)

560 법은 만인에게 평등하지만, 만인에게 모두 적용되는 건 아니야. - 더블 크라임 / Double Jeopardy(1999)

561 법이 뭐냐고? 가진 놈들이 자기 이익 보호하려고 만든 게 법이야. - 재심 / New Trial(2017)

562 병사 1천 명 얻는 건 쉽지만 장수 한 명을 얻는 건 어려운 법이지. - 천하무적 / A World Without Thieves(2009)

563 빨리 사과해. 우리 할아버지도 해병대 출신이야. 너 몇 기야, 몇 기냐고? - 어린 신부 / My Little Bride(2004)

564 사람들은 남의 일에 무관심해. 강간을 당할 때도 "불이야" 라고 외쳐야 돼. - 세븐 / Seven(1995)

565 사람들이 법을 만들지만 법이 항상 옳은 건 아니죠. 더러 잘못된 것도 있죠. - 아메리칸 지골로 / American Gigolo(1985)

566 살다 보면 어떤 사람이 될지 스스로 결정해야 해. 그 결정은 남에게 미룰 순 없어. - 문라이트 / Moonlight(2016)

567 세상 밖으로 너를 꺼내. 그리고 기회를 잡고 더욱 과감해지는 거야. - 런던 시계탑 밑에서 사랑을 찾을 확률 / Man Up(2016)

568 슬픔이 파도처럼 덮치는 사람이 있지. 반면에 서서히 물드는 사람도 있어. - 헤어질 결심 / Decision To Leave(2022)

569 아무 걱정하지 마. 누가 뭐라 해도 우린 잘할 거야. 그렇게 정해져 있어. - 지금 만나러 갑니다 / Be With You(2018)

570 어느 누구도 믿지 마라. 그 어떤 것도 눈에 보이는 액면 그대로 믿지 마라. - 리쿠르트 / The Recruit(2003)

571 어떻게 될지 아무도 몰라. 끝까지 가봐야 해. 그러니까 절대 포기하지 마. - 달이 지는 밤 / Vestige(2022)

572 어른들이 이 전쟁을 일으켰지. 그런데 왜 젊은이들이 전선의 총알받이가 돼야 하는 거야. - 덩케르크 / Dunkirk(2017)

573 연습은 하루 안 하면 내가 알고, 이틀 안 하면 동료가, 3일 안 하면 관객이 알지. - 더 컨덕터 / The Conductor(2019)

574 왜 시대의 변화에 맞서려고 해요. 변화에 동참하지 않고요. - 외로운 보안관 / Firecreek(1968)

575 요즘 사람들은 사과하는 법을 다 잊어버렸어요. 그 누구한테도 그 무엇이든지. - 언힌지드 / Unhinged(2020)

576 용기 있는 후퇴라는 말도 있잖아. 도망가야 제2의 기회도 잡을 수 있는 거야. - 멋진 세계 / Under The Open Sky(2022)

577 인생은 항상 뜻대로만 되는 게 아니야. 그렇지만 너에게도 좋은 날이 올 거야. - 마크맨 / The Marksman(2021)

578 잠이 꿈을 가져다주듯 바다는 모든 사람들에게 희망을 주지. - 붉은 10월 / The Hunt For Red October(1990)

579 재판장, 당신은 정의를 외면했어요. 이제부턴 내가 바로 잡겠어요. - 아이 엠 마더 / Peppermint(2019)

580 저의 옛 남자친구 5명 중 3명의 말을 빌리자면 제가 위기를 즐긴다네요. - 블러드 다이아몬드 / Blood Diamond(2007)

581 적에게서 정보를 캘 땐 수단과 방법을 가려선 안 돼. 난 늘 최고였거든. - 하이 크라임 / High Crimes(2002)

582 조금 굴곡진 삶을 산다고 해서 불행해지는 건 아냐. 좀 많이 힘들 뿐이지. - 안녕 나의 소울 메이트 / Soul Mate(2017)

583 조용한 사람을 조심해. 그들은 남들이 떠들 때 지켜보고 있어. 남들이 쉴 때 공격하지. - 바이스 / Vice(2019)

584 지나간 파도에 미련을 두지 마. 기다리면 곧 좋은 파도가 밀려올 테니까. - 와일드 / Wild(2015)

585 최고의 순간은 절호의 기회에서 나온다. 오늘 밤이 바로 그런 순간이다. - 미라클 / Miracle(2004)

586 패자나 최선 운운하는 거야. 승자는 집에 가서 미인을 손에 넣지. - 더 록 / The Rock(1996)

587 해병은 무적이다. 긴장하지 마라. 훈련받은 대로만 하면 된다. - 월드 인베이전 / World Invasion : Battle LA(2011)

현명한 사람은 길을 찾지만, 우둔한 사람은 자신을 가둔다네요. - 소년 시절의 너 / Better Days(2020)

 힘없는 정의는 무능력이고 정의 없는 힘은 폭력일 뿐입니다. - 바람의 파이터 / Fighter In The Wind(2004)

제6장
건강과 장수

세월은 피부를 주름지게 하지.
그런데 열정을 포기하면 영혼이 주름지게 돼.

 급한 일 아니면 무조건 걸어 10km 이내는, 돈 아끼고 운동 되고 얼마나 좋니?

– 티끌 모아 로맨스 / Penny Pinchers(2011)

국보급 짠순이가 등장하는 현실 밀착형 로맨틱 코미디. 그래도 건강 관련한 저 명대사도 거의 국보급입니다.

만 보 걷기와 와인 두 잔

이런 얘기 들어보셨나요? 70세의 남성이 건강검진을 받고 며칠 뒤 의사를 찾습니다. 의사는 모든 검진 결과가 정상이라며 건강 비결을 묻습니다. 그러자 이 남성이 답합니다. "날마다 만 보씩 걸은 뒤 집에 와서 와인 두 잔을 마십니다." 그러자 의사가 또 묻습니다. "어르신의 아버님은 언제 돌아가셨나요?" 남성은 답합니다. "무슨 말씀이신지요. 저의 아버님은 올해 97세로 오늘 저와 함께 만 보를 걷고 나서 와인 두 잔을 마셨습니다." 의사는 놀라는 눈치로 다시 말합니다. "장수 집안이시군요. 그럼 할아버지는 어떠신지요?" 그러자, "할아버지는 오늘 매우 바쁘십니다. 올해 118세입니다. 그런데 그의 전속 간병인이 임신해서 오늘 오후에 결혼식을 올립니다." 이 말을 들은 의사는 그날 이후 매일 만 보씩 걷고 있습니다. 그리곤 집에 와서 와인 두 잔을 마십니다. 지금도 그 의사는 만 보 수행 중입니다.

 나는 매일 내가 하고 싶은 일만 하면서 살아. 그 대신 엄청나게 애써서 하지.

- 찬실이는 복도 많지 / Lucky Chan-sil(2020)

젊은 영화 프로듀서의 현생은 망했다? 영화인들의 실상을 담아보려 한, 노력이 돋보인 영화처럼 느껴진 건 왜일까?

보리밥집 노하우와 할머니

사무실 주변에 보리밥 맛집이 하나 있어요. 된장찌개 맛이 일품이죠. 그리고 보리밥에 들어가는 야채도 정갈하게 손질해서 커다란 접시에 따로 내옵니다. 열무김치, 겉절이도 맛이 있고요. 또한 다른 별미가 하나 더 있는데요. 바로 얼큰 수제비입니다. 국물 맛이 중독성이 있어요. 수제비와 감자를 떠먹으면서 얼큰한 국물 맛에 빠져들게 되죠. 어느 날 식당에 들렀더니 나이 지긋한 80대 할머님께서 황태포를 잘게 찢고 계십니다. "아니 왜 황태포를 잘게 찢으세요?" "이래야만 손님들이 드시기 편하지!" 그동안 얼큰 수제비 안에 국물 맛이 바로 저 황태포였나 하는 생각이 들더라고요. 그리고 할머님의 남다른 정성! 그래요, 집안에 노인이 한 명도 없다면 한 사람 빌려와라. 그리스 속담이죠. 오래된 나무일수록 예쁜 꽃을 피운다는 말이 가슴에 새겨집니다. 보리밥 한 그릇, 수제비 한 대접에도 할머님의 노하우가 담겼잖아요.

 내 목 위로는 좀 문제가 있지만 목 아래쪽은 거의 다비드 수준이죠.

- 나우 유 씨 미 : 마술사기단 / Now You See Me(2013)

무명의 마술사기단, 이들이 마술쇼에서 3초 만에 파리 은행의 비자금 320만 유로, 우리 돈 47억 원을 털었다면?

건강 수명과 노화 예방

요즘은 건강 수명도 늘어서 75세까지는 지적 기능이나 체력, 내장 기능 등이 중년 때와 큰 차이가 없다네요. 그만큼 신중년 세대가 증가한 셈입니다. 다만 75세가 넘어 80대가 되면 노화가 심해질 수 있다는 얘깁니다. 노화, 예방해야겠죠? 노화 예방을 위한 몇 가지 팁을 제시합니다. 참고해보세요. ① 운동을 하고 종종 햇볕도 마주하라. 운동은 최고의 보약이고, 햇빛은 숙면에 도움을 준다. ② 넘어지지 말고 다이어트도 금물이다. 3주만 입원해도 금방 쇠약해진다. 나이 들어 조금 통통해도 괜찮다. ③ 고기도 먹고 입맛 자극하는 거 다 먹어라. 고기는 행복 물질을 생산해주고 의욕을 부추긴다. ④ 요리도 해보고 변화 있는 생활도 해보자. 새로운 도전으로 완고한 노인이 되지 마라. ⑤ 운전면허증 반납 말고 경험도 공유하라. 운전을 그만두면 간병 받을 확률이 두 배 높아진다. 아무튼 몇 가지 제안을 했는데요. 이 가운데 실현 가능한 일은 모두 해보세요.

 노인들한텐 배울 점이 많아요. 현재와 과거의 연결고리니까요.

- 존 말코비치 되기 / Being John Malkovich(1999)

인형을 조종하는 한 남자가 배우 존 말코비치의 머릿속으로 들어가 다른 사람으로 살아보려는 욕망을 담은 블랙 코미디.

삼행삼지, 우아한 노후

삼행삼지(三行三止)라고 들어보셨는지요. 나이 들수록 행할 것 세 가지와 하지 말아야 할 것 세 가지를 말합니다. 삼행은 첫째, 운동하기입니다. 건강한 노후생활을 위해서는 적당한 운동은 필수항목이죠. 둘째는 빚 갚기랍니다. 살아오면서 신세 진 것은 다 갚아야죠. 특히 경조사비는 품앗이입니다. 셋째는 모임에 참석하기, 좋은 친구들 모임에 참석해 유익한 대화도 나누고 스트레스도 풀고 좋죠? 삼지는 첫째, 남의 일 간섭 말기입니다. 나이 들어서 남의 일에 끼어들어 미주알고주알 하면 욕만 먹습니다. 두 번째는 헐뜯거나 험담해선 안 됩니다. 나잇값 해야 합니다. 세 번째 하지 말아야 할 것, 바로 넘어지기. 이건 매우 중요한 겁니다. 낙상사고는 치명적입니다. 안전사고도 조심해야 합니다. 삼행삼지, 한 번쯤은 새겨볼 만합니다. 건강하고 중후하게 나이 들어가는 모습이 아름답습니다.

다음 단계는 타인을 조정하는 거, 그러려면 뇌 용량의 40%를 써야 하죠.

- 루시 / Lucy(2014)

평범한 인간이 뇌 능력을 100% 활성화한다면 무슨 일이 벌어질까? 이런 흥미로운 가정을 설정한 액션 SF 영화죠.

뇌졸중 징조 STR

한 부인이 파티장에서 살짝 넘어집니다. 사람들이 부축해 일으켜 세워주죠. "괜찮으세요, 부인?" "네, 괜찮아요. 구두가 새것이라서 잠시 휘청거렸을 뿐이에요." 이 부인은 그날 파티를 즐기며 맛있게 드시고 귀가했죠. 다음날 저녁, 부인은 유명을 달리합니다. 사인은 뇌졸중이었어요. 신경과 전문의들은 말합니다. 뇌졸중 환자들은 증상이 발현한 직후 3시간 이내에 치료하면 다 살릴 수 있답니다. 뇌졸중, 영어로는 STROKE입니다. STR이면 OK입니다. 뇌졸중 징후가 의심될 때는 ① Smile 웃어보세요. ② Talk 말을 해보세요. ③ Raise 두 팔을 위로 올려보세요. 이 세 가지 중 하나라도 하지 못하면 즉시 구급차를 부르라고 조언합니다. 하나 더 추가하자면 혀를 내밀었을 때 혀가 꼬부라져 있다면 이 또한 뇌졸중 징조라 합니다. 혹시 주변에 이런 징후들이 나타나는 경우 즉시 구급차를 부르는 걸 잊지 마세요. STR 아셨죠?

 당신 보고 수군대는 사람들 신경 쓰지 말아요. 시간이 좀 걸리겠지만 곧 자신감을 찾을 거예요.

- 헨리 이야기 / Regarding Henry(1991)

잘 나가던 뉴욕의 일류 변호사가 갑자기 사고로 식물인간이 됐다. 그 뒤 재활치료를 하며 인간성과 가족관계 회복에 방점.

최선 최악 인간의 혀

탈무드에 나오는 얘깁니다. 어느 날 왕이 광대 2명을 불러 명을 내립니다. 한 광대에겐 "이 세상에서 가장 악한 걸 찾아오라." 다른 광대에겐 "이 세상에서 가장 선한 걸 찾아오라." 두 광대는 세상 곳곳을 돌아다니다 몇 년 후 왕 앞에 나타났습니다. 공교롭게도 두 광대가 내놓은 것은 '인간의 혀'였습니다. 가장 선하면서도 가장 악한 것은 인간의 혀였던 것입니다. 스페인 격언입니다. '화살은 심장을 관통하고 매정한 말은 영혼을 관통한다.' 우리 조상들도 예부터 '혀 아래 도끼 들었다'라며 말조심을 당부했습니다. 또 이런 말도 있잖아요. "입술의 30초가 가슴의 30년 된다"고요. 요즘 SNS 댓글창에 보면 살벌한 표현들이 난무합니다. 그래서 공격을 받은 젊은 친구들이 스스로 목숨을 끊는 경우도 종종 있었고요. 참으로 안타까운 일입니다. 말과 글 모두 생명을 살리는 쪽으로 쓰여져야 합니다. 하늘은 우리가 하는 모든 걸 지켜보고 있습니다.

 테킬라, 이 술밖에 없어요. 사막을 여행할 때 모래바람을 이겨내게 해주죠.

- 황야의 분노 / Day of Anger(1967)

대표적인 마카로니 웨스턴, 노련한 최고의 총잡이와 그의 제자와의 피할 수 없는 숙명적 대결을 담고 있어요.

역대 정부 건배사

술자리에서 흔히들 건배사를 많이 하시죠? 역대 정부에서도 대통령과 함께 하는 만찬장에서 건배사가 유행을 하기도 합니다. 박근혜 정부에선 비행기 - 비전을 갖고 행하면 기적을 이룬다라는 뜻이랍니다. 한때 이명박 정부에선 4대강 - 살리자가 등장했고요. 노무현 정부에선 사자 - 어흥, 그리고 거시기 - 거절하지 말고 시키는 대로 기쁘게 마시자가 많이 유행했습니다. 이 밖에도 아줌마 우정은 디질 때까지 - 아우디, 진하고 달콤한 내일을 위해 - 진달래, 청춘은 바로 지금 - 청바지, 마시고 돈 내고 나가자 - 마돈나, 오빠가 바래다 줄게 마셔 - 오바마(19금), 오래도록 징그럽게 어울리자 - 오징어, 박력 있고 카리스마 있고 스피드하게 마시자 - 박카스, 마음도 나누고 피도 나누는 아름다운 우정 - 마피아 등등 재미있는 게 많이 있네요. 골라서 활용해보세요.

 미나리는 어디서나 잘 자라지. 그리고 부자든 가난한 사람이건 다 먹고 건강하게 해줘.

- 미나리 / Minari(2021)

미국 아칸소에 둥지를 튼 한국 이민 가족의 희망과 일상. 그들의 특별한 여정을 담아낸 수작. 역시 가족이 최고죠.

103세 할머니 깍두기 사랑

어린 시절 동양방송(현 KBS)에서 진행된 '장수만세'라는 프로그램이 있었어요. 당시 103세의 할머니께서 출연했는데 진행자인 황인용 아나운서가 묻습니다. "할머니, 제일 좋아하시는 반찬이 뭐예요?" 할머니께서 답합니다. "깍두기." 어린 마음에 아~ 깍두기를 먹으면 103살까지 사는구나. 지금도 깍두기를 좋아합니다. 사실 깍두기는 담그기도 쉽죠. 우선 무를 깨끗이 씻은 다음, 위아래를 잘라내요. 그리곤 먹기 좋게 가로 세로 1.5cm 크기로 썰어줍니다. 그런 다음 굵은소금으로 30분 정도 절여주고요. 소금물을 빼내 건진 다음 매콤한 양념에 잘 버무려 주면 끝. 참 쉽죠? 여기에 생강을 잘게 채 썰어 넣으면 향도 좋아요. 무에는 아밀라아제라는 소화효소가 있어 소화를 돕는 천연소화제 효능이 있고요. 피부미용, 면역력 강화, 혈액순환 개선 등의 효과가 있다고 하네요. 참, 깍두기용 무는 제주산 월동무가 맛있더라고요. 참고하시고요. 깍두기 드시고 103세까지 사세요.

 미래는 언제나 빨리 그리고 예측하지 못한 방식으로 다가온다고.

- 우리의 20세기 / 20th Century Woman(2016)

싱글 맘과 늦둥이 아들, 전쟁터나 다름없는 일상사가 완전 코미디죠. 두 여인의 조력으로 아들의 인생 과외까지…

내일을 믿지 마라 최인철 교수

서울대 심리학과 교수이자 행복연구센터장인 최인철 교수가 언젠가 이런 강의를 했어요. 공무원인 남편과 초등교사인 아내가 있었어요. 은퇴하면 시골서 전원생활을 하면서 1년에 한 번씩은 꼭 해외여행을 하기로 계획을 세웠죠. 그리곤 열심히 살면서 시골에 내려가 심을 식물 종자를 구입하고 해외여행 갈 때 입을 옷가지도 마련했답니다. 그러나 야속하게도 남편은 정년을 2년 앞두고 폐암으로 숨을 거둡니다. 그 이후 아내도 우울증에 걸려 사람들을 만나지 않았죠. 어느 날 시집간 딸이 어머니 집을 정리하러 왔습니다. 벽장 속엔 각종 씨앗과 여행용 옷들이 가득했어요. 그걸 바라보던 따님의 눈에 눈물이 고입니다. 다 무슨 소용이 있겠어요. 내일을 믿지 마라. 최 교수가 하는 말입니다. 당신의 해가 저물면 노래를 부르기엔 너무 늦다. 가슴 저리게 사랑하고, 그 사랑을 지금 즐겨라. 그 영화 생각나시죠? 죽은 시인의 사회. 카르페 디엠.

 부처님이 말씀하시길 떠나간 여인을 잡으려 말고 떠나간 네 마음을 잡으라 했어.

- 내 생애 가장 아름다운 일주일 / All For Love(2005)

주인공들의 감동적인 이야기와 섬세한 감정표현, 예상치 못한 전개가 돋보이죠. 현대인들의 사랑과 우정을 잘 그려냄.

계룡산 신원사 좋은 글귀들

계룡산 남쪽으로 신원사란 천년 고찰이 있어요. 요즘 절을 개방해서 경내에 차량 출입이 가능하고, 특히 점심 공양은 방문객이면 누구나 다 그냥 드실 수 있지요. 참 고마운 사찰입니다. 절 바로 위쪽으로 중악단이 위치해 있고요. 경내를 걷다 보니 좋은 글귀들이 눈에 띕니다. 잠시 소개해드릴게요. '온 우주가 너를 응원해.' '가까운 사이일수록 애틋하게 여기고, 익숙한 사이일수록 어려워하라.' '늘 이로운 말을 해서 나와 남을 편안하고 즐겁게 하라.' '인생은 작은 인연들로 아름답습니다.' '고운 말은 세상에서 가장 좋은 선물이지요.' '복은 검소할 때 쌓이고, 덕은 겸양에서 생기며, 지혜는 고요히 생각하는 데서 생긴다.' 이 밖에도 부처의 가르침을 새겨놓은 목판들이 즐비합니다. 절간을 거닐며 이런저런 상념들이 떠오르지만 그래도 와닿는 글귀들이 있을 거예요. 산사에서의 하루, 명상과 함께 해보시죠.

 사람들이 느끼는 두려움은 모두 6가지. 파산, 비난, 질병, 상실, 노화, 죽음이지.

- 더 타겟 / Reach Me(2015)

의문의 남자. 그가 쓴 자기계발서가 많은 사람들에게 영감을 주는데, 희망을 건네준 사라진 저자, 그의 행방은?

남두육성 북두칠성

중국 삼국 시대 위나라의 전설이 하나 있죠. 위나라에 유명한 점성술사 겸 관상가, 관로라는 사람이 있었죠. 하루는 19살 청년을 만나 관상을 봐줍니다. 얼굴을 딱 보니 주요기(요절하는 기운)가 있다며 요절할 상이라고 알려줘요. 이 청년은 곧바로 아버지에게 이 사실을 알립니다. 아버지는 관로에게 찾아가 묻습니다. "어떻게 하면 아들을 오래 살게 할 수 있겠나요?" 관로가 알려줍니다. "몇 월 며칠 몇 시에 어디로 찾아가면 바둑을 두고 있는 두 노인을 만날 것이다. 그 노인들에게 술과 사슴 고기를 주라." 드디어 청년이 그날이 돼서 바둑 두는 두 노인을 만납니다. 그리고 술과 사슴 고기를 건네드립니다. 한참 바둑을 두던 두 노인이 묻습니다. 사정을 말하자 북쪽 노인은 장부에 19세로 적혀 있는 걸 봅니다. 그러자 남쪽 노인은 십구(十九) 십자에 작대기 하나를 그어 구(九)자로 만들어줍니다. 99세가 된 셈이죠. 북쪽 노인은 죽음을 관장하는 북두칠성, 남쪽 노인은 삶은 관장하는 남두육성이랍니다.

 성경에 365번 나오는 얘기가 뭔 줄 알아? 두려워하지 마라. 걱정한다고 뭐가 달라지나?

– 티끌 모아 로맨스 / Penny Pinchers(2011)

'연애와 종교, 병은 돈 아까워 못한다.' 국보급 짠순이의 돈 벌기 노하우. 백수와 짠순이의 이상야릇한 동업 이야기.

두려워하지 말라 범브란트 목사

성경의 가르침 중에 365번 언급된 말이 있습니다. 뭘까요? 바로 "두려워하지 말라"입니다. 이사야 41장 10절에는 이렇게 쓰여 있죠. "두려워하지 마라. 내가 너와 함께 함이라. 놀라지 마라. 나는 네 하나님이 됨이라. 내가 너를 굳세게 하리라. 참으로 너를 도와주리라. 참으로 나의 의로운 오른손으로 너를 붙들리라." 그런데 실제로 성경에서 "두려워하지 마라." 이 말을 세어보신 분이 계시죠. 루마니아의 살아있는 순교자로 불렸던 리차드 범브란트 목사입니다. 범브란트 목사는 26세에 기독교에 입문해 복음을 전파하다 공산 치하에서 무려 14년간 옥고를 치릅니다. 감옥생활을 할 때 성경을 읽으며 직접 "두려워 말라"를 세어봤더니 365번 나오더랍니다. 1966년 미 상원에서 증언할 때 상의를 벗고 고문으로 생긴 상처 18곳을 보여줬죠. 그리고 이 사실이 전 세계에 알려졌고요. '순교자들의 소리' 창설자이기도 합니다. 참으로 대단한 분이시죠.

 세상은 하나의 커다란 놀이터야. 그런데 사람들은 어른이 되면서 노는 법을 잊어버리지.

- 예스맨 / Yes Man(2008)

인생 역전 프로그램에 가입, 180도 삶이 뒤바뀐 사나이의 이야기. '긍정적인 사고가 행운을 부른다.' 긍정 에너지가 넘치죠.

주옥같은 송해 어록

제가 KBS 출신이다 보니 송해 선생을 또 언급하게 되네요. 송해 선생의 평상시 어록이 자주 회자되고 있어요. 제가 들은 바로는 "무대 왼쪽에서 올라오는 사람이 돼라"는 거였어요. KBS 전국노래자랑을 보세요. 출연자들은 모두 무대 오른쪽에서 올라와요. 초청가수들은 무대 왼쪽이고요. 무슨 뜻인지 이해되시죠? 이런 말씀도 남기셨어요. "사회자는 죽은 나무도 산 나무로 만들어줘야 한다." "움직일 때마다 출연자를 최고로 예우해주는 태도가 중요하다." "그래서 나는 녹화가 끝날 때까지 앉지 않고 끝까지 서서 진행한다." "관객이 단 1명 있을지라도 만 명이 있다는 자세로 대해야 한다." "무대인은 무대만 생각하며 살아야지 옆길을 돌아보면 무대가 소홀해지기 마련이다." "웃음 아낄 거 없다. 죽는 그날까지 무대에서 사람들과 웃고 싶다." 국민 MC 송해 선생의 말씀들이 모두 주옥같습니다.

 세월은 피부를 주름지게 하지. 그런데 열정을 포기하면 영혼이 주름지게 돼.

- 인천상륙작전 / Operation Chromite(2016)

성공 확률 1/5,000, 이 작전을 성공시키기 위해 목숨을 건 첩보전이 시작된다. 팔미도 등대의 점등은 누가 했을까?

황혼의 사춘기

'황혼의 사춘기'라는 말 들어보셨나요. 여기에 잠시 그 글을 소개해볼게요. 아직은 바람이고 싶다. 조용한 정원에 핀 꽃을 보면 그냥 스치지 아니하고 꽃잎을 살짝 흔드는 바람이고 싶다. 스테이크 맛이 일품이고, 커피향이 아무리 짙더라도 조용한 음악이 없으면 왠지 허전하고, 언제 보아도 머리를 청결하게 감은 아가씨가 서빙해야 마음이 흐뭇한 노년의 신사이고 싶다. 어르신이라고도 부르지 마라. 질풍노도 같은 바람은 아닐지라도 여인의 치맛자락을 살짝 흔드는, 산들바람으로 저무는 황혼을 멋지게 살고 싶어 하는 오빠라고 불러다오. <중략> 마음이 통하는 여인과 함께라면 날밤을 지새우고 싶은 바람이고 싶다. 아직은 립스틱 짙게 바른 여자를 보면, 살 내음이 전해와서 가슴에 잔잔한 파동을 일으키는 나이, 이제는 어르신이라 부르지 말고 오빠라고 불러주면 좋겠다. 황혼의 사춘기에서 방황하고 있는 영혼이 그대의 나이랍니다.

 소중한 순간이 오면 따지지 말고 누려요. 내일이 있으리란 보장은 없으니까요.

- 창문 넘어 도망친 100세 노인 / The 100 Year Old Man Who Climbed Out The Window And Disappeared(2014)

세계 역사를 뒤바꾼 시한폭탄 할배? 초능력자인 100세 할배의 모험이 무궁무진 펼쳐지는 코미디, 스웨덴 영화.

칠링 킨포크 휘게 단사리

그래요, 한때는 소확행이란 말이 유행했었죠. 작지만 확실한 행복의 줄임말이죠. 사람들은 이제 복잡한 도시생활에서 벗어나 자신만의 소소한 행복을 추구하는 경향이 대세인 것 같습니다. 칠링, 열을 식히며 여유로운 삶을 즐기는 거고요. 킨포크, 가까운 사람들과 여유롭고 행복한 삶을 추구한다는 뜻이래요. 오캄, 프랑스어로 고요하고 한적하게 스트레스 덜 받고 행복을 누린다는 거고요. 라곰, 스웨덴 말로 적당히 소소한 행복을 추구하기란 뜻이래요. 휘게, 노르웨이 말, 덴마크에서 유행했죠. 가족과 함께 행복하고 건강한 삶을 누리는 것. 그리고 단사리, 끊고 버리고 떠나라는 뜻의 일본어로 삶이 가벼워지는 방법이랍니다. 어떠세요? 맘에 드는 단어 하나 골라 쓰세요. 행복은 누가 주는 게 아니라 내가 챙기는 것이니까요.

 손가락 베었어요? 손을 이렇게 높이 들어봐요. 이렇게 심장에서 멀리.

- 봄날은 간다 / One Fine Spring Day(2001)

사운드 엔지니어와 라디오 PD와의 우연히 찾아온 사랑, 아름답고 눈부셨지만 짧고 아팠던 어느 봄날의 사랑 이야기예요.

혈관 나이 젊게 해야

우리 몸에 퍼져 있는 혈관의 길이는 얼마쯤일까요? 정답은 10~12만 km, 지구 둘레의 2~3배 정도랍니다. 이 혈관이 건강해야 장수할 수 있는 겁니다. 삼성서울병원 혈관외과의 김동익 교수는 말합니다. "사람은 혈관부터 늙는다. 따라서 혈관 나이를 젊게 만드는 게 건강 비결이다." 김 교수는 그의 저서「몸이 되살아나는 혈관 건강비법」을 통해 혈관 건강을 위해 다음의 4가지 운동을 해야 한다고 주문하고 있습니다. ① 유산소 운동입니다. 조깅·걷기·수영·자전거 타기·가벼운 등산이 도움이 된답니다. ② 무산소 운동으로 단거리 전력질주·다이빙·역도 등을 추천하고 있습니다. ③ 근력운동을 하면 동맥 혈관의 탄력성이 증가하며 모세혈관이 발달한답니다. ④ 스트레칭입니다. 운동 전후로 스트레칭을 해주면 심장의 무리를 예방할 수 있습니다. 아무튼 혈관 나이를 20~30대로 해놓으세요. 우리 몸이 반길 겁니다.

 숨을 깊게 들이마신 뒤 절반만 내뿜고 방아쇠를 당겨, 어깨에 힘 빼고.

- 마크맨 / The Marks Man(2020)

남자들이 얘기할 때 여자들이 듣기 싫어하는 얘기가 두 개 있죠. 하나는 군대 얘기, 또 다른 하나는 축구 얘기랍니다.

사격술과 호흡법

그런데 제일 싫어하는 얘기는 군대에서 축구 찬 얘기라네요. 싫어하는 얘기 하나 할게요. 사실 위의 명대사는 군대에서 사격훈련의 기본입니다. 사격을 할 땐 호흡이 제일 중요하죠. 심호흡을 한 뒤 절반만 내뿜고 호흡을 멈춘 상태에서 방아쇠를 당깁니다. 명중률 100%예요. 저도 해병대 시절 특등사수였지요. 과녁에 거의 백발백중, 재미있더라고요. 그런데 이 명대사가 골프를 칠 때도 적용이 됩니다. 드라이버를 잡고 티박스에 올라 어드레스를 취한 뒤 위의 호흡법을 해요. 그리고 나서 스윙을 하면 정타가 나오더라고요. 우드나 아이언 샷도 마찬가지예요. 미스샷도 줄이고 방향성도 좋아집니다. 그런데 군대에서 사격이라고 하는 거 실은 살인 훈련이거든요. 옳지는 않지만, 조국 수호를 위한 불가피한 선택일 수밖에. 지금까지의 세계사도 그리해 왔지요.

 악착같이 기억하고 싶은데 뻔뻔하게 기억이 안 나, 어떡하니? 미안해.

– 장수상회 / Salut D'Amour(2015)

알츠하이머, 치매를 다룬 영화죠. 얼핏 시작은 고집불통 해병대 출신 70대 노인의 첫사랑 같지만, 반전이 있어요.

치매 예방 특별처방

치매 예방에 대한 새로운 연구 결과가 나왔습니다. 결론부터 말하자면 턱 밑 목 부위를 아침저녁으로 10~15분씩 마사지를 꾸준히 해주면 됩니다. 뇌척수액의 흐름을 원활하게 해주기 때문이랍니다. 이 같은 연구 결과는 고규명 기초화학연구원 혈관연구단장이자 KAIST 특훈 교수연구팀이 최근에 밝혀낸 사실입니다. 연구에 따르면 사람 뇌의 척수액은 그 양이 평균 150ml인데 하루에 450~500ml의 뇌척수액이 새로 만들어진답니다. 그럼 새로 만들어지는 뇌척수액은 뇌 아래쪽 림프관을 통해 빠져나간다는 거죠. 결국 나이가 들면 뇌척수액 배출 통로인 림프관이 막혀 뇌척수액이 쌓이게 되고, 이게 바로 치매로 연결된다는 겁니다. 그러니 부지런히 턱 밑 목 부위를 마사지해 주세요. 고규명 단장은 이번 연구로 우리나라 최고의 영예 중 하나인 대한민국 과학기술인상을 수상했습니다.

 얼굴도 웃고 마음도 웃고, 그리고 몸속에 간도 웃어 야 해. 알겠지?

- 먹고 기도하고 사랑하라 / Eat Pray Love(2010)

서른한 살 미모의 저널리스트, 진짜 자신을 발견하기 위한 여정. 이탈리아에서 신나게 먹고 인도에선 기도하고 발리에선?

신비의 명약 5가지

불로초를 아시죠? 중국 진나라 황제 진시황이 불로장생을 위해 찾았던 것. 그러나 결국은 찾지 못한 채 49세의 나이로 생을 마감합니다. 그런 불로초 같은 신비의 명약이 있답니다. 첫째는 웃음, 웃으면 나오는 '엔돌핀', 스트레스 해소에 최고 명약이랍니다. 둘째는 감사, 감사하면 '세로토닌'이 나오면서 우울증을 없애주고요. 셋째는 운동, 운동을 하면 '멜라토닌'이 생성돼 불면증을 해결해줍니다. 넷째, 사랑입니다. 사랑을 하면 '도파민'이 나오면서 혈액순환을 도와줍니다. 그리고 다섯째는 감동, 감동을 하게 되면 '다이돌핀'이 나오는데 만병통치약이랍니다. 이 다섯 가지 명약은 돈 주고도 살 수 없는 신비의 명약이랍니다. 참고로 타임지가 선정한 10대 슈퍼 푸드를 올립니다. ① 케일 ② 퀴노아 ③ 블루베리 ④ 연어 ⑤ 아보카도 ⑥ 고구마 ⑦ 호두 ⑧ 브로콜리 ⑨ 시금치 ⑩ 토마토. 네네, 건강 잘 챙기세요.

 엄만 하나도 안 변했네! 열심히 일해서 그렇지, 그게 젊음의 비결이란다.

- 바벨 / Babel(2007)

사건에도 인과 연이 있다? 이 영화는 모로코, 일본, 멕시코를 배경으로 일련의 사건이 이어지죠. 청불 스릴러.

우주 최강 동안 이길여 총장

우주 최강 동안은 누구일까요? 올해 나이 93세인 가천대 이길여 총장을 두고 한 말입니다. 최근 대학 축제 때 무대에 올라 싸이의 춤을 출 정도로 건강하고 얼굴도 탄력이 넘칩니다. 다들 그 동안비결, 건강비결이 궁금하시죠? 첫 번째는 하루도 거르지 않는 운동 습관입니다. 수십 년간 요가와 스트레칭을 해오고 있으며 하루 1시간은 걷기 운동을 하고 있습니다. 두 번째는 저염식의 식습관입니다. 특히 물을 자주 마시면서 저염식으로 혈압을 관리해 오신 겁니다. 세 번째 외로움이 없다는 것. 지금까지 미혼으로 살고 있지만 매 순간 행복을 경험하고 있답니다. 네 번째는 열정적으로 일하고 새로운 걸 배운다는 거예요. "멈추면 죽는 거다. 죽을 때까지 일해야 사는 거다." 이 총장의 철학이죠. 다섯 번째는 스트레스 관리를 잘한다는 겁니다. 당연한 얘기겠죠. 이길여 총장의 건강비결, 잘 따라 해보세요.

 예순다섯하고 며칠 뒤에 내가 깨달았지. 가장 중요한 건 '원치 않는 일에 시간을 낭비하지 마라.'

- 그레이트 뷰티 / La Grande Bellezza(2013)

로마 1%에 속하는 셀럽, 어느 날 첫사랑의 부고 소식을 들으며 영화가 시작됩니다. 혼이 나갈 정도로 매혹적인 영화라는 평.

은퇴생활 꿀팁 몇 가지

은퇴한 선배들은 후배들에게 정년 이후의 삶에 대해 많은 조언을 해줍니다. 오늘 이 시간에는 인생 선배들이 알려주는 은퇴생활 꿀팁 몇 가지 전해드릴게요. 일본 잡지인 프레지던트가 설문조사한 내용을 근거로 함을 밝혀드립니다. 첫 번째는 노후생활을 위한 경제력이 충분히 갖춰져야 한다는 겁니다. 돈이 있어야 뭐든 할 수 있기 때문이지요. 인생은 경험의 합계라잖아요. 경험에 돈을 쓸 수 있어야 해요. 그래야 가치 있는 소비가 되거든요. 또한 은퇴 이후 노후생활에서 가장 소중한 사람, 누구일까요? 바로 남편, 아내입니다. 서로 감사하는 마음을 담아 아껴주라고 조언합니다. 실제로 80, 90이 되면 부부밖에 없거든요. 세 번째는 건강관리입니다. 은퇴 선배들은 후배들에게 걷기를 강력히 추천해주고 있습니다. 누죽걸산(누우면 죽고 걸으면 산다), 근력은 저축이 되지 않아요. 걷기가 건강을 지키는 가장 확실한 길이랍니다.

 이 늙은이가 지혜를 하나 주지. 면도를 하러 들어갔다면 경계를 늦추지 말 것.

– 무숙자 / My Name Is Nobody(1976)

떨어진 양말, 뻥 뚫린 구두창, 돈도 없고 집도 없고 반한 여자도 없고 반겨줄 여자도 없다. 그 이름도 없는 노바디.

노화 예방 8가지 습관

생로병사가 인생이죠. 이 가운데 나이 드신 분들이 피하고 싶은 한 가지는 바로 노화죠. 노화를 더디게 하려면 우선 세포 손상을 최소화시켜야 한다네요. 그리고 다음의 8가지를 잘 지키라고 미국 폭스 뉴스가 전하고 있습니다. ① 흡연을 하지 마라. 흡연은 피부 탄력과 콜라겐 생성을 저해한다. ② 과도한 햇빛 노출을 삼가라. 피부의 DNA를 손상시킨다. ③ 영양이 부족한 식사도 피부 노화를 가속화시킨다. ④ 운동이 부족하면 근육 손실과 골밀도 감소를 가져온다. ⑤ 지나친 음주는 간과 인지 손상을 가져오고 세포에 독이 된다. ⑥ 만성적인 스트레스는 노화 및 암의 원인이 된다. 정신건강에도 치명적이다. ⑦ 부적절한 수면도 피부 건강 저하, 염증 증가를 유발한다. ⑧ 구강 위생이 불량하면 치아 손실과 전반적인 웰빙 삶에 영향을 미친다. 이게 전부입니다. 다 아시는 내용이지만 어느 하나라도 소홀히 해선 안 되겠죠. 오늘부턴 더욱 젊어지세요.

 이제부터 아침에 일어나서 조깅부터 하자. 정신건강에 엄청 좋잖아.

- 크로싱 헤네시 / Crossing Hennessy(2010)

길거리에서 소개팅으로 만난 두 남녀의 사랑 이야기. 홍콩 영화지만 달달하거나 애절하지도 않은 좀 싱거운 로맨스?

장수비책 두 가지

장수비결, 동서고금을 막론하고 장수에 대한 다양한 방법론이 제시되고 있습니다. 그런데 최근엔 다리가 튼튼하고 몸이 따뜻하면 오래 산다는 학설이 우세한가 봅니다. 미국에서 발행되는 '예방(Prevention)'이란 잡지엔 "장수하는 사람들의 공통적인 특징은 다리 근육에 힘이 있는 것"이라고 말하고 있습니다. 옛말에 '수노근선고 인노퇴선쇠'라는 말이 있죠. 나무는 뿌리가 먼저 늙고, 사람은 다리가 먼저 늙는다. 그래요, 그렇다면 다리는 젊게 오래 유지하면 장수하는 거겠죠. 또 다른 학설은 몸이 따뜻해야 오래 산다는 겁니다. 몸이 따뜻하면 신체 기능의 순환이 잘 되기 때문이죠. 머리는 차게 발은 따스하게 두한족열을 지키라고 강조합니다. 몸은 따스하게 유지하고 마음이 차분해야 된다는 얘깁니다. 아무튼 장수비결 두 가지 첫째는 대퇴부·정강이를 포함해 다리가 튼튼해야 한다. 그리고 몸을 항상 따스하게 보존해야 한다. 잊지 마시고 실천하세요.

이젠 소소한 기쁨을 찾는 일에 도전해봐. 우린 은퇴했잖아. 난 그런 게 좋아.

- 애프터 선셋 / After The Sunset(2005)

케이퍼 무비, 그러나 배경은 카리브 해변의 환상적인 휴양지. 그리고 나폴레옹 칼자루에 박혀 있던 세계 최고가의 다이아몬드.

처세 명심보감

나이 들면 또 이렇게 살라며 지도 편달도 많이 해주십니다. 처세 명심보감을 옮깁니다. ① 부르는 데가 있으면 무조건 달려가랍니다. ② 여자와의 말다툼은 무조건 져주고요. ③ 일어설 수 있을 때 걷고, 걷기를 게을리하지 말라네요. ④ 남의 집 경조사 갈 때는 제일 좋은 옷으로 차려입고 가랍니다. ⑤ 더 나이 먹기 전에 할 수 있는 일에 도전하고 ⑥ 옷은 좋은 것부터, 말은 좋은 말만 하라고 가르칩니다. ⑦ 누구든 도움을 요청하면 무조건 도와주고 ⑧ 안 좋은 일을 당했을 땐 '이만하면 다행이다.' 그러려니 하며 살아요. ⑨ 모든 일에 감사하고요. ⑩ 입은 닫고 지갑은 열고 ⑪ 어떤 경우라도 즐겁게 살라네요. ⑫ 보고 싶은 사람 있으면 미루지 말고 당장 만나라고 조언합니다. 다 맞는 말이네요. 그런데 나이 들어서 옷차림은 정말 중요해요. 구질구질하게 입으면 안 돼요. 최고로 멋진 옷으로 무장하세요. 젊은 어른이 보기도 좋아요.

 저녁 8시 이후엔 아무것도 먹지 마. 술도 끊고 담배, 카페인도 줄여. 날마다 운동하고.

- 테이크 쉘터 / Take Shelter(2013)

거대한 폭풍우가 밀려오는 악몽. 그래서 집 마당에 방공호를 파는 남편, 어찌 보면 미친 짓? 그 폭풍우가 금융위기라면?

가장 훌륭한 의사 6명

세상에는 가장 훌륭한 의사가 6명이 있다네요. 그 첫 번째는 태양이랍니다. 그래서 해가 뜨면 얼른 반기세요. 우울증도 없애주고 비타민 D도 챙기고요. 찬란한 태양을 즐겁게 맞이하세요. 두 번째는 휴식이랍니다. 내 몸의 신호를 감지하고 열심히 일한 당신, 쉴 땐 쉬세요. 특히 잠 잘 자는 것, 쾌면은 신이 주신 최고의 휴식이죠. 세 번째는 운동입니다. 노후를 위해 재테크하듯이 우리 몸을 위해 근육 테크, 건강 테크 꼭 하셔야 합니다. 건강은 신이 인간에게 부여한 최고가의 자산이거든요. 네 번째 다이어트를 강조합니다. 건강을 위해선 필수죠. 먹는 것도 70%에 만족해야 합니다. 비만 사절이죠. 다섯 번째 명의는 자존감입니다. 이 우주에 나는 하나뿐이죠. 정말 소중하고 고귀한 존재. 가족과 더불어 자존감을 높이세요. 여섯 번째는 친구랍니다. 나이 먹을수록 친한 친구가 최고죠. 인생길 동반자, 친한 친구는 서로 잘 챙겨 놓으세요. 아셨죠?

 저 사람 나이가 너무 많잖아요? 나이는 많지만 ○○ 기술은 젊은 법이죠.

- 엠마뉴엘 / Emmanuelle(1994)

파리지엔느 엠마뉴엘이 남편 장이 있는 방콕으로 향합니다. 거기에서 엠마뉴엘은 새로운 에로티시즘의 세계를 탐닉하죠.

늙은 나무도 싱싱한 꽃을 피운다

"나무가 늙었다고 늙은 꽃이 피는 것이 아니다. 오래된 나무일수록 더욱더 아름다운 꽃을 피운다." 수채화를 그리시는 손익 화백님의 블로그에서 만난 글입니다. 많이 공감이 되죠? 이재무 시인도 비슷한 맥락으로 접근했어요. "나무가 늙었다고 피우는 꽃도 나이 든 건 아니잖아요? 고목이 만드는 그늘은 언제나 풋풋하고 피우는 꽃도 늘 싱싱해요. 사람도 크게 다르지 않아요." 그러면서 이 시인은 말합니다. "늙은 나무가 피우는 꽃은 언제나 젊다." 시인은 또 "호미가 밭에서 놀아야지 허청에 오래 걸려 있으면 녹슨다. 선박도 항해해야 아름답지, 항구에만 묶여 있으면 밑창이 썩고 구멍이 난다"라며 행선을 강조하시더군요. 방 안에서 웅크리고 얻는 사유보다 밖에 나가 움직이며 얻는 사유가 건강하게 빛난다는 거죠. 자, 나이 드신 분들, 아직 늦지 않았습니다. 아름답고 싱싱한 꽃을 피우세요. 밖으로 나오세요.

 충고 하나 해줄까? 마음의 소리를 잘 들어봐. 뭔가를 말하고 있어.

- 메카닉 / The Mechanic(2011)

승리의 여신은 준비된 자를 사랑한다. 이 메시지를 전하기 위해 만들어진 영화 같다는 생각을 했죠. 마음의 소리…

진천 초평지 월척 낚시

낚시 좋아하시나요? 친구가 낚시를 하는데 경력은 한 30년 됐고요. 최근 충북 진천 초평지를 다녀왔답니다. 초평지는 토종 붕어 낚시로 유명하거든요. 근데 월척 10여 마리를 잡아 왔더라고요. 월척은 한 자가 넘는다는 뜻이죠. 한 자는 30.3cm고요. 붕어 크기가 월척이면 약붕어, 보약이 되는 붕어죠. 붕어 낚시도 때가 있답니다. 3월 말에서 4월 초 산란기에 붕어가 많이 올라온대요. 그런데 낚시 장비도 장난이 아니래요. 4칸짜리 카본 낚싯대 한 대에 20만 원 정도, 보통 5~6개 이상 장만해도 100만 원이 훨씬 넘죠. 게다가 좌대 이용료, 미끼인 떡밥 등도 제법 돈이 든답니다. 그래도 강태공처럼 유유자적하는 시간, 낚싯대 드리우고 세상을 관조하는 시간이 부럽기도 합니다. 참고로 진천 초평지는 봄철 풍경이 정말 아름답기로 소문나 있다죠. 그런 낚시터에서 마음의 소리를 듣는다면?

 한번 웃으면 온 세상이 봄이고, 한번 훌쩍이면 만고에 수심이 가득하게 돼.

— 패왕별희 / Farewell My Concubine(1993)

항우와 우희의 비극적인 사랑을 경극으로 보여주는 두 배우. 그 배우들의 일대기를 보여주는 레전드급 홍콩 영화.

웃음 만병통치약

옛날 어느 마을에 명의가 있었어요. 모든 사람들이 그를 찾아가 치료를 받았죠. 그는 환자의 얼굴이나 발걸음만 봐도 어디가 아픈지 금방 알아내 처방을 해줬어요. 그런데 그가 나이가 들어 세상을 떠나게 됐습니다. 마을 사람들이 모여 그의 임종을 지켜봅니다. 그는 눈을 감기 전에 마을 사람들에게 말합니다. "나보다 더 훌륭한 명의가 3명 있다. 바로 ① 음식 ② 수면 ③ 운동이다. 음식은 위장의 75%만 채우고 과식을 하지 마라. 12시 이전에 잠들고 해가 뜨면 일어나라. 열심히 걸어라. 웬만한 병은 다 나을 수 있다." 이어서 그는 이런 말을 덧붙입니다. "육체와 함께 영혼 건강도 중요하다. 웃어라. 웃음은 평생 복용해도 부작용이 없는 만병통치약이다. 사랑해라. 사랑은 수시로 복용해야 하는 가장 중요한 비상상비약이다." 그리곤 조용히 두 눈을 감았습니다. 여러분 다 이해되시죠? 집안에 늘 만병통치약과 비상상비약은 꼭 챙겨놓으세요.

할머니가 왜 시장에서 오지랖 떠는 줄 알아? 외로워서 그러는 거야. 외로워서.

- 아이 캔 스피크 / I Can Speak(2017)

"미안하다. 그 말 한마디가 그렇게 어렵냐?" 일본인들에게 던지는 위안부 할머니의 저 한마디가 미 의회를 울렸던 영화죠.

돈으로 살 수 없는 하루

시장에서 좌판을 벌여놓고 채소를 파는 할머니가 있었죠. 호박·양파·가지·오이 등등을 조금씩 모아놓고 팝니다. 이때 한 손님이 와서 값을 묻습니다. "할머니, 이 양파하고 감자 합해서 모두 얼마예요?" "다 합쳐서 2,800원이에요." 그러자 손님은 채솟값이 싸다고 생각했는지 다시 물었습니다. "할머니, 여기 있는 채소 다 사면 얼마예요?" 그러자 할머니가 답합니다. "다 팔지는 않아요!" 손님이 다 사준다 해도 팔지 않겠다는 할머니! 이렇게 말합니다. "돈도 좋지만 난 여기 앉아 있는 게 좋아요. 시장 사람들 구경도 할 수 있죠. 오가는 사람들 인사 나누고 흥정도 하고. 오후에는 시장 바닥에 내리쬐는 햇볕도 좋고요." 그래요, 누구에게나 돈으로 살 수 없는 하루가 있어요. 그러니 그 소중한 하루를 통째로 망가뜨리지 마세요. 할머니의 저 지혜로운 한마디. 나만의 행복할 수 있는 시간을 빼앗지 말라는 말씀은 우리 모두의 소망이기도 합니다. 아셨죠?

 화내는 건 보기 싫어요. 화내지 마요. 당신한텐 어울리지도 않아요.

- 파 앤드 어웨이 / Far And Away(1992)

미 서부 개척 시대, 오클라호마에서 말 타고 펼쳐진 땅 차지하기 레이스. 그런 시절도 있었나 보죠. 삼각관계도 보이고요.

화를 내면 두 번 지는 것

"상대가 화를 낸다고 나도 덩달아 화를 내는 사람은 두 번 패배한 사람이다." 부처가 하신 말씀입니다. 상대에게 끌려드니 상대에게 진 것이고, 자기의 분을 못 이기니 자신에게도 진 거란 얘기입니다. 두 번의 패배를 인정하는 삶을 살아선 안 되겠죠. 어떤 이가 쓴 글입니다. 세상을 살아가면서 하지 말아야 할 5가지가 있다네요. ① 원망하지 말 것 ② 자책하지 말 것 ③ 현실을 부정하지 말 것 ④ 궁상떨지 말 것 ⑤ 조급해하지 말 것 그리고 인생을 살면서 꼭 해야 할 5가지가 있답니다. ① 자신을 바로 알 것 ② 희망을 품을 것 ③ 용기를 낼 것 ④ 책을 읽을 것 ⑤ 성공한 모습을 상상하고 행동할 것 - 이 모두가 틀린 말이 하나도 없네요. 옳은 말씀입니다. 그러고 보니 살면서 해야 할 일도 참 많습니다. 나를 알고, 희망을 품고, 용기도 내보고, 책도 봐야 하고, 나아가 성공한 나의 미래 모습을 그려야 하니까요. 하실 수 있죠?

 화창할 때 많이 걸어야죠. 화창한 날씨는 그리 오래 가지 않아요.

- 더 파더 / The Father(2021)

한 치매 노인의 이야기를 다루고 있어요. 치매 환자의 현실을 여과 없이 보여주면서 관객들에게 간접 체험을 전해주죠.

송해 선생의 건강비결

34년 동안 KBS 전국노래자랑을 통해 일요일을 지켜온 남자, 국민 MC 송해. 송해 선생님께서 얼마 전 유명을 달리하셨죠. 향년 97세였습니다. 근데 송해 선생의 건강비결이 자주 회자됩니다. 그 첫 번째가 BMW죠. 버스, 지하철 그리고 걷기입니다. 송해 선생은 이 세 가지를 통해 건강을 유지하고 있다고 밝혔어요. 결국은 걷기죠. 버스정류장도 집 앞에서 내리지 말고 그 직전 정류장에서 내려 집까지 걸어간다는 거였어요. 두 번째는 목욕. 매일 오후 4시에 목욕탕을 찾았다고 합니다. 목욕은 몸속에 노폐물을 제거해주고, 심혈관 질환 예방에 큰 도움이 되죠. 세 번째는 대인관계. 송해 선생의 대인관계는 처음 보는 사람일지라도 그 반가워하는 기색을 알 수 있잖아요. 원만한 성품의 소유자라는 것이죠. 어떠세요? 송해 선생님의 건강 철학, 한번 따라 해보시지 않을래요?

632 가슴에 맺힌 걸 다 털어놔 버려. 계속 끙끙대고 있으면 건강에 안 좋아. - 칼리토 / Calito's Way(1993)

633 개인적으로 40살 이전에 다이아를 차는 건 경박하다고 봐요. 나이가 들면 모르지만. - 로미오와 줄리엣 / Romeo And Juliet(1968)

634 권태는 총알보다 더 위험해요. 그러니까 눈에 보이는 일감을 달라고요.. - 캐시 트럭 / Wrash of Man(2021)

635 그나저나 그쪽 아랫동네 상황은 어때? 말해 뭐해, 꿈이 이루어진 기분이지. - 슬리핑 위드 아더 피플 / Sleeping with Other People(2015)

636 끼니마다 식초를 한 숟가락씩 먹거든, 일주일 지나면 다이어트 완벽해져. - 마담 보바리 / Madame Bovary(2015)

637 나이 든 얼굴에 속으면 안 돼요. 세상 못된 인간들도 다 늙는 법이거든. - 퍼펙트 케어 / I Care A Lot(2021)

638 난 지금 어깨가 엄청 무겁다고, 행운의 여신이 올라타고 있거든. - 와일드 카드 / Wild Card(2015)

639 내 나이가 되면 시간이 없어. 지름길로 가야지. 언제 살살 넘어오게 해. - 외로운 보안관 / Firecreek(1968)

640 너무 아름다워서 숨을 못 쉬겠네. 걱정하지 마세요. 인공호흡을 해드릴게요. - 레전드 / Legend(2015)

641 다른 선택지가 있었나? 내가 말했잖아? 낭만은 씨가 말랐다고. - 강릉 / Tomb of the River(2021)

642 더 활짝 웃으세요. 유권자들은 웃는 얼굴에 27% 더 호감을 갖는데요. - 애니 / Annie(1982)

643 두려울 땐 심장소리를 들어봐. 심장이 뛰고 있다면 살아있다는 증거지. - 버스 드라이버 / Bus Driver(2016)

644 '매일이 생일이다.' 우리 빵집에 써 붙일 거야. 살아있다는 게 너무 행복해. - 식스틴 블럭 / 16 Blocks(2006)

645 모두는 하나를 위해! 하나는 모두를 위해! 목숨을 바쳐 왕을 지킬 겁니다. - 아이언 마스크 / The Man In The Iron Mask (1998)

646 몸매가 날씬하면 그게 드러나는 걸 입어야지. 그런 포댓자루 같은 거 말고. - 우린 같은 꿈을 꾼다 / On Body And Soul(2017)

647 뭐가 그리 신나고 좋아? 안 좋은 건 또 뭐예요? 좋게 좋게 살아야죠. - 차이나타운 / Coinlocker Girl(2015)

648 뭘 보냐고? 네 눈과 몸매를 보고 있지. 그리고 마음도 살피고 있단다. - 무측천 / The Empress Wu Tse-Tien(1963)

649 미술 좋아하고 그림 좀 그린다고 예술이라 할 순 없지. 내 면의 신비가 있어야지. - 베스트 오퍼 / The Best Offer(2014)

650 비밀은 마가린 같아서 쉽게 터지지. 그리고 심장에도 안 좋고. - 부탁 하나만 들어줘 / A Simple Favor(2018)

651 사람들은 두 가지 일을 하면서 살아야 해. 하나는 하고 싶은 일 그리고 해야 할 일. - 티끌 모아 로맨스 / Penny Pinchers (2011)

652 사실 저희 같은 건달들은 종교 같은 거 안 키웁니다. 저희가 종교잖아요. - 목스박 / Holy Punch(2024)

653 살가운 자태와 매혹적인 얼굴, 그러나 최고의 아름다움은 상냥함이지. - 레이디 수잔 / Love & Friendship(2016)

654 석 달에 한 번씩은 몸에 쌓인 독을 풀어주고 있어요. 독은 풀어줘야만 해요. - 야쿠자의 아내들 / Yakuza's Ladies(1986)

655 세상이 어떻게 돌아가든 네 마음껏 상상해. 그러면 행복해질 거야. - 런던 필드 / London Fields(2018)

656 섹스가 고혈압이나 심장병에도 좋다고들 하잖아. 인지 능력 향상에도 좋고. - 헤어질 결심 / Decision To Leave(2022)

657 손님 중에 홀아비가 많아요. 눈만 보면 알아요. 뭐랄까? 길을 잃은 눈빛. - 더 이퀄라이저 / The Equalizer(2015)

658 술과 물의 차이점? 술은 마시면 몸이 달아오르고, 물은 마시면 몸이 차가워지지. - 동사서독 / Ashes of Time(1995)

659 술은 절대 석 잔 이상 안 되고요. 카페 가면 콜라나 주스 말고 커피 드세요. - 엽기적인 그녀 / My Sassy Girl(2001)

660 스마트폰 속의 세상을 더 이상 보지 마. 진짜 세상을 경험해야 해. - 버드맨 / Birdman(2014)

661 승객 여러분, 이 비행기는 조금 전 이란 영공을 벗어났습니다. 알코올 음료를 제공해드리겠습니다. - 아르고 / Argo (2012)

662 시베리아 생존 훈련에서 젤 중요한 건 긍정 마인드죠. 필요할 땐 체온도 나눠야죠. - 007 나를 사랑한 스파이 / The Spy Who Loved Me(1978)

663 실컷 울어보지 못한 사람은 실컷 웃지도 못하는 법이에요. 괜찮아요, 계속 울어요. - 인생은 드라마 / Dear Zindagi(2016)

664 심장 뛰는 소리를 들으면 알아요. 진실을 말하는지 아니면 거짓인지. - 뉴욕의 가을 / Autumn In New York(2000)

665 야구 좋아하는 사람은 밥은 굶어도 야구는 봐야 하거든요. 취향 좀 존중해줍시다. - 수리남 / The Accidental Narco, Narco Saints(2022)

666 야! 자존심 그거 잠깐이다. 너 자존심 버려, (세상을) 크게 보고 넓게 봐야지. - 더 킹 / The King(2017)

667 어른이 되는 건 다이빙 같아. 두려워하지 말고 눈 딱 감고 뛰어들어. - 소년 시절의 너 / Better Days(2020)

668 얼굴 구기지 말고 다시 한번 말해볼래? 그래, 환한 표정이 훨씬 낫잖아. - 블렌디드 / Blended(2014)

669 엉덩이에 문신이 새겨져 있어요. '어서 탑승하세요'라고. 그것도 3개 국어로요. - 저스트 라이크 헤븐 / Just Like Heaven (2005)

670 여보세요. 지금 나가서 춤추실래요. 아니면 여기 남아서 심장마비 걸리실래요. - 스카페이스 / Scarface(1984)

671 오늘은 최고의 날, 어제도 그랬고 내일도 그래. 날마다 영원히 최고의 날이야. - 바비 / Barbie(2023)

672 오랫동안 써보질 못했어요. 입술은 립스틱 바르고 휘파람 부는 용도로만 썼거든요. - 사랑할 때 버려야 할 아까운 것들 / Something's Gotta Give(2003)

673 왜 어떤 문학도 발을 찬미하는 시가 없는 걸까요? 맨 아래에 있어서? - 아웃 오브 아프리카 / Ouf of Africa(1986)

674 우리 몸속에 재생되지 않는 부위가 있어요. 귀, 청각세포는 더 이상 자라지 않아요. - 툴리 / Tully(2018)

675 우리 자신을 증오로 가득 차게 놔둔다면 그건 악마가 승리한 거예요. - 머신건 프리처 / Machinegun Preacher(2011)

676 웃어라, 모든 사람이 함께 웃을 것이다. 울어라, 너 혼자만 울게 될 것이다. - 올드보이 / Oldboy(2003)

677 이 나이에 사랑이 어딨습니까. 그냥 몸이 시키는 대로 하면 그게 다 사랑인 거지. - 고령화 가족 / Boomerang Family(2013)

678 이 바닥에선 여자, 술 좋아하는 놈, 그리고 반칙하는 놈, 그런 놈들은 다 빨리 죽어. - 스카페이스 / Scarface(2014)

679 이젠 다르게 살 거예요. 부르고 싶은 노래도 부르고, 입고 싶은 옷도 사입을 거예요. - 리스펙트 / Respect(2021)

680 있잖아요. 조금만 더 기다려요. 참는 자에게 복이 있다잖아요. - 레이어 케이크 / Layer Cake(2005)

681 재치 있잖아. 잘 웃는 사람이 그것도 잘해. 그리고 내 일과 능력도 존중해주지. - 인생은 드라마 / Dear Zindagi(2016)

682 전 커피 좋아해요. 진한 커피, 진한 각성, 정신 똑바로 차려야 하거든요.. - 최악의 하루 / Worst Woman(2016)

683 젊은이와 섹스하는 건 자연스러운 거지만 중년 남자와 하는 건 한 편의 시야. - 엠마뉴엘 / Emmanuelle(1994)

684 좋은 유전자를 가진 사람만이 선택받는 거지. 강한 자만이 살아남는 거야. - 인 타임 / In Time(2011)

685 천천히 드세요. 차의 색과 향을 음미하셔야죠. 먼저 물을 데우는 게 젤 중요해요. - 적벽대전 2 / Red Cliff 2(2009)

686 침묵에 길들여진다는 건 무서운 일이에요. 자신의 공간을 침묵이 삼키게 내버려두지 마세요.. - 내 아내의 모든 것 / All About My Wife(2012)

687 키도 크고 군살도 하나 없고 신이 빚은 몸매야. 거기도 신이 빚었어? 아니, 악마가 빚었지. - 365일 / 365 Days(2020)

688 특히 환절기 때 더 잘 챙겨드려. 나이 드신 분들은 한 방에 훅 간다고. - 첫잔처럼 / The First Shot(2019)

689 하나님, 제게 순결과 금욕을 내려주시죠. 다만 지금은 아니고요. - 더 세인트 / The Saint(2016)

690 하레키노카, 하와이 말이야. 육체는 말과 생각의 이유에 지나지 않는다. - 하와이언 레시피 / Hanokaa Boy(2012)

691 한 판 하실래요? 이거 많이 했다고 후회하는 사람, 한 사람도 없거든요. - 드라이브 앵그리 3D / Drive Angry 3D(2011)

제7장
인생과 철학

인생은 모두가 함께하는 여행.
최선을 다해 이 멋진 여행을 만끽해야 돼.

 그거 알아? 인생에 있어 가장 멋진 순간은 뜻하지 않게 찾아온다잖아.

- 맘마미아 / Mamma Mia(2008)

그리스 해변을 배경으로 펼쳐지는 유쾌한 뮤지컬로 연출. 댄싱퀸 등 단체 군무를 선보이며 화려한 영상미를 자랑하죠.

오스트리아 항공 감사해요

여기는 오스트리아 빈 국제공항, 인천발 오스트리아 항공 탑승구에는 한국인 관광객들이 여기저기 모여 앉아 탑승수속을 기다리고 있습니다. 그중 로맨스 그레이의 한 60대 남자. 책을 읽고 있습니다. 그런데 그때 항공사 여승무원이 다가옵니다. 항공권과 패스포트를 요구하더니 잠깐 따라오라며 가까운 사무실로 안내해 갑니다. 그러더니 이 남자의 항공권이 이코노미에서 비즈니스석으로 바뀝니다. 비즈니스석의 남은 한자리를 이코노미석의 승객에게 업그레이드를 해준 겁니다. 오스트리아 항공의 특별한 배려였지요. 이 60대 남자는 연신 고맙다고 인사를 했답니다. 실은 엄청난 행운이었죠. 무사히 인천공항까지 편안하게 비행을 했죠. 좀 더 비약해 말씀드리면, "독서를 하면 인생도 이코노미석에서 비즈니스석으로 업그레이드될 수 있다." 이 자리를 빌려 다시 한번 오스트리아 항공, 그리고 그 여승무원에게 감사의 뜻을 전합니다.

 그녀는 굉장한 여자야. 예쁘고 품위도 있고, 또 배짱도 두둑하고.

- 4인의 프로페셔널 / The Professionals(1966)

미모의 아내가 납치됐다. 대부호는 아내를 구하기 위해 4인의 프로페셔널을 고용. 그러나 반전… 최고의 서부영화.

삼성가 큰딸 이부진 미담

삼성가의 큰딸 이부진 호텔 신라의 대표이사죠. 그녀의 미담이 SNS를 통해 주위를 훈훈하게 하고 있습니다. 그러니까 지난 2014년 2월 한 택시기사가 신라호텔 출입구의 회전문을 들이받았습니다. 호텔 측의 피해액은 5억여 원, 이에 이부진 사장은 택시기사의 형편이 좋지 않다는 걸 알고 배상을 요구하지 않기로 결정을 내립니다. 나아가 택시기사의 치료비까지 지급하라며 추가지시를 내렸답니다. 이듬해인 2015년부터 제주에 있는 신라스테이 제주 호텔은 기상악화로 항공기가 결항할 경우 투숙객들에게 추가 1박과 무료 조식을 제공하고 있습니다. 참으로 파격적이죠. 삼성가의 큰딸답습니다. 고 이건희 회장은 생전에, "돈을 써야 할 곳과 안 써도 좋을 곳을 분간하라. 판단이 흐려지면 낭패가 따른다." "작은 걸 탐하다 큰 것을 잃는다. 무엇이 큰 것인지를 판단하라." 이런 말씀도 남겼죠. 그래서 이부진 대표의 노블레스 오블리주가 더욱 돋보입니다.

 남에게 피를 흘리게 한 자는 피를 흘리게 되리라. 창세기 9장 6절이죠.

- 하프 패스트 데드 / Half Past Dead(2003)

아내를 죽인 범인을 검거하기 위해 알카트라즈 감옥에 자진해서 들어간 주인공의 종횡무진 거친 액션이 전개되는 영화.

군자보구 십년불만

원수는 10년이 지나도 갚는다. 중국의 유명한 속담이죠. '군자보구 십년불만'(君子報仇 十年不晚)의 유래는 다음과 같습니다. 중국 위나라에 범저라는 인재가 있었어요. 가난해서 유세도 나설 처지가 못 되었죠. 당시 중대부를 맡고 있던 '수기'를 모셨는데 수기가 범저의 비상한 재능을 시샘해서 태형과 함께 거의 죽은 목숨을 만들죠. 가까스로 목숨을 건진 범저는 뒤에 진나라 재상이 되어요. 그리곤 위나라를 공격해 원수를 갚았던 겁니다. 이를 두고 사마천이 만든 말입니다. 고대 함무라비 법전에도 탈리오의 법칙이 나오죠. 눈에는 눈, 이에는 이 - 피해자가 입은 피해와 같은 정도의 손해를 가해자에게 가한다는 보복의 법칙이죠. 원수를 갚는다. 무서운 말이기도 합니다. 살면서 원수를 만들지 않는 게 제일 현명한 방법이겠죠. 그리고 때론 가만히 있어도 대신 하늘이 원수를 갚아줄 수도 있어요. 기대해보세요.

 내 여정의 목적은 복수가 아니라 내 백성을 지키는 것이다.

- 갓 오브 이집트 / Gods of Egypt(2016)

신과 인간이 공존하던 시절 이집트 제국에서 펼쳐지는 사랑의 서사시. 이집트 신화를 바탕으로 한 서사 판타지 모험.

샤를 드골 어록

"국가의 위대함은 그 어려운 시기를 극복하는 의지에 달려 있다." "리더십은 일련의 일이 아닌 자세이다. 그것은 자기희생과 모범적인 귀감이다." "두려워 말고 용기를 내는 것이 중요하다. 확고히 서서 흔들리지 않는 것이 중요하다." "우리는 우리의 운명에 대한 책임이 있으며, 우리 자신의 길을 개척할 책임이 있다." "진정한 지도자는 그들이 섬기는 사람들의 삶을 풍요롭게 만드는 사람이다." 프랑스의 영웅 샤를 드골 대통령의 어록입니다. 제2차 세계대전에서 프랑스를 구하고 1970년 서거하셨죠. 그는 유언에서 가족장으로 할 것, 대통령과 국무위원들은 참석하지 말 것을 당부합니다. 또 죽은 뒤에 묘비는 출생, 사망 연도와 이름만 새기라고 말합니다. 퇴직연금은 가족이 아닌 가난한 국민들을 위해 쓰라고도 했죠. 결국 가족들은 살던 생가를 관리할 능력이 없어 팔았고요. 지방정부가 구입해 문화재로 지정, 지금은 '드골 기념관'으로 관리하고 있다네요. 존경합니다. Mr. 드골.

 네 삶에 누군가가 손을 뻗어올 때, 그 내민 손을 잡아주지 않는다면 그건 죄악이야.

- 실버 라이닝 플레이북 / Silver Linings Playbook(2012)

매슈 퀵의 동명소설을 영화화한 작품이죠. 트라우마가 있는 두 남녀의 치유과정과 사랑을 담아내고 있어요. 물론 청불.

설해목과 노승

해가 저물 무렵 산속 토굴에 사는 노승 앞에 더벅머리 총각이 찾아옵니다. 이 총각, 노승 앞에 아버지가 써준 편지를 내밉니다. "이 망나니, 학교에서도 집에서도 더 이상 손댈 수 없으니, 스님이 알아서 사람 하나 만들어 주시게나." 물론 노승과 아버지는 서로 잘 아는 사이였죠. 스님은 편지를 보자 아무 말 없이 늦은 저녁상을 지어오고, 저녁을 마친 뒤엔 대야에 더운 물을 따라주며 발을 씻으라 합니다. 더벅머리 총각 두 눈에 눈물이 흘러내립니다. 훗날 잘 되었겠죠? 산사의 생활 속에 터득하는 진리가 있지요. 설해목입니다. 겨울철 눈이 많이 내리면 아름드리 나뭇가지가 꺾여 부러집니다. 모진 비바람도 이겨낸 나뭇가지들이 부드러운 눈송이에 꺾이고 마는 겁니다. 바닷가의 조약돌도 동글동글 예쁘게 만든 건 무쇠로 된 정이 아니라 부드럽게 쓰다듬던 물결입니다. 부드러운 것이 강한 걸 이긴다는 진리! 한 번쯤 되새김하고 싶습니다.

 누가 무슨 말을 해도 상관없어. 말과 생각이 세상을 바꾸는 거야.

- 죽은 시인의 사회 / Dead Poets Society(1989)

명문고의 교사들은 학생들을 어떻게 지도해야 할까? 이 질문에 명쾌한 답을 주는 영화죠. 명대사도 많고요. 고전 중의 고전.

꼰대 금기어 6가지

나이 들수록 말은 조심해야 합니다. 그래서 다음의 6가지 말은 금물입니다. 첫 번째, 깃털 같은 말입니다. 가벼운 말, 했던 말 또 하기 등은 삼가야 합니다. 두 번째는 자랑하는 말입니다. 잘난 척, 특별한 척하지 마시라는 얘깁니다. 빈 수레 얘기 아시죠? 세 번째는 독차지하는 말도 삼가야죠. 말을 독차지하면 주변 사람들 다 도망갑니다. 네 번째는 가르치려 드는 말입니다. 누구나 다 소중한 경험이 있습니다. 혼자서 선생질하지 마세요. 다섯 번째는 없어 보이는 말입니다. 우기거나 억지 부리기, 신세타령, 욕하기 모두 해선 안 됩니다. 여섯 번째는 하찮고 쓸데없는 말도 해선 안 됩니다. 근거 없는 얘기, 유언비어도 삼가는 게 좋습니다. 나이 들수록 말에는 적당히 겸손한 무게가 실려야 합니다. 벤자민 프랭클린은 말합니다. 윗사람에게 겸손한 건 의무, 동료들에게 겸손한 건 예의, 아랫사람에게 겸손한 것은 고귀함이다. 조심해서 말하고 겸손하게 대하면 내 인생은 고귀해집니다.

 사르트르가 말했지. 인생은 B와 D 사이의 C라고, Cex?

- 데인저러스 메소드 / A Dangerous Method(2011)

정신분석학의 대가 프로이트와 그의 제자 칼 융 그리고 아동 정신분석의가 된 사비나 슈필라인의 실화가 담겼죠.

결행도와 사르트르

결행도(決行道)란 말을 들어보셨나요? 인생은 곧 선택하고 결단하며 그 길을 가는 것이라네요. 맞죠? 우리는 매 순간마다 선택을 해야 되고, 결단을 한 뒤 실행을 하게 되죠. 인생은 늘 이럴 듯 반복됩니다. 그리고 그 길을 가는 것이 결행도입니다. 여기서 어떤 길을 누구와 함께 가느냐가 매우 중요하죠. 사회 유전학의 이론을 빌리자면 나의 평가치는 내가 자주 만나는 5명의 평균값이랍니다. 내가 자주 만나는 사람이 누구냐에 따라 그 평가치는 달라질 수밖에 없습니다. 그래서 좋은 사람들을 만나야 됩니다. 맹자 어머니께서 이사를 세 번 한 이유도 그렇습니다. 더구나 젊은 청년들은 누구를 만나느냐에 따라, 인생이 바뀝니다. 결행도 - 사르트르가 말했죠. "인생은 B와 D 사이의 C이다." 인생은 태어나서 죽을 때까지 선택의 연속이랍니다. 여기서 B는 Birth, D는 Death, C는 Choice. 다 아시는 거죠?

 살다 보면 화나는 일도 많지만, 분노를 품어선 안 돼. 세상엔 아름다움이 넘쳐나니까.

- 아메리칸 뷰티 / American Beauty(1999)

미국 두 중산층의 좌충우돌 삶을 담아내고 있어요. 근데 우리 한국 정서와는 맞지 않죠. 아빠가 딸의 친구를…

좋은 글 모음 몇 가지

좋은 글들이 있어 몇 가지 소개해 올립니다. 먼저 월터 크라이슬러, "수많은 사람들이 인생에서 출세하지 못하는 이유는 기회가 문을 두드릴 때 뒤뜰에 나가 네잎클로버를 찾기 때문이다." 시드니 스미스, "내일에 대해서는 아무것도 모른다. 우리가 할 일은 오늘이 좋은 날이며, 오늘이 행복한 날이 되게 하는 것이다." 로맹 롤랑, "언제까지고 계속되는 불행은 없다. 가만히 견디고 참든지 내쫓아 버리든지 이 둘 중에 한 가지 방법을 택해야 한다." 맹자, "사람을 사랑하되 그가 나를 사랑하지 않거든 나의 사랑에 부족함이 없는지 살펴보라. 행함이 있으되 얻는 것이 없다면 모든 것에 대한 나 자신을 반성하라. 내가 올바를진대 천하가 모두 나에게 돌아오리라." 아서 헬프스, "항상 무언가를 듣고, 항상 무엇인가를 생각하며, 항상 무엇인가를 배운다. 이것이 인생의 참된 삶의 방식이다. 아무것도 바라지 않고, 아무것도 배우지 않는 사람은 살 자격이 없다." 그냥 참고만 하세요.

 삶은 빠르게 움직여. 가끔씩 한 번쯤 멈춰 돌아보지 않으면 그냥 지나가 버려.

- 페리스의 해방 / Ferris Buller's Day Off(1986)

쏜살같이 흘러가는 청춘, 그러나 고교생 주인공은 친구 2명을 불러내 페라리를 몰며 시카고에서 신나는 하루의 일탈을 맛보죠.

축녹자불견산

느낌이 오는 고사성어 하나 있어 살짝 정리해봅니다. 축녹자불견산(逐鹿者不見山) 확금자불견인(攫金者不見人), 사슴을 쫓는 사람은 산을 보지 못하고, 돈을 움켜쥐는 사람은 다른 사람을 보지 못한다. 이런 뜻이죠. 중국 남송 때 허당 지우 선사의 법어를 기록한 책 「허당 법어록」에 나오는 얘깁니다. 참 가슴에 와닿는 말씀이죠. 눈앞의 이익이나 명예만 좇다가 마땅히 지켜야 할 도리를 저버리거나 눈앞의 위험을 제대로 살피지 못함을 경계하는 말이죠. 그러니 사슴을 쫓더라도 주변 산이 어떻게 생겼나 살펴보고, 돈이 좀 있다 해도 함께 하는 사람들에게 베풂을 행해야 하겠죠. 이게 말은 쉬워도 행하기는 어려운가 봅니다. 사슴만 쫓다가 산도 못 보고 금만 움켜잡고 있다가 어느새 인생의 저녁놀이 찾아옵니다. 돌이켜 보면 우리 모두는 그런 바쁜 일정 속에서 인생을 살아오지 않았나 반성해봅니다.

 아버님께선 삶에 대해 이렇게 말씀하셨죠. "인생이란 보이는 게 다가 아니다."

- 엘도라도 / El Dorado(1968)

미 서부 개척 시대에 한 마을에서 벌어지는 총잡이들의 이야기. 살인과 복수, 갱단의 공격, 마침내 마을의 평화…

레지나 브렛의 인생교훈

　미국 오하이오주의 저명한 작가이자 칼럼니스트인 레지나 브렛(Regina Brett)이 생각납니다. 그녀가 밝힌 45가지의 인생교훈은 최고의 칼럼으로 꼽히고 있죠. 1. 인생은 공평하지 않습니다. 그래도 여전히 인생은 좋습니다. 4. 당신이 아플 때 오직 당신의 친구와 가족만이 당신 곁을 지킵니다. 8. 하나님께 화를 내도 괜찮습니다. 하나님은 그것을 받아주십니다. 16. 숨을 길게 들이마십시오. 그러면 당신의 마음에 평화가 옵니다. 21. 촛불·좋은 침대·근사한 잠옷은 특별한 날을 위해 아껴두지 마세요. 23. 자주색 옷을 입기 위해 나이 들 때까지 기다리지 마십시오. 33. 기적을 믿으세요. 세상에는 내가 예상하지 못하는 일이 종종 일어납니다. 36. 인생의 주인은 나. 성장해가는 노인이 죽어가는 젊은이보다 낫습니다. 45. 인생에 나비넥타이가 묶여 있지 않더라도 인생은 여전히 선물입니다. 대략 간추려 봤는데요. 45가지 다 찾아 꼭 읽어보세요. 잔잔한 감동이 가슴속으로 파고들어 올 겁니다.

 아빠는 늘 그러셨죠. 남에게 도움이 되는 인생, 그게 진정으로 성공한 인생이라고.

- 멋진 녀석들 / Stand Up Guys(2013)

절친이 23년 만에 교도소에서 출소했다. 그를 죽이라는 명을 받은 친구. 과연 23년 만에 만난 절친을 죽일 수 있을까?

김밥 할머니 박춘자 여사

김밥을 팔아 모은 전 재산 기부! 40년간 장애인 봉사! 죽기 전 월세 보증금 5천만 원까지 기부! 장안의 화제가 됐던 김밥 할머니 고 박춘자 여사의 얘기입니다. 박 할머니는 열 살 무렵 학교를 중퇴하고 날마다 남한산성 길목에서 등산객들에게 김밥을 팔기 시작했습니다. 이렇게 김밥을 팔아 모은 돈 3억 원을 초록우산에 기부했고, 지적 장애인 11명을 집으로 데려와 케어했으며, 수녀원에도 3억 원을 기부하기도 했습니다. 이 같은 공로로 LG 의인상을 받았고요. 청와대에 초청되기도 했습니다. 평생을 김밥을 팔며 그 수익금은 모두 어려운 이웃들에게 기부한 박춘자 할머니, 요즘 세상에 보기 드문 위대한 성인이십니다. 95세의 일기로 얼마 전 생을 마감한 박 할머니는 지금 안성 추모공원에 안치돼 있습니다. 할머니, 할머니! 진심으로 존경을 담습니다.

 어떤 이는 크고 분명하게 들리는 자기 내면의 소리를 듣죠. 그리고 들리는 그대로 살아갑니다.

- 가을의 전설 / Legends of The Fall(1995)

한 아빠와 세 아들 그리고 제1차 세계대전, 사랑과 이별, 고통, 거스를 수 없는 슬픈 운명, 모두의 영혼을 울리는 대서사시. 수작.

나훈아 고별 무대 그리고 어록

"마이크를 내려놓기가 이렇게 힘든 줄 몰랐다. 박수 칠 때 떠나라는 참된 진리를 따르고자 한다." 지난 4월 인천 송도 공연에서 마지막 은퇴 투어라며 고별 무대에 선 가황 나훈아님께서 남긴 말입니다. 1966년 '천리길'로 데뷔한 뒤 58년 동안 2,600곡을 발표한 싱어송라이터. 그의 노랫말에는 대부분 민초를 달래주는 깊은 철학이 담겨 있죠. 많은 어록도 남겼습니다. 여배우 김지미와 헤어지면서 전 재산을 다 주었죠. "남자는 돈 없어도 살아갈 수 있지만 여자는 혼자 살려면 반드시 돈이 필요하다." 삼성그룹의 공연 요청에도 "나 나훈아는 대중가수다. 돈 몇 푼 더 준다고 달려가 노래를 부를 나훈아가 아니다"라며 거절했지요. 지난 코로나 팬데믹 때 개런티도 없이 KBS에서 공연한 무대! "KBS는 누가 뭐라 해도 국민만 보고 가면 거듭날 것이다." "이 나라를 구한 것은 국민 여러분이다. 국민이 똑똑해야 위정자가 똑바로 한다." 가황 나훈아답죠. 존경을 보냅니다.

'오늘을 남은 생의 마지막 날처럼 살아라.' 이런 말이 있지. 언젠간 그렇게 되겠지만.

- 어느 날 그녀에게 생긴 일 / Life or Something Like It(2002)

지역 방송국의 미녀 리포터, 길거리 인터뷰를 나갔다가 예언자로부터 일주일 뒤에 죽는다는 얘기를 듣게 되죠. 결과는?

인생 끝자락 준비는?

린포체, 티베트의 살아있는 부처, 활불이라고도 하죠. 린포체가 던지는 화두입니다. 남은 인생이 1년이라면 계속할 것과 그만둘 것은 무엇입니까? 남은 인생이 한 달이라면 계속할 것과 그만둘 것은? 남은 인생이 단 하루라면 계속할 것과 그만둘 것은? 그러면서 이승에서의 마지막 시험을 잘 준비하라고 말합니다. 용수 스님은 이 린포체의 질문에 대해 이렇게 준비하라고 조언합니다. 인생 끝자락을 앞두고는 ① 물건을 줄여라 - 줄 건 다 주고 미리 많이 베풀어라. ② 인연을 정리하라 - 용서와 감사를 베풀고 한을 다 풀어라. ③ 명상을 하라 - 나이 들어서나 죽을 때도 마음공부가 최고다. ④ 좋은 일을 많이 하라 - 내세에 대한 행복의 초석은 공덕이다. ⑤ 끝자락을 미리 계획하라 - 쉽지만은 않겠지만 미리 준비하라. 삶은 소중한 가치입니다. 그래서 그 마지막 단계는 더욱 아름답고 숭고해야 합니다. 알라후 아크바르.

 우리들도 살면서 인생의 미스터리 하나쯤은 가지고
있어야 하지 않을까요?

- 인페르노 / Inferno(2016)

전 세계는 인구 과잉, 그래서 인구를 절반으로 줄여야 한다? 천재 생물학자와 하버드대 기호학자의 전쟁이 시작됩니다.

또 다른 충고들 장 루슬로

옥천이 고향인 류시화 작가, 통한의 경험을 한 뒤에 마음 깊이 새기는 시가 한 편 있더라고요. 우리 가운데 누구라도 겪었을 법한 마음 저린 충고에 관한 시입니다. 프랑스 시인 장 루슬로(Jean Rousselot)의 시 '또 다른 충고들' 소개합니다. 고통에 찬 달팽이를 보게 되거든 충고하려 들지 마라 / 그 스스로 고통에서 벗어 나올 것이다 / 너의 충고는 그를 화나게 하거나 상처 입게 만들 것이다 / 하늘의 선반 위로 제자리에 있지 않은 별을 보게 되거든 / 그럴 만한 이유가 있을 것이라고 생각하라 / 더 빨리 흐르라고 강물의 등을 떠밀지 마라 / 들과 풀, 새와 바람 그리고 대지 위의 모든 것들처럼 / 강물은 나름대로 최선을 다하고 있는 것이다 / 시계추에게 왕의 얼굴을 가지고 있다고 말하지 마라 / 너의 말이 그의 마음을 상하게 할 것이다 / 그리고 너의 문제들을 가지고 / 너의 개를 귀찮게 하지 마라 / 그는 그만의 문제를 가지고 있으니까 / 천천히 음미해 보세요.

우리 할머니께서 말씀하셨지. 마지막에 웃는 자가 가장 크게 웃는 법이라고.

- 애프터 선셋 / After The Sunset(2005)

해변가의 집이 황홀경이죠. 세계 최강의 보석 도둑 커플, 초호화 크루즈에 전시될 세계 최고의 다이아몬드가 타깃이죠.

92세 할머니의 유머

방송국에 출연한 92세의 할머니, 재치가 이만저만이 아닙니다. 아나운서가 묻습니다. "할머니, 올해 연세가 어떻게 되세요?" "응, 제조일자가 꽤 오래돼서 잘 몰라." "할머니, 요즘 건강은 어떠세요?" "아이구, 유통기한이 거의 다 돼서 신통치가 않아." "할머니, 주민등록증은 있으세요?" "주민증? 글쎄 워디다 뒀나. 그건 지금 없고 골다공증은 있지." "할아버지는 지금 어디 계세요?" "그 양반 재작년에 산에 가서 자고 있는데 아직도 안 내려와." "그럼 빨리 가서 깨우셔야죠?" "아녀, 내가 가서 같이 자야지. 그 양반 혼자 오래 두면 또 바람나." 이 할머니 참으로 지고지순 유머러스하시죠? 시간이 지나면 부패되는 음식이 있는 반면 시간이 지나면 발효되는 음식이 있다죠? 우리네 인생도 마찬가지. 세월이 지나면 부패되는 인간이 있는가 하면 세월이 흐를수록 발효되는 인간이 있다고 합니다. 어느 쪽을 선택하실래요? 그건 여러분의 몫입니다.

 이건 모든 학교의 칠판에 다 쓰여져야 해. '인생은 단지 놀이터일 뿐이다.'

- 미스터 노바디 / Mr. Nobody(2009)

어느 날 갑자기 모든 걸 다 잃은 주인공, 자신의 존재 이유, 인생의 진정한 의미를 찾아 나섭니다. 철학과 교훈을 던져주죠.

어르신들의 짧은 시

어르신들의 시어는 어떻게 쓰여질까? 60세에서 98세까지 어르신들의 짧은 시 공모전이 있었는데 당선작 몇 편 골라 왔습니다. 〈동행 / 성백광〉 아내의 닳은 손등을 / 오롯이 쥐고 걸었다 / 옛날엔 캠퍼스 커플 / 지금은 복지관 커플 〈봄맞이 / 김남희〉 이제는 여자가 아니라 말하면서도 / 봄이 오면 빛 고운 립스틱 하나 사들고 / 거울 앞에서 가슴 설레네 〈퇴행성 / 문혜영〉 근육통으로 병원에 갔다 / 퇴행성이라 약이 없단다 / 관절염으로 병원에 갔다 / 퇴행성이라 약이 없단다 / 마음이 아프다 / 퇴행성이라 약이 없겠지 〈잃은 안경 / 천봉근〉 할배가 안경을 찾아서 / 여기 저기 돌고 있는데 / 네 살 손녀가 찾아주었다 / 할배 손에 있다고 〈아리송해 / 손동호〉 먹었는지 안 먹었는지 / 아리송한 치매약 〈남의 편 / 이승영〉 누가 나보고 / 너그러운 분이라 하네 / 아내가 들으면 / 댁이 살아봤느냐 하겠지. 유머와 재치가 넘쳐흐르죠?

 인간의 덕이 재능을 능가하는 순간 그 사람은 군자가 된다고 하잖아.

- 쿵후 타이거 / Paper Tigers(2020)

'전설은 죽지 않는다. 다만 늙을 뿐이다. 짠내 폭발 아재들, 그들의 유쾌한 쿵후 코믹 액션, 전설의 쿵후 3총사 훗날 이야기.

퇴계 이황과 매화

봄철 되면 으레 매화꽃 얘기 많이들 하시죠? 매화 봄소식을 제일 먼저 알려주는 꽃이죠. 매화의 종류는 그 꽃잎 색에 따라서 크게 세 종류가 있어요. 백매, 청매 그리고 홍매죠. 가장 흔히 볼 수 있는 꽃이 청매, 백매지만 다 예쁘죠. 그리고 황매화도 있다는 사실 다 아시나요? 어쨌든 매화 하면 빼놓을 수 없는 인물이 한 분 계시죠. 퇴계 이황 선생입니다. '매일생한 불매향' '매화는 일생에 추위도 그 향기를 팔지 않는다.' 퇴계 선생은 이 말을 평생 좌우명으로 삼았다고 합니다. 아무리 어려운 상황에 처하더라도 원칙을 지키며 의지와 소신을 굽히지 않겠다는 뜻이 담겨 있죠. 아 참, 매화 하면 떠오르는 성지가 있어요. 전남 순천 선암사예요. 우리나라에서 최고령 매화나무가 있는 곳이죠. 봄철 봄나들이 가시면 선암사 최고령 매화나무 찾아보세요.

 인생에는 두 가지 삶이 있지. 현실만을 좇는 삶과 사랑을 나누며 사는 삶. 선택은 너의 몫이야.

- 트리 오브 라이프 / The Tree of Life(2011)

인생이란? 철학적 사유와 영상미를 담고 있는 이 영화! 사랑과 삶의 의미를 담아내며 영혼을 어루만져 주는 수작입니다.

자리이타 원불교

한 친구가 있었어요. 50이 다 될 때까지 열심히 돈을 모았죠. 그러던 어느 날 중병에 걸려 병원에 입원하게 됐습니다. 절친이 그를 찾아오자, 그는 이렇게 말합니다. "그동안 돈을 버는 데만 급급했지. 베풀지 못한 게 크게 후회되네." 자리이타, 원불교에서 중시하는 수행방법이죠. 남을 이롭게 하면서 자신도 이롭게 하는 것 참 좋은 말입니다. 그런데 세상을 살다 보면 다 자기중심적인 사람들뿐이죠. 그게 어디 쉬운 말인가요? 그래도 생각을 바꿔보세요. 내가 아는 사람이 잘 돼야 나도 잘 될 수 있는 법입니다. 어릴 적 대웅전에 들어가 부처 앞에 절을 올리며 소원을 빕니다. 기도문이 정말 복잡했죠. 그러나 세월이 흘러 이젠 딱 한 가지 소원만 빕니다. "저와 인연 맺은 모든 이들 다 잘 되게 해주세요." 108배를 하고 나면 왠지 모르게 마음이 가벼워집니다. 자리이타 참 좋은 말입니다.

 인생에서 가장 중요한 날이 2개 있어. 하나는 내가 태어난 날, 그리고 내가 태어난 이유를 찾는 날.

- 더 이퀄라이저 / The Equalizer(2015)

강자에겐 약하고 약자에겐 한없이 강한, 이 세상을 향해 스스로 정의의 심판자로 나선 남자. 악한 세상을 향한 정의로운 폭력!

서울대 허준이 교수 졸업식 축사

수학계의 노벨상이라 불리는 필즈상. 이 상을 수상한 서울대 허준이 교수가 모교 후배들 졸업식장에서 한 축사가 화제입니다. "우리가 80년을 건강하게 산다고 가정하면 약 3만 일을 사는 셈입니다. 우리 직관이 다루기엔 제법 큰 수죠. 혹시 그중 며칠을 기억하고 있는지 세어본 적이 있으신가요? 쉼 없이 들이쉬고 내쉬는, 우리가 오랫동안 잡고 있을 날들은 3만의 아주 일부입니다. 〈중략〉 나는 커서 어떻게 살까? 아주 오래된 질문을 오늘부터의 매일이 대답해줍니다. 〈중략〉 무례와 혐오와 경쟁과 분열, 비교, 나태와 허무의 달콤함에 길들지 마십시오. 의미와 무의미의 온갖 폭력을 이겨내고 하루하루를 온전히 경험하세요. 그 끝에서 오래 기다리고 있는 낯선 나를 아무런 아쉬움 없이 맞이하시길 바랍니다." 허 교수는 이번 연설에서 먼 옛날의 나, 지금 여기의 나, 먼 훗날의 나, 이 세 명의 완벽히 낯선 자아에 대해 언급을 했습니다. 먼 훗날의 나는 어떤 모습일까요?

 인생에 있어 가장 위대하고 아름다운 여정은 자신을 발견해가는 모험 속에 있다.

- 티벳에서의 7년 / Seven Years In Tibet(1997)

주인공이 티벳에서 달라이 라마를 만나고 그와 함께 지낸 실제 여정을 그려냈죠. 철학적 깊이가 있고 티벳 공부도 되고요. 수작.

세상에서 가장 먼 여행

세상에서 가장 먼 여행은 뭘까요? 정답은 머리에서 가슴까지랍니다. 머리로 느끼고 생각하는 걸 가슴으로 옮겨서 담아내는 일이 그만큼 힘들다는 얘기겠죠. 그리고 우리의 고정관념을 깨뜨리고 새로운 인식 전환을 하기까지 그 머나먼 여정을 달려야 한다는 얘기인지도 모릅니다. 머리에서 가슴까지 45cm의 여행, 짧지만 가장 먼 여행이라고 철학자들은 설파합니다. 그렇다면 두 번째 먼 여행은 뭘까요? 바로 가슴에서 발까지의 여행입니다. 발은 우리가 딛고 있는 삶의 현장에 있습니다. 실천입니다. 애정과 공감을 우리의 삶 속에서 실현하는 거죠. 머리로 생각한 것을 가슴으로 담아내고 다시 발이 동원돼 실천에 옮기는 것, 결코 쉽지 않은 여행길입니다. 그래도 제일 소중한 건 우리의 몸. 머리끝부터 발끝까지 꼭 고맙다고 전해주세요. 오늘의 나는 내 머리에서 새끼발가락까지 수많은 노고 속에 달려왔으니까요!

 인생은 모두가 함께하는 여행. 최선을 다해 이 멋진 여행을 만끽해야 해.

- 어바웃 타임 / About Time(2013)

순간 이동과 시간 여행 능력, 주인공은 이 능력으로 못다 한 사랑을 이루죠. 결론은 따뜻한 가족애 그리고 사랑입니다. 명작.

92세 할머니의 인생조언

아무리 읽어도 가슴에 와닿는 독백 같은 시 한 수 함께 보시죠. "야~ 야. 너 늙으면 젤루 억울한 게 뭔지 아냐? 주름? 아녀! 돈? 그거 좋지! 근데 그것도 아녀. 이 할미가 진짜 억울한 건 나는 언제쯤 재밌고 신나게 한번 놀아보나~ 그것만 보고 살았는데 지랄, 이제 좀 놀아볼라 했더니만 다 늙어부렀어. 야~ 야. 나는 마지막에 웃는 놈이 좋은 인생인 줄 알았는디… 근데 그게 아녀. 자주 웃는 놈이 제일 좋은 인생이었어. 젊은 사람 맹키로 인생은 타이밍인 것이여. 인생 너무 아끼고 살지 말어! 언제 하늘 소풍 갈지 몰라. 꽃놀이도 빼먹지 말고 꼬박꼬박 다녀. 인제 보니께 웃는 거는 미루면 돈처럼 쌓이는 게 아녀. 다 사라지고 없더란 말이여. 사람들은 행복을 적금처럼 나중에 쓸 거라 생각하는디 그런 일은 절대로 일어나지 않아. 그냥 하루하루를 닥치는 대로 즐겁고 행복하게 웃으면서 살아. 그게 최고의 삶이란 말여. 훗날 후회하지 말고." 김경희 시인의 92세 할머니의 인생 조언이었습니다.

 인생은 짧고 세상은 넓어. 그래서 난 가능한 많은 추억들을 남기고 싶어.

- 맘마미아 / Momma Mia(2008)

그리스의 작은 섬에서 결혼식을 준비하는 젊은 신부. 자유로운 영혼을 가진 엄마의 세 연인을 초대하는데 진짜 아빠는 누굴까요?

난징 명소 부자묘

이참에 난징 홍보대사 한 번 해볼까요. 난징은 제가 가장 많이 찾은 도시거든요. 우선 난징 하면 공자를 모신 사당 - 부자묘를 찾아야 합니다. 난징의 명소죠. 쑨원의 능묘인 중산릉 - 자금산 중턱에 있어요. 명효릉 - 명나라 개국 황제인 주원장과 그 황후 마씨를 모신 곳이고요. 난징의 대표 공원이라 할 수 있는 현무호도 꼭 가보셔야 합니다. 중국 강남의 3대 호수 중 하나거든요. 이 밖에도 난징 박물관 규모가 어마어마하죠. 40만 점이 넘는 유물을 전시하고 있죠. 난징 대학살 기념관 - 가보고 싶지 않은 곳이에요. 1937년 난징을 점령한 일본군이 중국군과 난징 시민 30만 명을 집단 학살한 곳입니다. "용서는 가능하다. 하지만 결코 잊어서는 안 된다." 전시관에 크게 써 있죠. 이곳은 중국 공산당원이면 누구나 와서 참배하게끔 돼 있고요. 그래서 난징시엔 일본 기업들이 감히 올 수도 없다고 합니다. 난징 - 인천에서 2시간 거리. 한 번쯤 다녀오셔도 좋아요.

 인생은 참 얄궂어. 정신없이 지내다 보면 어느새 시간이 훌쩍 지나가 버리지.

- 언더 파이어 / The Chinese Widow(2018)

미 육군 항공대 소속 조종사가 일본 도쿄를 공습한 뒤 연료 부족으로 중국에 떨어지면서 전쟁의 비극과 인간애의 상실을 다루죠.

진짜 인생은 60부터

「진짜 인생은 60부터다」, 최양희님이 지은 책의 제목입니다. 60은 끝이 아니라 잃어버렸던 자신을 되찾는 시기라는 얘기죠. 작가는 질문을 던집니다. 늙어갈 것인가? 아니면 익어갈 것인가? 크로노스의 시간에 끌려다닐 것인가? 아니면 카이로스의 시간을 움켜잡을 것인가? 카이로스는 기회를 잡을 수 있는 한순간이라고 정의돼 있더군요. 작가는 그러면서 "우리에겐 아직 카이로스의 시간이 있다. 내가 원하는 진정한 나를 찾기에 딱 좋은 나이"라고 설파하고 있습니다. 아무튼 노년은 생각보다 멋지고 아름다운 인생길이랍니다. 행복은 마음으로 만들고 천국은 내 가슴에 있다는 것을 아는 나이, 삶의 여정 중에서 마음을 비우며 살아가기에 가장 좋은 나이라고도 말합니다. 삶은 참으로 고귀하고 아름답다는 걸 알고, 또 아름답게 익어가는 사람은 언제 보아도 멋이 있고, 존경스럽습니다. 자, 이제 선택은 우리에게 달렸습니다. 노년을 어떻게 보낼 작정인가요?

 인생은 한 번뿐이야. 이 삶보다 소중한 게 어딨어. 하루하루가 마지막인데.

- 비포 선셋 / Before The Sunset(2004)

비포 시리즈 두 번째 작품. 첫 만남 이후 9년 만에 파리에서 만난 두 남녀. 사랑에 대한 진솔한 대화가 가득 담깁니다.

랜디 포시 마지막 강의

미국의 한 대학교수가 죽기 전에 마지막 강단에 섰습니다. "절대로 포기하지 마세요. 벽에 부딪히거든 그것이 절실함의 증거임을 잊지 마세요. 삶을 즐기세요. 즐길수록 삶은 내 것이 됩니다. 솔직하세요. 그것이 삶에서 자신의 꿈을 이루게 합니다. 가장 좋은 꿈은 쓰레기통의 밑바닥에 있답니다. 그러니 그것을 찾아내세요. 당신이 뭔가를 망쳤다면 사과하세요. 사과는 끝이 아니라 다시 할 수 있는 시작입니다. 자신보다 주변 사람들에게 집중하세요. 그만큼 삶이 풍요로워집니다. 감사하는 마음을 보여주세요. 감사할수록 삶은 위대해집니다. 준비하세요. 행운은 준비가 기회를 만날 때 온답니다." 미국 카네기멜론대 컴퓨터공학과 랜디 포시(Randy Pausch) 교수! 췌장암으로 47세 나이로 사망하기 전에 남긴 이 강의는 전 세계 시민들에게 큰 감동을 주었죠. 이 교수는 강의를 마치면서 자신의 어린 세 자녀에게 해주고 싶은 얘기였다고 말합니다.

 인생을 사는 데는 많은 길이 있어. 하지만 가장 멋진 길은 참다운 인간으로 사는 거지.

- 늑대와 춤을 / Dances With Wolves(1990)

1863년 미국 남북전쟁을 배경으로 인디언 부족과 백인 사이의 갈등이 잘 묘사되고 있어요. 90년대 최고 서부 액션 명작.

택시기사 경험담

택시기사들의 경험담은 무궁무진하죠. 여기 어느 택시기사의 이야기가 잔잔한 감동을 주고 있습니다. 어느 날 콜을 받은 택시기사가 목적지에 다다랐습니다. 그 집의 초인종을 누르자 90이 넘는 할머니 한 분이 나오셨어요. 할머니와 조그마한 트렁크를 싣고 택시는 출발합니다. 목적지는 도시 인근 요양원. 할머니는 말합니다. "의사가 그러는데 제게 남은 시간이 얼마 없다네요." 순간 택시기사는 미터기를 꺾었습니다. 그리곤 두 시간 동안 할머니가 젊었을 때 일했던 호텔이며, 죽은 남편과 함께 살았던 예전 집, 할머니의 추억이 담긴 시내 거리를 두루 돌아다녔죠. 마침내 목적지에 다다랐습니다. "요금이 얼마죠?" "오늘은 무료입니다." 할머니가 한마디 하십니다. "이 늙은이의 마지막 여행을 행복하게 해줘서 정말 고마워요." 택시기사는 요양원을 나와 정처 없이 차를 몰았습니다.

 인생을 즐겨요. 더 늦기 전에. 시간은 순식간에 지나가 버려요.

- 에브리원 세즈 아이 러브 유 / Everyone Says I Love You(1996)

1.5캐럿 다이아몬드 반지를 아이스크림 속에 넣어서 프로포즈? 반지는 위장 속으로 들어갔죠. 사랑의 아름다움을 배워보시죠.

랜디 포시 어록

랜디 포시(Randy Pausch) 교수. 미국 카네기 멜론대학 컴퓨터공학 교수였죠. 47세의 젊은 나이에 췌장암으로 생을 달리했습니다. 그러나 죽기 전에 대학생들에게 남긴 마지막 강의는 전 세계적으로 심금을 울렸습니다. 자신의 아이들에게 해주고 싶었던 얘기들을 담아냈거든요. 그가 남긴 명언을 모아봤습니다. 1. 당신은 반드시 기초부터 제대로 익히세요. 그렇지 않으면 그 어떤 화려한 것도 해낼 수 없습니다. 2. 누군가 당신을 위해 했던 일을 당신도 다른 이들을 위해 해주세요. 3. 시간은 당신이 가진 전부예요. 그리고 언젠간 시간이 얼마 남지 않았다는 걸 알게 될 거예요. 4. 감사하는 마음을 보여주세요. 감사할수록 삶은 위대해집니다. 5. 준비하세요. 행운은 준비가 기회를 만났을 때 온답니다. 6. 그리고 매일같이 내일을 두려워하며 살지 마세요. 오늘 바로 지금, 이 순간을 즐기세요. 여기까집니다.

 인생이란 걸어 다니는 그림자. 폼 잡고 떠들어대지만, 무대가 끝나면 가련한 한 배우일 뿐.

- 버드맨 / Birdman(2014)

한때 할리우드의 톱스타. 지금은 60대 중년배우. 과거 화려했던 명성을 되찾기 위해 브로드웨이 진출에 나선다는 블랙 코미디.

생명의 무게는?

부처의 전생을 다룬 책, 본생경에 이런 얘기가 나옵니다. 부처께서 보살로 수행하고 있을 때 매에게 쫓긴 비둘기 한 마리가 날아들었죠. 그래서 얼른 비둘기를 숨겨주죠. 그러자 이번엔 매가 찾아와 비둘기를 내달라고 주문합니다. 이를 거절하자 매가 말합니다. "비둘기를 못 먹으면 나는 죽습니다. 비둘기 생명은 소중하고 내 생명은 소중하지 않습니까?" 그러면서 비둘기만큼의 살코기를 달라고 말합니다. 이에 부처 보살은 비둘기 무게만큼의 자신의 허벅지 살을 떼어 저울에 달았습니다. 그러나 저울 눈금은 비둘기 쪽으로 기울었죠. 다시 자신의 양다리, 양팔, 엉덩이까지 베어 저울에 올렸지만, 여전히 비둘기가 더 무거웠어요. 결국 자신이 저울에 올라서자 그제서야 저울이 똑같아졌지요. 사람 목숨이나 비둘기 목숨이나 생명의 무게는 같다는 얘기죠. 생명의 소중함을 일깨워주는 얘기 중의 하나입니다.

 젊었을 땐 늘 뭔가를 가지려고 애썼는데 이젠 그걸 버리며 사는 일만 남았어.

- 보이후드 / Boyhood(2014)

12년에 걸쳐 촬영된 수작. 한 소년이 6살부터 18살, 즉 고교를 졸업하고 대학에 들어가기까지의 삶의 체험을 그려내고 있죠.

프란치스코 교황 어록

프란치스코 교황이 남긴 말이 가슴에 와닿습니다. 함께 보시죠. 매일 세수하고 목욕하고 양치질하고 멋을 내어보는 이 몸뚱이를 나라고 착각하며 살아갑니다. 우리는 살아가며 이 육신을 위해 돈과 시간, 열정, 정성을 쏟아붓습니다. 예뻐져라, 멋져라, 섹시해져라, 날씬해져라, 병들지 마라, 늙지 마라, 제발 죽지 마라. 하지만 이 몸은 내 의지와 내 간절한 바람과는 전혀 다르게 살찌고, 야위고, 병이 들락거리고, 노쇠화되고, 암에 노출되고, 기억이 점점 상실되고, 언젠가는 죽기 마련입니다. 이 세상에 내 것은 하나도 없습니다. 〈중략〉 모든 것은 인연으로 만나고 흩어지는 구름과도 같습니다. 오늘 내 앞에 있는 사람에게 정성을 다 쏟으세요. 나와 인연 맺은 모든 사람들이 정말 눈물겹도록 고맙습니다. 가만히 생각해보면 이 세상은 정말 고마움과 감사함의 연속입니다. 여기까집니다. 내 것 하나 없는 이 세상살이, 비움의 철학을 하나 더 챙겨봅니다.

 최근에 깨달은 건데 우선 배낭을 비워야 해. 그래야 그 안에 뭘 채울지 알게 되거든.

- 인디 에어 / Up In The Air(2010)

미국 최고의 베테랑 해고 전문가. 천만 마일리지를 획득할 정도로 비행기록을 갖고 있죠. 그가 사랑과 진실을 찾아 나섭니다.

버림의 미학

버림의 미학, 종종 들을 수 있었던 말이죠. 나이 들면서 더욱 강조되는 말이기도 해요. 집 안 한번 살펴보세요. 신발장엔 안 신는 신발들이 넘쳐나고, 옷장 안에는 몇 년 동안 입지 않은 옷들도 꽤 많습니다. 부엌엔 쓰지 않는 그릇들이 많이도 숨겨져 있지요. 이제는 버려야 합니다. 삶이란 바라기와 버리기의 싸움이란 말이 있어요. 내 삶을 아름답게 하고, 의미 있는 것들은 챙겨 놓고 나머지는 다 버리세요. 쓰레기도, 오물도, 헌 옷도 다 버리고 슬픔, 미련, 후회, 욕심, 명예도 다 내려놓으라고 하네요. 그리고 자존심도 이젠 쉬게 해주세요. 버리면 얻게 됩니다. 비워야 채워지는 거고요. 염일방일, 하나를 쥐려면 하나는 버려야 되죠. 단사리, 모든 걸 끊고 버리고 떠나보세요. 새로운 세상을 만날 수도 있어요. 버림의 미학은 아름다운 결단이 될 겁니다.

730 가만히 있으면 안 돼. 목표를 세우고 계획을 짜고, 그리고 엉덩이를 움직여야 해. - 페인 앤 게인 / Pain And Gain(2013)

731 갖고 있는 두려움에 작별을 고해보세요. 대신 인생을 마주하고 다시 시작하는 거예요. - 인생은 드라마 / Dear Zindagi (2016)

732 그저 좋은 날보다는 기억에 남는 의미 있는 하루, 위대한 날을 보내세요. - 내가 죽기 전에 가장 듣고 싶은 말 / Last Word (2017)

733 그 친구 엄청난 포주지. 근데 제일 중요한 규칙을 어겼어. '파는 물건은 맛보지 마라.' - 몽골리안 커넥션 / The Mongolian Connection(2019)

734 기분은 좋아했겠지. 그러나 자리를 떴을 거야. 감정적 투자는 반드시 실패하는 법이니까. - 더 킹 / The King(2017)

735 나는 금요일마다 기도를 하지. 월요일이 빨리 오게 해달라고. 그러면 빨리 와. - 헤어질 결심 / Decision To Leave(2022)

736 나는 정말 귀중한 교훈을 얻었다. 재능을 낭비하는 건 무엇보다 슬픈 일이라는 사실. - 브롱스 이야기 / A Bronx Tale(1993)

737 나의 장점 중 하나는 바로 이거야. 나에게 맨 처음 총을 준 사람에겐 절대 배신하지 않는다. - 위험한 패밀리 / The Family (2014)

738 난 널 좋아해. 넌 미래를 내다보는 힘이 있거든. 나도 그렇고. - 레전드 / The Legend(2015)

739 난 단 하루도 허루루 살아본 적이 없어요. 죽기 살기로 정말 열심히 살았어요. 최선을 다해서요. - 밥정 / The Wandering Chef(2020)

740 남보다 우수한 게 고귀한 게 아니야. 과거의 자신보다 우수한 게 진정으로 고귀한 거지. - 킹스맨 시크릿 에이전트 / Kingsman The Secret Service(2015)

741 남을 원망하면서 세월을 보내기엔 인생이 너무 짧다고 생각하지 않니? - 제인 에어 / Jane Eyre(2011)

742 남의 집을 방문할 땐 주인댁의 교리를 따라야지, 안 그래? "모두 총 버려." - 내 이름은 튜니티 / They Call Me Trinity(1979)

743 내가 이 사업을 해오면서 배운 게 하나 있지. "그 누구도 죄 없는 사람은 없다." - 데어데블 / Daredevil(2003)

744 너도 내 나이가 되면 알게 될 거야. 정이고 사랑이고 다 필요 없다는걸. - 보스의 여자 / Queen's Return(2021)

745 넌 아직 젊고 살아있어. 남들 말 따위는 다 집어치워. 아직은 멋진 인생이니까. - 어나더 라운드 / Another Round(2020)

746 네가 차에서 내렸을 때, 미친 줄 알았어. 그런데 미쳐야 이기는 거야. - 블러드 다이아몬드 파이널 / Black(2009)

747 네가 했던 말 기억해? 1분마다 인생을 바꿀 기회가 찾아온다고. - 바닐라 스카이 / Vanilla Sky(2001)

748 누군가에게 시간을 들인다는 건 다신 돌려받지 못할 삶의 일부를 주는 거야. - 어른도감 / Adulthood(2018)

749 돈이 중요한 게 아니야. 중요한 건 메시지라고. 어차피 물질적인 것은 다 타버려. - 다크 나이트 / The Dark Knight(2008)

750 말이란 민족의 정신을 담는 그릇이지. 또 글은 민족의 생명이야. - 말모이 / MAL · MO · E : The Secret Mission(2019)

751 명인은 고수를 알아보는 법이죠. 당신의 두뇌와 동침하고 싶어요. - 딜레마 / The Dilemma(2011)

752 뭔가 허전한 것 같아. 액션은 있는데 영혼은 없다는 거지. 안 그래? - 마법의 성 / Sex of Magic(2002)

753 방아쇠를 당기는 건 쉽지. 그러나 최고의 경지는 아무도 모르게 끝내는 거야. - 메카닉 / The Machanic(2011)

754 빠르지도 않고 운전을 잘하시네요. 천천히 가야 함께 오래 있죠. - 남과 여 : 여전히 찬란한 / The Best Years of A Life(2020)

755 사람은 가슴이 시키는 대로 하는 거야. 네 인생은 온전히 너만의 것이거든. - 파벨만스 / Fabelmans(2003)

756 사람은 누구나 다 죽어요. 중요한 건 죽기 전에 그 무엇, 어떤 일을 하느냐죠. - 버티컬 리미트 / Vertical Limit(2001)

757 사람은 본래 자기가 믿고 싶은 걸 믿는 법이야. 세상은 다 그래. - 아메리칸 허슬 / American Hustle(2014)

758 사람을 너무 많이 믿지 마라. 돈이 움직이면 사람 마음도 움직이는 법이니까. - 꾼 / The Swindlers(2017)

759 삶은 나약함을 용서하지 않아. 소위 자비로움이란 종교적인 헛소리에 불과할 뿐이지. - 다운폴 / The Downfall(2004)

760 삶은 잘 짜여진 공연이 아니야. 대본도 감독도 없어. 그냥 복잡하게 가는 거야. - 세렌디피티 / Serendipity(2002)

761 삶의 지평을 넓히세요. 한 번뿐인 인생인데 보다 충만하게 살아야죠. - 미 비포 유 / Me Before You(2016)

762 세상에서 두 번째로 재수 없는 게 거짓말쟁이야. 그럼 첫 번째는? 변호사지. - 섹스, 거짓말 그리고 비디오테이프 / Sex, Lies And Videotape(1989)

763 세상은 눈에 보이는 게 다가 아니야. 명심해. 있는 그대로 다 받아들여선 안 돼. - 더블 타겟 / Shooter(2007)

764 세상에 아무리 아름답고 훌륭한 것도 쓰레기장에 버려지면 다 쓰레기가 되는 거예요. - 마리아와 여인숙 / Maria And The Inn(1997)

765 세상일은 변하기 마련이야. 그리고 인생은 누굴 위해 멈춰 주지도 않아. - 월 플라워 / The Perks of Being a Wallflower(2013)

766 아무리 위대한 사랑일지라도 시간이 지나면 또 다른 사랑이 찾아오기 마련이죠. - 시네마 천국 / Cinema Paradise(1990)

767 아주 중요한 거 하나 말해줄게요. 사람을 직업으로 판단해선 안 돼요. 됨됨이를 봐야죠. - 바디 오브 라이즈 / Body of Lies (2008)

768 어떤 사람이 말했지, 성실함이 전부다. 그러나 그걸 가장하면 일이 터진다. - 퍼펙트 스트레인저 / Perfect Stranger(2007)

769 어떤 사람이 찾아오든 우리는 비난하지 않아요. 그게 우리의 원칙이죠. - 강구바이 카티아와디 : 마피아 퀸 / Gangubai Kathiawadi : Mafia Queen(2022)

770 어떻게 살아남느냐가 중요한 게 아니야. 어떻게 살아가느냐가 더 중요하지. - 슬로우 웨스트 / Slow West(2015)

771 역사 앞에서 인상 쓰지 말자. 역사 앞에서 웃자. 더 환하게 웃자. - 더 킹 / The King(2017)

772 우리가 서로 마음속에 사는 한, 죽음도 우리를 갈라놓을 수 없어요. - 시절인연 / Finding Mr. Right(2014)

773 우리 인생은 머릿속에 다 기억으로 남아 있어. 그래서 함께 한 모든 순간들이 소중한 거야. - 테스와 보낸 여름 / My Extraordinary Summer with Tess(2020)

774 이런 말이 있어. 인생이란 지나간 시간이 아니고 우리가 기억하는 시간이다. - 섹스 앤 퓨리 / Love And Fury(2022)

775 이제 모든 걸 운명에 맡기려 해. 운명이 이끄는 대로 모든 걸 맡기는 거야. - 나를 사로잡은 그대 / Beautiful Beloved(2021)

776 인생살이는 딱 두 가지, 하나는 기적이 없는 것처럼 사는 거. 하나는 모든 게 기적이라고 생각하는 거. - 미라클 프롬 헤븐 / Miracles From Heaven(2016)

777 인생은 리무진과 같아요. 앞좌석이 있고, 뒷좌석이 있고, 그 사이에 칸막이가 있죠. - 사브리나 / Sabrina(1996)

778 인생은 말이야, 아이스크림이야. 녹기 전에 맛있게 먹어야 하는 거야. - 블랙 / Black(2009)

779 인생은 생각만큼 행복하지 않고, 불행하지도 나쁘지도 않아요(다 거기서 거기죠). - 여자의 일생 / A Woman's Life(2017)

780 인생의 중요한 교훈 하나. 친구가 낙제하면 눈물이 나고 친구가 1등 하면 피눈물 난다. - 세 얼간이 / 3 Idiots(2011)

781 있을 때 잘해. 지금의 인연을 소중히 여기고, 살다 보면 다 살아져. 그게 인생이야. - 원데이 / One Day(2012)

782 자신의 본모습을 찾지 못한다면 언제나 어디서나 이방인일 뿐이야. - 히달고 / Hidalgo(2004)

783 잘 들어, 내 얘기! 우리 지금부터 그동안 못해본 거 다 하고 살아보자. 내 걱정하지 말고. - 모나리자와 블러드 문 / Mona Lisa and the Blood Moon(2023)

784 저는 정치인입니다. 이는 제가 사기꾼이요, 거짓말쟁이라는 뜻이지요. - 붉은 10월 / The Hunter For Red October(1990)

785 절대로 다시는 인생에서 도망치지 않을 거예요. 사랑도 마찬가지고요. - 사브리나 / Sabrina(1996)

786 정말 긴 하루였어요. 하나님이 제 인생을 망치려고 작정한 날이에요. - 최악의 하루 / Worst Woman(2016)

787 정의가 항상 이기는 건 아니야. 정말이지 나도 이런 세상이 진짜 싫어. - 더블 타겟 / Shooter(2007)

788 정확히 소유라는 게 뭐죠? 우리는 소유자가 아니에요. 단지 스쳐 지나갈 뿐이죠. - 아웃 오브 아프리카 / Out of Africa (1986)

789 총싸움하면서 배운 게 하나 있지. 총이라는 건 쏘면 쏠수록 적이 많아지는 법이야. - OK 목장의 결투 / Gunfight at The OK Corral(1957)

790 최선을 다하고 긍정적인 마음을 갖는다면 구름 뒤에 비치는 햇살을 볼 수가 있어요. - 실버 라이닝 플레이 북 / Silver Lining Play Book(2012)

791 폭포가 아름다운 건 사랑하는 사람과 함께 그 기억을 나누기 때문이죠. - 엠마뉴엘 / Emmanuelle(1994)

792 해결이 될 문제는 걱정이 없고, 해결이 안 될 문제는 걱정을 하지 마라. - 티벳에서의 7년 / Seven Years In Tibet(1997)

793 현실은 영화보다 더 혹독하고 잔인해. 그래서 인생을 우습게 보면 안 돼. - 시네마 천국 / Cinema Paradiso(1990)

794 화창한 날에만 걸으려 하면 결코 목적지까지 갈 수가 없지. - 하늘과 땅 / Heaven And Earth(1994)

제8장
우주와 섭리

신을 만나려면 먼저 그를 영접해야 해.
기도하지 않는 자에겐 신은 오지 않아.

 가끔은 흘러가는 대로 몸을 맡겨야 해. 더러는 그게 최선일 수도 있어.

- 바이 더 씨 / By The Sea(2015)

'당신을 영원히 사랑하고 싶다. 다시 처음 만난 순간처럼' 사랑과 우정. 자기 발견에 대한 감동적인 이야기가 담겨 있죠. 수작.

살다 보니 알겠더라, 조관희

살다 보니 알겠더라, 조관희 님의 시 한 수 감상해 보시죠. 떠오르는 수많은 생각들 속에 / 한 잔의 커피에 목을 축인다 / 살다 보니 긴 터널도 지나야 하고 / 안개 낀 산길도 홀로 걸어야 하고 / 바다의 성난 파도도 만나지더라 / 살다 보니 알겠더라 / 꼭 만나야 할 사람은 만나고 / 스치고 지나야 하는 것들은 꼭 지나야 한다는 것도 / 떠나야 할 사람은 떠나고 / 남아야 할 사람은 남겨지더라 / 두 손 가득 쥐고 있어도 / 어느샌가 빈손이 되어 있고 / 빈손으로 있으려 해도 그 무엇인지를 꼭 쥐고 있음을 / 소낙비가 내려 / 잠시 처마 밑에 피하다 보면 / 멈출 줄 알았는데 / 그 소나기가 폭풍우가 되어 온 세상을 헤집고 / 지나고 나서야 멈추는 것임을 / 다 지나가지만 / 그 순간 숨을 쉴 수조차 없었다 / 지나간다 모두 다 / 떠나는 계절 / 저무는 노을 힘겨운 삶마저도 / 흐르는 것만이 삶이 아니다 / 저 강물도, 저 바람도 / 저 구름도, 저 노을도 / 당신도, 나도 / 기다림의 때가 되면 / 이 또한 지나가기에. 천천히 시 낭송을 해보셔도 좋아요. 음미해보시죠.

 나그네를 소홀히 대접하지 마라. 나그네를 대접하다가 천사를 만난 사람도 있다.

- 천사 탈주 / We're No Angels(1989)

영화는 코믹이었죠. 위의 명대사는 히브리서 13장 1절. 두 명의 탈주범이 우연히 이 간판을 보고 신부 행세에 나섭니다.

진통제 훔친 태국 소년

그런데 사람의 만남이란 우연이 필연으로 이어지는 경우도 종종 있나 봅니다. 태국의 어느 시골 마을 얘깁니다. 한 소년이 진통제를 훔쳐 나오다 적발돼 약국 주인에게 야단을 맞습니다. 이를 지켜보던 옆집 식당 주인이 묻습니다. 왜 훔쳤냐고? 어린 소년은 엄마가 아프다고 말합니다. 이에 식당 주인은 약값을 대신 지불해주고 자기 딸에게 수프까지 포장해 오라 해서 소년에게 건네줍니다. 화면은 다시 30년 후로 바뀝니다. 식당 주인이 갑자기 쓰러져 병원에 입원합니다. 병실에서 간호하던 딸에게 병원비가 나왔습니다. 79만 2천 바트, 우리 돈 2,800만 원. 딸은 병원비가 고민입니다. 다음날 병실 침대 위에 기대어 졸고 있는 딸에게 병원비 청구 요약서가 전달됩니다. "총 0바트, 모든 비용은 30년 전에 이미 지불됐습니다." 그 병원의 의사는 바로 30년 전 진통제를 훔친 그 소년이었습니다. 느낌 오셨죠?

 넌 결코 진정한 도사가 될 수 없어. 왜냐하면 마음 비우는 법을 모르니까.

- 전우치 / Jeon Woochi : The Taoist Wizard(2009)

고전소설 전우치전을 각색해 현대판 판타지로 만든 영화. 그런데 정말로 예전에 도사가 있었을까요? 여전히 의문입니다.

노자의 버려야 할 4가지

어느 날 공자가 노자를 찾아와 '예'에 대해 묻습니다. 노자가 답합니다. "훌륭한 상인이라면 물건을 깊이 숨겨두고 아무것도 없는 듯하듯이 군자는 큰 덕이 있더라도 용모를 어리석게 보이는 법입니다. 그래서 교기·다욕·태색·음지, 이 네 가지는 버려야 합니다." 여기서 교기는 내가 최고라는 교만한 마음을 일컫습니다. 다욕은 내 마음에 담을 수 없는 만큼의 지나친 욕심이고요. 태식은 잘난 척하려는 얼굴 표정을 뜻합니다. 그리고 음지는 모든 걸 내 뜻대로 해보려는 욕심을 의미한다네요. 교기·다욕·태색·음지, 이 네 가지를 버려야 한다는 가르침입니다. 마음 챙김이란 용어도 많이 쓰입니다만 그 가운데 노자가 언급한 네 가지 버릴 준비가 돼 있나요? 쉽지만은 않겠지만 그래도 따르는 게 좋겠죠. 넷 중 하나라도 붙잡고 있다면 사람들이 좋아하지 않을 거예요. 두 눈 감고 생각해보세요.

 모든 일엔 대가를 치러야 해. 세상에 공짜란 없어. 신의 은총 이외에는.

- 더 브레이브 / True Grit(2011)

14세 소녀가 아버지의 원수를 갚기 위해 길을 나서는 내용. 동명소설을 기반으로 1969년 판 영화를 리메이크했죠.

기도와 응답

언뜻 인스타에서 본 짧은 영상이었어요. 중년의 한 남자가 신앙 간증하듯 강의를 합니다. 바로 이런 내용입니다. "제가 힘을 달라고 기도를 했더니 하나님은 저를 강하게 만들 어려움을 주셨습니다. 제가 지혜를 구했더니 하나님은 해결해야 할 문제를 주셨습니다. 제가 용기를 구했더니 하나님은 극복해야 할 위험을 주셨습니다. 제가 사랑을 구했더니 하나님은 저에게 도움이 필요한 사람들을 보내주셨습니다. 저의 기도들은 응답받았습니다." 천천히 음미해보세요. 참으로 대단한 긍정 마인드입니다. 우리네 삶도 아마도 거의 비슷한 기도문을 외고 있잖아요. 그 응답이 조금씩은 다르겠지만 우리의 사고의 관점을 밝게 조율한다면 얼마든지 행복한 신앙생활을 할 수 있겠죠? 기독교든 불교든 이슬람교든 관계는 없어요!

 불교 경전에 이렇게 쓰여 있지. 움직이는 건 깃발도 바람도 아닌 사람의 마음이라고.

- 동사서독 / Ashes of Time(1995)

홍콩 영화치곤 사연이 많은 영화. 우정과 사랑, 희생 그리고 가슴 아픈 이별, 무협지의 거장 김용의 사조영웅전을 담아낸 영화죠.

어려운 일 20가지

불교에서는 사람살이에는 20가지의 어려움이 있다네요. 가난하고 궁해서는 나눔과 베풀기 어렵고요. 건장하고 귀하면 도를 배우기 어렵답니다. 목숨을 버려 죽기를 기약하는 일, 색과 욕심을 참기, 좋은 걸 보고 구하지 않기. 욕을 당하고 성내지 않기도 어려운 일이고요. 권세를 갖고도 뽐내지 않기, 자신만이 잘났다는 마음 버리기, 무식한 사람 가벼이 여기지 않기, 마음을 평등하게 쓰기도 쉬운 일은 아니겠죠. 선지식을 만나 도 배우기, 환경에 따라 방편 잘 알기도 어려운 일이라고 설하고 있습니다. 그만큼 인생살이가 녹록지 않다는 얘기죠. 그래서 도를 구하는 수도승처럼 유혹과 장애물을 극복해서 마음 근육을 다져야 한다고 말합니다. 마장을 뛰어넘어 결국에는 깨달음을 얻으라는 말씀인데 어디 그게 쉬운 일인가요. 그래도 오늘 하루는 수도승?

 사람은 이 세상에서 늘 혼자야. 그걸 알면 더 이상 상처받을 일이 없어.

- 사관과 신사 / An Officer And A Gentleman(1983)

남주의 불우한 어린 시절을 극복하고 성장해가는 과정 그리고 남녀의 사랑을 지고지순하게 전개해 스토리가 탄탄한 영화였죠.

앤 라모트 버드 바이 버드

앤 라모트(Anne Lamott), 뉴욕 타임스가 선정한 베스트셀러 작가죠. 그리고 미국인들에게 가장 사랑받는 칼럼니스트입니다. 지금까지 책도 50권 펴냈고요. 특히 작가 지망생들을 위한 책 「버드 바이 버드」는 많은 도움을 주고 있죠. 그리고 삶의 깊이가 담겨 있어요. "세상은 거대한 고아원, 우린 홀로 실려 온 응급환자! 얼마나 아프고 외로울까? 그래서 모든 인간들이 사랑을 갈구하는 거야. 운명의 사람을 만나는 데 너무 고민하지 마. 머뭇거리기엔 인생이 너무 짧아." "내면에서 들려오는 아주 작은 목소리, 그 소리를 들을 수 있도록 스스로를 단련해야 돼." 이런 말들을 전해주고 있어요. 글을 잘 쓴다는 건 쉬운 일이 아니죠. 영혼을 감동시키는 글을 쓰기까지 작가들은 뼈를 깎는 고통을 감내하는지도 모릅니다. 이 시간 작가수업을 하는 분들을 응원합니다.

 삶이 균형을 잡으려면 계시를 믿어야 한대. 바로 운명이라는 거지.

- 세렌디피티 / Serendipity(2002)

영화 제목 자체가 뜻하지 않게 찾아온 행운이란 뜻이죠. 그리고 이 영화는 그런 운명적인 만남과 사랑을 그려내고 있지요.

심덕승명 후덕재물

'심덕승명 적토성산'(心德勝命 籍土成山)이란 말, 채근담에 나오는 얘깁니다. 풀이하자면 마음의 덕을 쌓으면 운명도 바꿀 수 있고, 작은 티끌도 모으면 태산을 이룰 수 있다는 뜻이죠. 특히 심덕승명은 정말 진주처럼 빛나는 사자성어예요. 사람의 운명도 바꾼다는 '심덕'에 대해 한 번쯤 깊게 생각해보는 것도 좋아요. 그러니 우리의 마음 밭갈이를 잘해야 합니다. 이참에 후덕재물이 떠오르네요. '자강불식 후덕재물'(自强不息 厚德載物), 주역 46괘 중 첫 괘인 건괘와 곤괘에 나오는 말인데요. 군자는 스스로 강건해서 그 쉼이 없어야 하며, 자신의 덕을 깊고 넓게 쌓아서 만물을 싣고 가라는 뜻이 담겨 있죠. '자강불식 후덕재물'은 후진타오와 시진핑을 배출한 칭화대학교 교훈이기도 합니다. 특히 후덕재물은 덕을 쌓으면 부자가 된다? 중국인들이 매우 좋아하는 사자성어입니다.

 세상엔 정말이지 대단한 거 별로 없다. 겪어보면 다 거기서 거기야.

– 페어 러브 / Fair Love(2010)

조금은 생뚱맞은 전개로 당황할 것만 같았던 영화. 그렇지만 어색하지 않게 스토리가 전개되면서 재미를 더했던 영화입니다.

김지미 팜므파탈

1960년대 한국의 팜므파탈 김지미, 본명 김명자. 한 시대를 풍미한 여배우죠. 얼마 전 멀쩡하게 미국 LA에서 잘 살고 있는 김지미 씨가 사망했다는 페이크 뉴스가 떠돌았습니다. 당사자는 물론 가족들까지 확인 전화에 시달려 괴롭다는 내용의 글이 SNS를 달구기도 했습니다. 올해 나이 84세 건강하게 잘 지내고 계신답니다. 그녀가 남긴 말도 자주 회자되죠. "나이 많은 남자(홍성기 감독), 잘생긴 남자(최무룡), 나이 어린 남자(나훈아), 능력 있는 남자(이종구 박사)와 두루 살아봤다. 살아보니 그렇게 대단한 남자는 없더라. 남자는 별거 아니다. 다 어린애고 부족하고 불안한 존재다." 글쎄요. 한편으론 이해가 되지만 꼭 그렇지만은 않잖아요. 그래도 그녀는 뒤늦게 이렇게 조언합니다. "남자를 만나려면 마음이 편한 상대를 만나라." 쉬운 일은 아니겠지만 어느 영화에서도 나오잖아요. "가슴이 따뜻한 남자를 만나라." 이건 맞겠죠.

 세계의 절반이 이러고 있어. 우리가 서로를 도륙하는 동안 신은 그저 지켜보기만 해.

- 서부전선 이상 없다 / All Quiet on The Western Front(2022)

에리히 마리아 레마르크의 동명소설을 바탕으로 제작된 세 번째 영화. 제1차 세계대전을 배경으로 하고 있습니다.

지구촌 소식 IS 호라산

2024년 3월 지구촌 곳곳이 아수라장입니다. 먼저 러시아와 우크라이나 전쟁이 3년째 계속되고 있는 가운데 최근 러시아 수도 모스크바 외곽 공연장에서 집단 테러가 발생했죠. 140여 명이 숨졌습니다. 러시아가 발끈했습니다. 이슬람 무장단체인 IS 호라산은 푸틴에 경고합니다. 이번 테러는 자신들의 소행이며 푸틴과 러시아를 계속 공격하겠다고요. 이스라엘과 하마스의 전쟁도 해를 거듭해 진행 중입니다. 아프리카 수단에서는 군부들의 내전으로 수백만 명이 해외로 탈출하고 있습니다. 인근 차드로 탈출한 난민들 가운데 어린이 1,200여 명이 굶어 죽었다는 슬픈 뉴스가 전해집니다. 동남아에선 미얀마가 정부군과 반정부군의 교전으로 사실상 내전에 휩싸였습니다. 2024년 갑진년 지구촌의 어두운 소식은 우리들을 우울하게 만들고 있습니다.

 신을 만나려면 먼저 그를 영접해야 해. 기도하지 않는 자에겐 신은 오지 않아.

- 나의 산티아고 / I'm Off Then(2016)

최고의 인기를 누리던 코미디언이 과로로 쓰러진 뒤 회복한 후 산티아고 순례길에 오르죠. 누구나 한 번쯤은 가보고 싶은 그 순례길.

스님과 피그말리온 효과

옛날 두메산골에 한 아이가 태어납니다. 가난한 부모는 아이가 배고파 울 때마다 회초리로 때려 울음을 멈추게 했답니다. 지나가던 스님이 이런 광경을 보더니 불쑥 들어와 어린아이에게 넙죽 큰절을 올립니다. 부모가 깜짝 놀라 그 연유를 묻죠. 스님이 답합니다. "이 아이는 나중에 커서 정승이 되실 분입니다." 그 후 부모는 더 이상 매를 들지 않고 공을 들여 키웠고, 훗날 아이는 정승이 됐습니다. 부모는 스님의 예지력에 놀라 수소문해 스님을 찾았습니다. 어찌 예전에 그 어린아이가 정승이 될 것을 알아보셨냐고 말이죠. 스님이 말하기를, "모든 사물은 귀하게 보면 한없이 귀하지만 하찮게 보면 아무짝에도 쓸모가 없는 법이지요." 스님께서 하신 말씀의 일부분은 피그말리온 효과이고, 뒷부분은 스티그마 효과라고 합니다. 결국 자기충족적 예언이 긍정이냐, 아니면 부정적이냐에 따라 미래는 180도 바뀔 수도 있는 겁니다.

신의 뜻은 이거야. 우리가 최선을 다해 사는 거. 그것도 엄청 재미있게.

- 언브로큰 / Unbroken(2015)

루이스 잠페리니라는 이탈리아 이민자 집안 출신의 미국 육상 선수의 처절한 연대기를 다룬 감동적인 이야기가 전개되죠.

로드리게스의 후회

위의 명대사도 진리에 가깝습니다. 인도의 유명 모델이자 패션 디자이너 크리시다 로드리게스, 이분이 암에 걸려 투병생활을 하다 운명하기 이틀 전에 남긴 글이 있습니다. "자신은 백만장자로 지구에서 가장 유명한 차를 갖고 있지만 지금은 병원 휠체어에 앉아 있다. 집에는 유명 브랜드의 옷과 신발, 장신구가 수두룩하지만, 지금은 병원 환자복뿐이다. 은행엔 엄청난 돈을 모아놨지만 내 병은 고칠 수 없다. 자가용 비행기, 보석, 장식품, 비싼 옷, 많은 돈, 고급 차 다 있지만 지금 자기를 지켜줄 것은 그 무엇도 없다." 이렇게 투병생활을 한탄하며 후회합니다. 끝으로 글 말미에서, "우리가 세상을 살아갈 때 가장 중요한 건 남의 행복을 위해 도움을 주는 것이다." 그래요, 최선을 다해 열심히 재미있게 살고, 남에게 도움을 주는 것 잊지 마세요. 하늘은 다 내려다보고 있고, 신은 이를 놓치지 않고 판단하실 테니까요.

 아무것도 바라지 말 것, 두려워하지 말 것, 기대하지 말 것. 이게 행복의 열쇠일까?

- 나의 산티아고 / I'm Off Then(2016)

가톨릭 신자들의 최고의 성지 순례길을 보여주는 영화죠. 산티아고 순례길을 다 걷고 나면 인생이 보이는가 봅니다.

동자승 석상

구례 화엄사에 가보셨는지요. 지리산 화엄사라고 새겨진 일주문을 지나면 세 개의 동자승 석상을 만날 수 있습니다. 첫 번째 동자승은 두 손으로 눈을 가리고 있죠. 불견입니다. 남의 잘못을 보려 힘쓰지 말고 남이 행하고 행하지 않음을 보려 하지 마라. 항상 스스로를 되돌아보고 옳고 그름을 살펴야 한다. 두 번째 동자승은 두 손으로 귀를 막고 있습니다. 불문입니다. 산 위의 큰 바위가 바람에 흔들리지 않듯이 지혜로운 사람은 비방과 칭찬의 소리에도 평정심을 잃지 않는다. 마지막 세 번째 동자승은 두 손으로 입을 가리고 있네요. 불언입니다. 나쁜 말을 하지 마라. 험한 말은 결국 나에게로 돌아오는 것. 악담은 돌고 돌아 고통을 몰고 끝내는 나에게 되돌아오니 항상 옳은 말을 익혀야 한다. 모두 다 법구경에 나오는 부처님의 가르침이죠. 눈 감고 귀 막고 입 닫고 살라는 거 결코 쉬운 일은 아닙니다. 그러나 수행자는 다르겠죠?

 우리네 인생은 흐르는 물과 같아. 하나의 강에서 만나 폭포를 지나고 안개 낀 천국으로 가는 거지.

- 버킷리스트 : 죽기 전에 꼭 하고 싶은 것들 / The Bucket List(2007)

살날이 1년밖에 남지 않은 두 남자. 죽기 전에 해보고 싶은 버킷리스트를 이행하기 위해 세계 여행에 도전한다. 명작.

톨스토이 명언

러시아의 대문호 톨스토이. 그가 남긴 명언들 중에서 골라봤습니다. 함께 눈으로만 읽어보세요! 작은 선행이 우리의 모습을 결정한다. 따라서 세상에 '사소한 일'이란 없다. 인생은 작고 눈에 띄지도 않는 사소한 일들로 이루어진다. 좋은 말을 하고 좋은 행동을 하려고 노력하라. 그러면 사랑이라는 커다란 나무가 자랄 것이다. 확신이 서지 않을 때에는 말하거나 행동하지 마라. 이는 아주 중요한 원칙이다. 무언가 성취하려면 노력해야 한다. 가장 힘들고 가장 노력을 기울여야 할 부분은 함부로 떠들어대지 않는 것이다. 귀 기울여 들어라. 그리고 아주 조금만 말하라. 에드워드 리튼은 이런 말을 남겼다. "생각은 인생의 소금이다. 음식을 먹기 전에 먼저 간을 보듯 행동하기 전에 먼저 생각하라." 참 좋은 말이죠. 선행 - 착하게 살아라. 언행 - 말을 조심하고 신중히 행동하라. 경청 - 남의 말을 잘 듣고 자신의 말은 아껴라. 참으로 소중한 가르침입니다.

 우리 모두는 신의 동업자예요. 전생이나 지금이나 당신이나 나나 다 신의 뜻이죠.

- 스톤 / The Stone(2014)

아마추어 천재 바둑기사와 조직 보스와의 만남. 바둑을 통해 인생을 조명하려 했죠. 바둑에 대해 많은 걸 배웁니다.

데살로니가 전서 5:16~18

성경의 가르침 중에 제일 좋아하는 경구는 뭘까요? 사람마다 다르겠지만 데살로니가 전서 5장 16절부터 18절까지를 좋아하는 분들이 많지요. '항상 기뻐하라. 쉬지 말고 기도하고 범사에 감사하라.' 인생론, 행복론의 핵심입니다. 아침에 일어나 기쁜 마음으로 기도해 보세요. 그날 하루가 즐겁고 행복해집니다. 저녁 잠자리에 들기 전에도 감사하는 마음 키워보세요. 지난 하루가 뿌듯해지죠. 성경의 어느 구절보다도 이 구절이 최고의 명대사일 거예요. 그래요, 감사하다는 말 아낌없이 되뇌고 되뇌세요. 나비 천사가 소녀에게 일러준 행복의 비밀이 바로 이것이었죠. "무슨 일을 당하든 항상 감사하다고 말하세요." 그래요, 첫 번째 항상 기뻐하세요. 두 번째 쉼 없이 기도하세요. 세 번째 모든 일에 감사하세요. 이렇게 살면 인생이 아주 행복해질 거예요. 정말이냐고요? "네. 감사합니다."

 이거 알아요? 세상은 우리에게 받은 만큼만 되돌려준다는 거예요.

- 더 울프 아워 / The Wolf Hour(2019)

최악의 정전 사태. 그 와중에 연쇄살인마가 판치는 실제 사건을 배경으로 낡은 아파트에서 홀로 사는 여인이 세상 밖을 보죠.

황금률과 적선

베스트셀러 세계 1위는 성경이죠. 성경에 황금률이 나와요. 마태복음 7장 12절이죠. '무엇이든지 남에게 대접받고자 하는 대로 너희도 남을 대접하라.' 인생의 진리죠. 주는 만큼 받는 법이에요. 세상살이는 거짓말을 안 해요. 베푸는 만큼 덕이 돌아와요. 은혜를 베풀면 언젠가는 반드시 그에 상응하는 보답이 와요. 부모님께선 적선하면 후손이 잘 된다고 늘 말씀하시곤 했죠. 공자도 논어 위령공편에서 언급했죠. 기소불욕이면 물시어인이라. 즉 네가 원하지 않는 바를 남에게 베풀지 마라. 이런 뜻이죠. 그래요, 베푼다는 건 좋은 일이에요. 오른손이 하는 걸 왼손이 모르게 하는 거죠. 무얼 바라면서 베푸는 게 아니고 삶의 일부로서 보시 처방을 하는 겁니다. 하늘은 분명 이런 선행을 베푼 사람들에게 이 다음 언젠가는 후한 판단을 하실 거예요. 착한 일, 선한 보시 망설이지 마세요. '베푼 자에게 복이 있나니.'

 이거 알아요? 주님은 한쪽 문을 닫을 때 다른 쪽 문은 열어 놓거든요.

- 사운드 오브 뮤직 / The Sound of Music(1965)

오스트리아 알프스산맥을 배경으로 동화 같은 영상미가 압권이죠. 아이들의 사랑스러운 합창도 일품. 고전 명품이죠.

닫힌 문과 열린 창문

90세 할머니와 손녀딸이 마주 앉아 있습니다. 둘의 얘기는 줄곧 이어졌고, 손녀는 마지막 질문을 던집니다. "할머니, 제가 살면서 절대로 잊어서는 안 될 교훈은 뭘까요?" 할머니는 잠시 두 눈을 깜박거리더니, 짧지만 강렬한 한마디를 손녀에게 건넵니다. "문이 닫히면 다른 창문이 열린다는 거야. 이건 정말 사실이야. 그러니까 닫힌 문에 집중하지 말고 열린 창문을 찾아." 삶의 지혜가 고스란히 묻어나죠? 그래요, 살다 보면 나아갈 문이 닫힐 때가 있어요. 그러면 다른 켠에 있는 열린 창문을 찾으면 돼요. 사실 이 말은 헬렌 켈러가 남긴 말이기도 합니다. "행복의 한쪽 문이 닫히면 다른 쪽 문이 열립니다. 그러나 흔히 우리는 닫혀진 문을 오랫동안 보기 때문에 우리를 위해 열려 있는 문을 보지 못합니다." 그래요, 하늘은 감당할 수 있는 고통만 준다잖아요. 그러니 믿으세요. 한쪽 문이 닫히면 다른 쪽 창문은 열린다는 사실을요.

 이 드넓은 우주에 수많은 별들이 있는데 단지 한 곳만 오염돼 있지.

- 콜래트럴 / Collateral(2004)

범죄 스릴러물의 영화입니다만 위의 명대사가 시사하는 바가 큽니다. 지구환경, 정말 이대로 가다간 큰일 나겠죠?

타일러 라쉬 기후 위기 대응

타일러 라쉬(Tyler Rasch), 우리나라에서 활동하고 있는 미국 출신의 방송인이자 만능 엔터테이너죠. 시카고대에서 국제학부 시절 프랑스어 · 포르투갈어 · 스페인어들을 배웠고요. 중국어 · 한국어까지 외국어 소통 능력이 뛰어난 친구예요. 서울대 대학원에선 외교학 석사과정을 졸업했고요. 정말 뛰어난 인재인가 봅니다. 지난 10년간 우리나라의 방송에서 자주 출연해 친숙한 얼굴입니다. 그런데 타일러 러쉬가 WWF(세계자연기금) 홍보대사예요. 지구환경과 기후 위기를 위해 「두 번째 지구는 없다」라는 책을 내놨고요. 또한 강연을 통해 기후 위기의 심각성과 대응 방안을 설파하고 있습니다. "기후 위기는 탄소 배출이 주원인이다. 무조건 탄소 중립으로 가야 한다." "2030년이면 지구 온도가 2℃ 올라간다. 우리 세대를 위한 조치이다." "화석원료를 대대적으로 줄여야 한다. 사회제도, 국가 시스템으로 해결해야 한다." 참으로 와닿는 말들입니다. 여러분도 동의하시죠?

 자기 내면의 소리, 영혼의 소리를 듣는 자. 그들은 미치거나 전설이 된다.

- 가을의 전설 / Legends of The Fall(1995)

말 그대로 전설 같은 영화입니다. 세 형제가 한 여인을 사랑하지만 아쉬움, 상실감도 적지 않습니다. 전설 같은 얘기죠.

자장율사 하심

자장율사, 신라시대 고승이죠. 자장율사가 관세음보살을 꼭 만나야겠다는 일념으로 백일기도를 합니다. 99일째 되는 날 얼굴이 흉측하고 한 팔·다리가 없는 거지가 도량에 들어옵니다. 그리곤 '자장'을 나오라며 난리를 피웁니다. 이때 기도를 마치고 나온 자장율사, "무슨 연유인지 모르지만 내일 다시 오시오." 점잖게 타이릅니다. 거지 왈, "이 거만하고 건방진 중놈아, 네가 나를 보자고 100일 동안 청해놓고 내 몰골이 이렇다고 나를 피해?" 그리고 나선 파랑새로 변해 하늘로 날아갑니다. 순간 자장율사는 그 자리에 풀썩 주저앉습니다. 그 후 자장율사는 모든 걸 버리고 구도의 길을 떠나게 되죠. 느낌이 오십니까? 하심(下心)을 갖고 남을 대해야 호운(好運)이 찾아옵니다. 심덕승명(心德勝命), 마음의 덕을 쌓으면 운명도 바꿀 수 있다는 말. 채근담이 가르치고 있습니다. 겸손과 배려, 존중은 아름다운 미덕입니다.

 종교를 다룰 땐 살살 다뤄줘요. 종교는 흠이 많죠. 인간이 흠이 많은 것처럼.

- 천사와 악마 / Angels & Demons(2009)

이 영화에선 종교와 과학의 대립이 묘사되죠. 그리고 콘클라베 일루미나티라는 용어도 등장합니다. 상식으로 챙겨둘 만합니다.

부활절과 사도행전

얼마 전 부활절 예배를 다녀왔어요. 대전 유성 두란노 감리교회의 김근수 담임목사는 부활절이 성탄절보다 더 의미가 있다고 말씀하십니다. 왜냐하면 부활절 이전까지의 예수 그리스도는 인간 영역에서의 예수님이지만 부활절 이후부터는 사도행전에서 언급했듯이 하나님의 뜻을 받드는 대주재로서의 위상을 달리하기 때문이라는 설명입니다. 그래서 나라마다 차이는 있지만 부활절에 더 큰 의미를 두는 나라도 적지 않다고 합니다. 아무튼 부활절엔 삶은 계란 하나씩 드시면서 부활, 새로운 시작의 의미도 곁들여 새겼으면 합니다. 핀란드 출신의 세계적인 혁신 리더십 전문가죠. 페테르 타르코넨은 이런 말을 남겼습니다. "나의 과거로 나를 판단하지 마세요. 나는 이제 더 이상 거기 사는 사람이 아닙니다." 우리 모두 한 번쯤은 과거를 딛고 새롭게 부활(?) 한 번 해보는 것 어떠세요? 여러분의 부활을 응원합니다.

 태양에 너무 가까이 가지 마. 신화에 나오는 이카루스도 그래서 타죽은 거야.

- 킬링 머신 / Icarus(2010)

캐나다 영화로 액션 스릴러. 이 영화의 남주가 이카루스라는 암호명을 쓰고 있죠. 그리스 신화에 나오는 인물입니다.

높은 산엔 눈 날려

어느 추운 겨울날, 눈송이가 조금 흩날렸지요. 함께 제 차를 타고 가시던 어머님께서 한 말씀 하십니다. 예부터 어른들이 말씀하시길 "높은 산에 눈 날리고, 얕은 산엔 재 날린다"라고. 맞는 말입니다. 우리나라의 역사를 보세요. 왕을 중심으로 궁중에 바람 잘 날 없었죠. 해방 이후 역대 대통령들도 마찬가집니다. 대부분이 감옥을 다녀왔어요. 높은 산에 피바람, 칼바람이 휘몰아쳤죠. 하지만 민초들이 사는 시골 마을엔 저녁나절 아궁이에 밥 짓는 불 피우면 구수한 잿바람이 온기를 더해줍니다. 그리스 신화에 나오는 이카루스, 새의 깃털과 밀랍으로 날개를 달아줬더니 태양 근처까지 날아갔어요. 결국은 밀랍이 녹아내려 에게해에 떨어져 죽게 됩니다. 위로 올라갈수록 눈보라 치고요. 태양을 가까이하면 어느 순간 죽음을 맞게 됩니다. 그리고 물은 낮은 곳으로 흐릅니다.

 하지만 삶은 무수히 많은 상호 작용의 연속이야. 그 누구도 통제하지 못하지.

- 벤자민 버튼의 시간은 거꾸로 간다 /
The Curious Case Of Benjamin Button(2009)

스콧 피츠제럴드의 동명소설을 영화로 만든 건데 설정이 이해가 안 되죠. '나이를 거꾸로 먹는다.' 아무튼 어려운 영화였어요.

브라이언 앤더슨과 할머니

어느 추운 겨울날 외딴 도로에 서 있는 승용차 한 대 그리고 그 옆에 할머니가 도움을 기다리듯 서 있었죠. 때마침 그 길을 지나던 젊은 친구가 차를 멈추고 이 할머니의 차를 살핍니다. 다행히 펑크만 났기 때문에 젊은이는 할머니에게 추우니까 차에 들어가 계시라며 장비를 가져와 할머니 차를 수리해줍니다. 할머니는 이 젊은이에게 고마움의 표시로 얼마를 드리면 좋겠냐고 말합니다. 젊은이는 사절하죠. "정 갚고 싶다면 다음에 도움이 필요한 사람을 보았을 때 그 사람 도와주면 돼요." 할머니는 시동을 걸고 길을 떠납니다. 한참을 가다가 요기라도 할 겸 조그만 카페에 들르죠. 임신 8개월 된 웨이트리스가 친절을 다합니다. 상냥하기 그지없었죠. 식사를 마친 할머니는 100달러짜리 지폐를 내밉니다. 웨이트리스가 거스름돈을 가지러 간 사이 할머니는 식당 밖으로 사라지죠. 할머니가 앉았던 자리엔 100달러 지폐가 4장 더 있었어요. 젊은이는 브라이언 앤더슨, 웨이트리스는 그의 아내였죠.

 헤밍웨이가 말했죠. 세상은 아름답고 싸워볼 만한 가치가 있다고.

- 세븐 / Seven(1995)

은근슬쩍 성서의 7가지 죄악, 식탐·탐욕·나태·분노·교만·욕정·시기에 대한 경고문 같은 영화이기도 합니다. 범죄 스릴러.

조지 도슨 인생은 아름다워

평생을 까막눈으로 살다가 98세에 글을 배우고, 102세에 자서전 「인생은 아름다워」를 펴낸 이, 조지 도슨(George Dawson) 이야기입니다. 미국 뉴올리언스의 가난한 흑인 가정에서 10형제 중 맏이로 태어났고요. 20대에 가출해 미국·캐나다·멕시코를 오가며 수십 개의 직종에서 힘든 삶을 영위했습니다. 88세에 은퇴를 한 도슨은 낚시질로 소일하다가 96세에 알파벳과 만납니다. 98세에 글을 깨친 도슨은 102세에 자서전을 내놓습니다. 그의 아버지가 가르침을 준 말, "인생은 정말 좋은 거야. 그리고 날마다 나아지는 거야." 여기서 책 제목을 가져왔더라고요. 이런 사실이 알려지면서 미국, 아니 전 세계에 진한 감동을 주었죠. 참으로 대단하지 않습니까? 우리나라에서도 지난 2005년 번역판이 나왔더라고요. '우리는 나이만큼 늙는 게 아니다. 우리의 생각만큼 늙는 것이다.' 이 말이 뇌리를 스칩니다.

 히브리어죠. 탈무드에 나와요. 한 사람을 구하는 것은 세상을 구하는 것이다.

- 쉰들러 리스트 / Schindler's List(1993)

시대에 맞선 위대한 용기. 강제 노동 수용소에서 1,100명의 유대인을 구해낸 한 남자의 이야기. 실화를 바탕으로 쓴 소설. 그리고 영화.

선다 싱과 동행자

인도 펀자브 출신의 맨발의 전도사. 동방의 영적 스승. 사두 선다 싱(Sundar Singh)을 아시나요. 그에게 있었던 유명한 일화 하나 소개합니다. 선다 싱이 히말라야 산길을 걷다가 동행자를 만나 같이 걷게 됩니다. 도중에 눈 위에 쓰러져 있는 노인을 만나죠. 선다 싱이 말합니다. "이 사람 여기 두면 죽으니 같이 업고 갑시다." 동행자는 "이 사람 데려가다간 우리도 죽습니다." 이렇게 말하고 혼자 떠납니다. 선다 싱은 그 노인을 등에 업고 산길을 계속 갑니다. 저 멀리 마을을 눈앞에 두고 길에 한 사람이 죽어 있었죠. 먼저 떠난 동행자였어요. 선다 싱은 그 노인을 등에 업어 체온을 나누었기에 살아남은 겁니다. 훗날 선다 싱은 이렇게 말합니다. "내가 지고 가야 할 짐이 없는 때가 인생에서 가장 위험한 때이다." 그래요, 인생은 부음표양, 음지를 등에 지고 양지를 껴안는 거예요. 도덕경에서 노자가 아주 오래전에 남긴 말입니다. 나의 짐은 삶의 원천입니다.

824 기적은 머리가 아니라 우리 가슴속에서 일어나는 것인지도 모르죠. - 뷰티플 마인드 / A Beautiful Mind(2002)

825 나는 세상 대신 항상 나 자신과 싸우기로 했지. 어차피 세상은 못 이기니까. - 윈드 리버 / Wind River(2017)

826 나도 기적 같은 건 안 믿어요. 근데 정말 마지막에 나와요. 그 기적이라는 게. - 아무도 없는 곳 / Shades of The Heart(2021)

827 나쁜 짓을 하면 천벌을 받고 지옥에 간다고. 역시 어른들 말은 틀린 게 하나도 없어. - 더 킹 / The King(2017)

828 내가 세상을 저버릴지언정 세상이 날 저버리게 두진 않겠다. - 적벽대전 2 / Red Cliff 2(2009)

829 너 자신을 위해 노력하는 게 좋을 거야. 우주는 항상 계획이 있거든. - 이달의 점원 / Employee of The Month(2006)

830 누군가가 내게 말했지. 죽음이 미소 지으며 다가오면 미소로 답하라고. - 글래디에이터 / Gladiator(2000)

831 대지의 어머니는 편을 들지 않아요. 다만 자연의 균형을 유지할 뿐이죠. - 아바타 / Avatar(2009)

832 돈 많고 권력 있고 또 아름다워야 이 세상에서 살아남을 수 있는 거죠. - 언힌지드 / Unhinged(2020)

833 몸속의 모든 원소도 행성의 일부래요. 그래서 떠나는 게 아니라 고향으로 가는 거래요. - 가타카 / Gattaca(1997)

834 삶은 주는 만큼 받는 거라 하지. 그게 내가 추구하는 인생이야. 그러니 난 마땅히 받을 만해. - 시카고 / Chicago(2002)

835 세상을 바라볼 때 머리로 계산하지 마. 가슴으로 느껴야 해. 그래야 신의 이치를 깨달아. - 먹고 기도하고 사랑하라 / Eat Pray Love(2010)

836 시간의 흐름 속에서 모든 환희도 결국 권태한테 자리를 넘기고 말지. - 우리도 사랑일까? / Take This Waltz(2012)

837 신과 함께 가라는 뜻이에요. 신은 이번 일에 관여하지 않을 거예요.. - 퍼니셔 / The Punisher(2004)

838 신부님! 밖이 시끄럽던데요. 괜찮으세요? 걱정하지 말게. 주님의 집에선 안전하니까. - 마스크 오브 조로 / The Mask of Zorro(1998)

839 신은 문을 닫을 때 다른 쪽 문은 열어두신다고 했지. 신이시여! 저 문을 열어주소서. - 노바디 / Nobody(2021)

840 신을 두려워하지 않으면 우리가 저지른 죄가 우리에게 복수할 거야. - 더 보스 / God Father(2022)

841 신이 나의 고통을 외면하고 있다고 생각했죠. 아니었어요. 신은 날 지켜보고 있었어요. - 라이프 오브 파이 / Life of Pie(2012)

842 아무것도 정하지 말고 운명에 맡깁시다. 사랑은 보이지 않는 곳에서도 운명을 만들죠. - 어떤 만남 / Quantum Love(2014)

843 아무도 모르는 비밀 하나 알려줄까? 신은 인간을 질투해. 그래서 인간은 다 죽는 거야. - 트로이 / Troy(2004)

844 엄마 품에 안긴 거 같다. 엄마가 누군데? 허그로 세상을 구하는 인도 여인. - 어떤 만남 / Quantum Love(2014)

845 애매함으로 둘러싸인 이 우주에서 이런 확실한 감정은 딱 한 번만 오는 거래요. - 메디슨 카운티의 다리 / The Bridges of Madison County(1995)

846 역사적인 밤이군. 역사는 말이야, 해학으로 시작해서 비극으로 끝나지. - 아르고 / Argo(2012)

847 영원한 승리는 우리 마음속에서 이루어지는 거야. 땅 위에서 이루어지는 게 아니야. - 하늘과 땅 / Haven And Earth(1993)

848 왕은 사랑하는 사람에게 상처도 줄줄 알아야 돼. 운명은 잔인하니까. - 알렉산더 / Alexander(2004)

849 왕을 죽일 땐 어둠 속에서 찔러선 안 된다. 모든 신하가 보는 가운데 죽여야 한다. - 갱스 오브 뉴욕 / Gangs of New York(2003)

850 용서는 신께서 하시는 거죠. 저는 다만 신과 그들과의 만남을 주선할 뿐이죠. - 맨 온 파이어 / Man On Fire(2004)

851 우리는 모든 걸 경험해야 해. 그래야 세상을 파악할 수 있어. 세상을 파악하면 세상은 우리 거야. - 가벼운 것들 / Poor Things(2024)

852 우리는 미래 세계로 여행을 하는 거야. 행운이나 운명보다 더 위대한 걸 발견해야 돼. - 트리 오브 라이프 / The Tree of Life(2011)

853 우리라는 존재는 우리가 살아온 모든 작은 순간순간들의 총합이라고. - 비포 선셋 / Before The Sunset(2004)

854 이것만은 믿었어. 세상만사는 모든 게 다 이유가 있다는 거. - 세렌디피티 / Serendipity(2002)

855 이런 말이 있지. 항상 원하는 걸 얻을 순 없다. 그러나 노력하면 필요한 건 얻을 수 있다. - 내 사랑 찾기 / Aril Flowers(2020)

856 이 세상은 말이야, 우리에게 주어진 한순간의 달콤한 꿈일 뿐이야. - 하이랜더 / Highlander(1990)

857 인류 역사상 가장 큰 재앙은, 유감스럽지만 사랑이란 이름으로 행해졌어. - 인페르노 / Inferno(2016)

858 일을 꾸미는 건 사람의 일이지만 그것을 이루는 것은 하늘의 뜻이다. - 적벽대전 / Red Cliff(2008)

859 자매님, 알라신은 우리들한텐 자애로우시지만 이교도들한텐 엄격하시죠. - 아르고 / Argo(2012)

860 전쟁이 남기는 건 묘지밖에 없어. 그리고 그 묘지엔 아군·적군이 없지. - 하늘과 땅 / Haven And Earth(1993)

861 주먹을 쥐면 그 안에 아무것도 없어요. 그러나 주먹을 펴면 그 안에 모든 게 다 있죠. - 와호장룡 / Crouching Tiger, Hidden Dragon(2000)

862 죽음은 썰물과 같은 거야. 서서히 떠나가지만, 결코 막을 수는 없는 거지. - 작은 아씨들 / Little Women(2019)

863 지금 제가 갖고 있는 모든 기운을 다 드릴게요. 당신께 도움이 된다면. - 내일의 안녕 / Mama(2017)

864 진짜로 믿기 시작했거든요. 간절히 원하면 반드시 기필코 이루어진다는 걸. - 아이 필 프리티 / I Feel Pretty(2018)

865 하나님, 도와주지 않으셔도 좋습니다. 제발 방해만 하지 말아주십시오. - 포세이돈 어드벤처 / The Poseidon Adventure(1972)

866 화려하고 소중한 건 너무 빨리 사라져. 그리곤 다신 돌아오지 않아. - 위대한 개츠비 / The Great Gatsby(2013)

867 흐르는 구름처럼 손을 쓰세요. 매가 닭을 낚아채듯 하면 안 돼요. - 제국 / The Emperor's Shadow(1996)

 CLOSING

계룡산 국사봉 아래 어느 조용한 카페에서 마무리 글을 씁니다. 지금 시각세포는 신록으로 넘쳐나고 있지요. 아무튼 사람은 태어나서 걸음마만 배우면 사고를 칩니다. 점차 자라나 친구도 사귀면서 사랑과 우정을 익히죠. 좀 더 시간이 지나면 연인도 만나고 결국엔 결혼도 합니다. 가정은 최소단위의 사회 구성원이죠. 하늘 아래 최고의 가치, 행복을 담아내야 합니다. 사업도 하면서 성패를 경험하고 시련도 맛보면서 세상살이를 하게 되죠. 인생은 그렇게 흘러갑니다. 100세 시대 최고의 화두는 어느새 건강이 자리 잡았습니다. 그리고 나름대로 자기 소신과 철학으로 인생을 지켜냅니다. 이렇게 살다 보면 인생은 어느새 다 거기서 거기가 됩니다. 우주의 뜻에 따라 달려온 발길이 저 멀리 보입니다. 사람살이는 다 그렇게 흘러오고 흘러가는 게 아닐까? 하는 생각을 해봅니다. 이런 삶의 여정 속에서 우리가 만난 친구들은 얼마나 될까요? 결국 몇 명 안 돼요. 그 친구들에게 아끼지 말고 말해주세요.

"내 친구가 돼줘서 정말 고마워."

"너의 마음을 내 마음보다 더 소중히 여길게."

이 책에서 전하고자 하는 마지막 메시지입니다. 이제 저도 주문을 겁니다. 이 책과 인연을 맺은 모든 분들 다 잘 되시길 빕니다. 신이 조화를 부려 뜻하시는 바 모두 이루실 겁니다. 저의 이 간절한 소망이 인연 맺은 모든 이들에게 두루 전해지리라 믿습니다. 뜻이 있는 곳에 기적이 일어납니다.

"立志造化功."

2024년 10월

中峴 **이종국**